21世纪高职高专规划教材
财经类专业基础课系列

高等职业教育“十三五”规划
精品系列教材

浙江省重点建设高职院校成果

中国金融制度与体系

Financial Institution and System of China

主编 ◎ 周建松　副主编 ◎ 姚星垣

中国人民大学出版社
· 北京 ·

前　言

沧海横流，方显英雄本色。

自新中国成立以来，尤其是改革开放以来，一代代的劳动者挥洒汗水，不断探索，在经济、文化、社会发展的方方面面都取得了举世瞩目的成就。而作为现代经济的核心，金融在其中发挥了重要的作用。

简而言之，金融就是资金的融通，或者说得略微专业一些，金融就是研究跨期资源配置的学问。打个比方，金融就是沟通资金供给方（投资者）和资金需求方（融资者）的桥梁。但是，在现代社会，资金融通的形式、方法、渠道十分丰富，令人眼花缭乱。那么，资金的融通和资源的跨期配置到底有哪些渠道？这些不同渠道各自的职责分工是什么？为了确保资金融通的顺利进行，需要哪些保障措施？为了解答这些问题，我们需要对金融制度和体系有一个总体的了解和把握。本教材就是基于这个目的编写的。

大致上说，介绍金融体系就是帮助读者了解广义上金融业的各个组成部分，不仅包括“看得见”的金融机构，还包括“看不见但可以体验到”的金融业务以及更加抽象的金融市场、金融监管、金融调控、金融基础设施、金融功能等诸多方面。介绍金融制度，就是帮助读者了解国家用法律形式所确立的金融体系结构，以及组成这一体系的各类金融机构的基本职责分工和相互联系。粗略地说，金融体系涵盖金融制度，但是由于金融制度包括金融相关法律法规及其确定的金融结构、职责分工与合作，与我们日常接触的金融机构和金融业务似乎离得比较远，在性质上又有其特殊性，有时需要将其特别强调，因此，我们把这本教材命名为“中国金融制度与体系”。从内容上来看，金融制度的内容有中国金融法律体系等独立章节，也融入介绍金融机构和金融市场中关于其职责分工和相互联系中。

彩虹有七种颜色：赤橙黄绿青蓝紫。碰巧的是，金融体系也可以分为七个部分：金融机构、金融业务、金融市场、金融监管、金融调控、金融基础设施和金融功能。如果进一步归类，彩虹的七种颜色可以归为：偏暖色的赤、橙、黄，对应的是充满生机活力的金融主体，即金融机构、金融业务、金融市场；偏冷色的绿、青、蓝，对应的是体现秩序规范的金融生态，即金融监管、金融调控、金融基础设施；金融主体和金融生态相结合的目的是实现金融功能，如果我们把暖色的代表——红色和冷色的代表——蓝色调配到一起，就成了紫色——金融功能。传统文化中，紫色是高贵的颜色。紫气东来，是传统文化中对吉祥如意的美好祝愿。

从主体的内容编排来看，本教材大致可以分为三部分，共15章。第一部分是导论部分（第一章），介绍了中国金融体系的基本内涵和历史发展。第二部分具体介绍了中国金融体系的各个方面，包括金融机构和金融业务（第二～五章）、金融市场（第六章）、金融调控（第七章）、金融监管（第八章）和金融基础设施（第九～十一章）。第三部分以专题形式介绍了当前中国金融发展和改革的若干重点、热点领域，包括互联网金融体系（第十二章）、科技金融体系（第十三章）、普惠金融体系（第十四章）、绿色金融体系（第十五章）。

本教材在多次讨论的基础上，由周建松教授拟订大纲，各部分主要分工如下：第一章由周建松、姚星垣编写，第二章由姚星垣编写，第三章由杨树林编写，第四章由朱佳编写，第五章由周邦瑶、徐侃编写，第六章由李敏编写，第七章由王丹编写，第八章由李武编写，第十章由朱魏巍编写，第十章由邵兴忠编写，第十一章由陈正江、金朗编写，第十二章由吴金旺、申睿编写，第十三章由吴国平编写，第十四章由凌海波编写，第十五章由潘锡泉编写。本教材由周建松教授统稿，姚星垣在章节编目、体例安排等方面做了统筹、协调和编辑工作。感谢中国人民大学出版社的大力支持，感谢编辑细致、严谨的工作和热心、有益的帮助。

我国当前正处于改革开放向纵深推进的新时代，经济、社会发展日新月异，中国金融制度与体系也在改革中不断地演进和发展。在本教材编写过程中，我们参阅了大量文献资料和专业网站，在此一并致谢。由于受时间和水平所限，本教材不足和疏漏之处在所难免，恳请广大读者批评指正。

编者

2018年1月

目　录

CONTENTS

第一章

中国金融体系导论

阅读提示

什么是金融体系？这里有两个关键词：金融和体系。那么，什么是金融？什么是体系？如果你对这两个问题的回答并不清晰，不用担心，因为它们本身的确十分复杂。你可以先停下来想一想、查一查，或者带着疑问阅读下去，或许你会在阅读的过程中找到答案。

开篇提问

什么是金融体系？金融体系能够实现哪些功能？

第一节
金融体系概述

一、金融体系的定义

什么是金融体系?

由于金融体系十分庞大，内部结构十分复杂，目前尚无一个被广泛接受的定义。我们不妨先来看看，金融体系里包含哪些部分。概括地说，金融体系里至少包含以下 7 个方面的内容：金融机构、金融业务、金融市场、金融监管、金融调控、金融基础设施和金融功能。

金融机构：常见的金融机构包括银行、证券公司、保险公司，以及对非专业人士而言比较神秘的对冲基金等。

金融业务：从最基本的存贷款业务到证券交易再到极其复杂的衍生金融交易，十分丰富。

金融市场：包括进行股票、债券交易的证券市场，进行外汇买卖的外汇市场等。

金融监管：金融行业的市场准入和退出条件，业务开展情况等方面的规范，对违规者加以处罚的方式方法等。

金融调控：金融业整体的运行情况。一般可以理解为运用利率、存款准备金率等货币政策工具，影响资金供求状况和金融业整体运行状态。

金融基础设施：包括金融法律体系、支付体系、征信体系等方面。

金融功能：包括支付清算、资源配置、风险管理等方面。

值得注意的是，金融体系包含的这 7 个方面相互之间可能存在交叉的情况。例如：对于金融机构和金融市场的划分并不绝对，金融业务和金融市场可能交织在一起，而金融功能必须依托于一定的金融机构、金融业务和金融市场等方面的支持才能实现等。

现在，如果你对金融体系的各个主要方面有所了解，那么对于什么是金融体系就有一个模糊的印象了。下面，我们就尝试从以上这 7 个方面及其相互关系入手，描述一下什么是金融体系：

金融体系是依赖于一定的金融基础设施，在适度的金融监管和有效的金融调控下，由各种金融机构，在各种金融市场开展各种金融业务，从而实现各种金融功能的一个复杂系统。

从上面这个定义来看，金融体系可以大致分为三个层次：

第一个层次，金融体系的主体（以下简称金融主体），包括金融机构、金融业务和金融市场等方面。

第二个层次，金融体系的生态（以下简称金融生态），包括金融监管、金融调控和金融基础设施等方面。

第三个层次，金融体系的目标，即金融功能的实现。

因此，如果依据金融体系这三个层次的划分，金融体系的定义又可以简化为：

金融体系是指金融主体在一定的金融生态环境下，实现金融功能的复杂系统。

二、金融体系的功能

金融体系为什么会存在？

我们不妨将金融体系的三个层次逐一分解来看：

金融主体是否必须存在？某项具体的金融业务可能并不必须存在，某类具体的金融机构也不是一定要存在，某一个具体的金融市场也可能不是不可或缺。总之，某一类具体的金融主体的存在并不是必然的或者必要的。

金融主体的存在是因为要实现特定的金融功能（金融体系的目标），而金融主体要有效运行，需要依赖一个良好的金融生态环境。

换言之，金融功能是金融体系存在的目标，金融主体是金融功能的实现者，金融生态是金融主体有效实现金融功能的基础和保障。

那么，什么是金融功能？具体包括哪些方面？

我们都知道，金融可以简单地理解为“资金的融通”，或者更加专业地理解为“资源的跨期配置”。这个简单的表述里包含金融体系的三项核心功能：支付清算、资源配置和风险管理。

金融视野

金融体系的核心功能

支付清算：让资金流动得顺畅。在现代市场经济社会，资源配置必然涉及资金和其他资源的流动，包括“一手交钱，一手交货”，或者双方资金往来。金融体系就要求资金流动时算清楚、算得快。

资源配置：让资金流向特定目的地。这里的关键词是“配置”。在纯粹的市场经济条件下，有效的资源配置往往是让资金流向更能保值增值的地方。金融体系通过设立专门的金融机构、开展丰富的金融业务、构建各类金融市场，在资金供给方和需求方之间架起桥梁，实现资源的有效配置。

风险管理：让资金出得去又回得来。这里的关键词是“跨期”。资金出去了，什么时候回来？回来多少？万一回不来怎么办？因为从资金流出到资金回流之间存在时间间隔，里面就蕴含了各种可能发生的或好或坏的结果，即“风险”。金融体系在资源配置过程中时时刻刻面临风险，并通过特定的金融交易和风险负担机制进行风险管理。

三、金融体系的参与者

金融体系的存在是为了实现特定的金融功能，那么这些金融功能又是为谁服务的呢？或者说，有哪些人加入到了金融体系中去，享受金融体系带来的方便或者好处呢？

金融体系的参与者包括以下几类：金融机构、消费者、企业和政府。这些参与者在金融体系中扮演资金需求方或者资金供给方的角色，抑或两方面兼而有之，又或者扮演资金供求双方中介和服务者的角色。

（一）金融机构

金融机构是金融主体的重要组成部分，特定的金融机构开展特定的金融业务，实现特定的金融功能。常见的金融机构包括银行类金融机构、证券类金融机构、保险机构、信托机构、租赁机构等。

以银行类金融机构中最常见的商业银行为例，它们主要扮演资金供求双方中介的角色，即一方面主要是吸收消费者的存款（储蓄），另一方面向企业、政府或者另一部分消费者提供贷款，赚取存贷款之间利息的差价。又如证券公司，它们为企业直接向投资人（包括个人消费者和机构投资者）进行股权融资提供打包服务，并收取服务费（佣金）。

（二）消费者

消费者包括自然人和家庭。从宏观上看，消费者在整个金融体系中是主要的资金供给方。但是从微观上看，每一个具体的消费者可能既是资金供给方，又是资金需求方。例如，一户普通的居民家庭，既有银行存款，又有住房按揭贷款。总体上看，如果某消费者资金供给量大于资金需求量，那么该消费者总体上是资金的供给方。

（三）企业

企业的种类繁多，包括个体工商户、合伙公司、股份制有限公司等。一般来说，企业经营所需的资金，除了自有资金，还需要通过直接融资（发行股票）或者间接融资（银行借贷）等方式筹集。

（四）政府

在现代社会，政府也是金融体系的主要参与者。一是政府直接参与经济活动，例如基础设施建设，需要投入大量资金，如果所需资金无法全部通过税收等政府收入支付，那么就需要通过发行政府债券等方式融资。二是政府宏观调控的主要方式之一是在金融市场上进行证券交易，例如买进或卖出国债，以影响资金供求双方的力量，进而调节资金的价格即利率。

在一般的经济理论分析中，我们通常把参与经济活动的主体分为消费者、企业、政府，而金融机构可以看作一类特殊的企业。因此可以说，在现代社会，金融体系的参与者几乎囊括所有经济主体。

第二节
金融体系的比较与演进

一、什么是“好”的金融体系

上面我们分析了金融体系的含义、功能和参与者。那么，金融体系是否存在判断其优劣的标准呢？即什么样的金融体系可以被认为是“好”的金融体系呢？

与什么是金融体系一样，“好”的金融体系的标准同样是难以精确界定的。我们尝试从充分实现金融功能、促进经济持续增长和推动社会全面进步三个层次加以描述。

（一）充分实现金融功能

评价一个金融体系是否运转良好，我们可以逐一分析金融体系的 7 个方面，也可以简化为从金融主体、金融生态和金融目标三个层次分别考察。当然，我们也可以用偷懒的方法，直接观察和检验金融功能是否实现，因为从某种意义上说，金融体系的其他方面都是为了实现金融功能而服务的。

金融体系的核心功能包括支付清算、资源配置和风险管理，因此，一个运行良好的金融体系，应当是支付清算便捷、资源配置高效和风险管理能力强大。

支付清算便捷，主要表现为：资金周转效率高，方便各类主体支付结算；有多样化支付工具的使用，满足各种社会经济活动的需要；能够防范支付风险、维护金融稳定等。

资源配置高效，表现为金融市场出清，即资金供求均衡，市场利率水平能够有效引导和调节资金供求双方的行为。资源配置高效的反面就是资源配置扭曲，典型的表现是资金无法进入正常经营的实体经济中去，反而出现“脱实向虚”，大量资金在金融业内部空转，引发资产价格泡沫，累积金融风险。

风险管理能力强大，表现为金融体系中的风险得到有效管理，在时间和空间上有一个平滑的分布，不会爆发系统性金融风险，不会出现大型的金融危机。或者降低一些标准，即使发生危机，也能够通过市场化行为，尽快恢复到正常水平。

（二）促进经济持续增长

如果一个国家金融功能得以较好的实现，是否一定会促使该国经济增长呢？要回答这个问题，我们可能需要回到经济学，尤其是宏观经济学的一些最基本的理论上来。

宏观经济理论的核心在于研究经济的长期增长和短期波动。根据古典宏观经济理论的观点，长期来看，能推动经济持续增长的动力源自劳动、资金、资源、技术等要素。而根据凯恩斯等经济学家的观点，经济的短期波动源自总供给和总需求的阶段性波动。

金融调控是影响总需求的重要方面，侧重影响经济短期波动。而金融主体，包括金融机构、金融市场和金融业务，是影响资金要素的重要方面，侧重影响经济长期增长。从这个角度看，要让金融体系对经济持续增长发挥积极作用，需要更加注重对于金融机构、金融市场和金融业务的发展。但是，金融主体本身能否健康持续发展，又依赖于金融法制环境、公司治理、支付体系、征信体系等金融生态因素的影响。

因此，金融体系运行良好，理论上是经济持续增长的重要动力，但是经济持续健康增长，并不能只依赖于金融体系。因为从短期来看，总需求除了受金融调控（主要是货币政策）的影响，还会受到财政政策的影响；从长期来看，除了资金因素，还要受到劳动、自然资源、技术等要素的影响。但是，值得注意的是，由于激励因素的影响，在各种要素的相互配合中，金融（资金要素）往往起到了整合其他要素的作用，所以金融才被称为“现代经济的核心”。

总之，我们基本上可以这么认为，一个持续健康发展的经济体，金融体系是发挥了积极作用的，但不能把所有功劳都归给金融体系；反过来，一个经济体出了问题，很可能是金融体系出了问题，但也不能把所有过失都让金融体系来背。

（三）推动社会全面进步

什么是社会的全面进步？这个问题似乎同样难以回答。我们可以认为，比经济增长更大的范围是经济发展。经济增长往往用 GDP 总量或者人均 GDP 来衡量，而经济发展不仅关注数量上的增长，还关注经济结构的优化、质量的提升等方面。

比经济发展更大的范围是社会全面进步，不仅考察经济领域，还可能包含社会发展的方方面面，如教育、科技、文化、艺术、公益等。

金融体系和社会进步之间的关联可能更加间接，因为从金融专业的角度看，社会发展的很多方面的直接收益率似乎吸引力不够大，风险管理的难度也很高。不过，当一个金融体系足够强大时，随着技术的进步和时间的积累，总会通过经济增长，让发展的成果逐步“外溢”到各个领域。

金融体系越健全，金融功能实现的程度就越高，往往也就越能推进经济持续增长和社会全面进步。由于金融体系的健全程度不同，金融功能的实现程度不同，促进经济增长的持续性和社会进步的领域也有所差异。因此，一般而言，我们把金融体系作如下描述：

> 金融体系是指金融机构和其他各类经济主体在一定的金融生态条件下，实现金融功能，从而促进经济增长和社会进步的复杂系统。

二、几类主要金融体系的比较

目前国际上主要国家的金融体系之间存在较大的差异。从比较的角度看，金融体系的差异主要表现在以下几个方面：一是金融主体种类及其相对重要性不同，包括金融机构的种类及其在金融体系中的所占份额和重要程度不同、金融市场的发达程度不同、金融业务开展情况不同等；二是金融生态不同，包括金融法律体系、支付体系和征信体系完善情况不同；三是金融功能的侧重点不同。

总体来看，各国金融体系之间既有共性，也有个性。共性在于金融体系的目标基本一致，个性在于金融主体的侧重点不同、金融生态的完善程度不同以及金融目标的实现程度不同。

根据选取的指标不同，得出的结论也存在差异，但总的来说，理论界已经达成了一种共识，即发达国家确实存在两种不同的金融体系：以德、日为代表的银行导向型体系和以英、美为代表的市场导向型体系。两种类型的金融体系的差异在于，实现金融体系功能的过程中，银行和证券市场所起到的作用不同。在银行导向型体系中，银行起决定性作用；在市场导向型体系中，市场机制成为完成金融体系职能的主要机制，证券市场的作用更为突出。

那么，银行和证券市场对实现金融体系功能的作用有何不同呢？对金融体系产生影响的因素中，交易成本和信息不对称起着非常重要的作用。金融体系的几大功能都与这两个因素有关。

金融视野

金融体系中的交易成本与信息不对称

交易成本指金融交易中所花费的时间和金钱，是影响金融体系功能效率的主要因素。对个人来说，发放贷款的交易成本是非常高的。为了保护自己的资金，在发放贷款前需要调查项目、调查借款人的信用水平，聘请专门的法律人员设计完备的借款合同等。高额交易成本的存在成为资金在借、贷双方流动的阻碍。银行等金融中介机构在解决这个问题上存在较大的优势，具有规模经济效应，因此可以节约交易成本。金融中介从个人和企业聚集资金再将其贷放出去。由于形成了规模经济，金融中介可以减少交易成本。

信息不对称在交易之前会造成逆向选择问题，在交易之后会导致道德风险问题。如果想在贷款市场上尽量减少逆向选择问题，就需要贷款者从不良贷款的风险中识别好的项目。道德风险的存在降低了还款的可能性，使贷款者的预期收益降低，从而降低了他们提供贷款的愿望。股东和经理人之间也存在这个问题。股东期望公司实现利润的最大化从而增加其所有者权益。而实际上，经理人的目标常常与股东的目标有所偏差。由于公司的股东人数众多且比较分散，无法对经理人进行有效的监控，同时，经理人掌握私人信息，股东无法避免经理人隐藏信息，实施对自己有利而对股东不利的行为。

金融中介在解决信息不对称带来的道德风险和逆向选择时，也显示出自身的优势。由于其在生产公司信息方面是专家，因此在某种程度上可以分辨信贷风险的高低。银行等金融中介从存款者那里获得资金，再将其贷给好的公司，这就保证了银行的收益。贷款发放以后，银行代表存款者对项目进行监督。一旦银行与企业签订长期贷款合同，那么其对企业的监控成本要比直接去企业监督的成本低。金融中介机构的作用是“代理监督”，可以在一定程度上解决债务人和债权人之间的委托-代理问题。当然，银行并不能完全解决信息不对称所带来的问题。银行掌握信息的优势是相对于存款者来说的，而借款者拥有的有关自身情况、项目性质等信息是最多的。因此银行也常常面临道德风险和逆向选择问题，银行的不良资产就说明了这一点。

证券市场，特别是股票市场的相关制度安排与机制会降低代理成本，部分克服存在于资本分配中的道德风险和逆向选择。而且，股票市场的发展也有利于对公司的控制。所有者会将公司在股票市场上的表现与经理人的报酬结合起来，从而有效地将经理人与所有者的利益联系起来。同时，流动性使金融资产的交易成本和不确定性都会下降。一些高回报的项目要求长期资本投资，但储蓄者不可能将其储蓄押在长期投资上，因此，如果金融体系不能增加长期投资的流动性，长期项目的投资就会不足。

利用银行融资和利用资本市场融资的主要差别集中在解决交易成本以及信息不对称所带来的道德风险、逆向选择问题上。银行在降低交易成本方面比证券市场更有优势；在信息不对称的条件下，银行解决委托-代理问题的能力也强于证券市场。这也正好可以解释为什么人们一度认为银行导向型金融体系比市场导向型金融体系更有利于经济的发展。然而，近 20 年来，市场导向型金融体系国家，特别是美国出现了持续的经济高涨，而银行导向型金融体系国家相对而言竞争力明显减弱。不仅如此，银行导向型金融体系国家还在大力发展市场机制，出现了向市场导向型金融体系融合的趋势。这其中技术进步所起的作用是不容忽视的。

三、技术进步对金融体系的影响

（一）技术进步带来的变化

20 世纪 70 年代以来，金融市场上出现的最显著的三个变化是：资产证券化、交易网络化和金融市场国际化。计算机技术的进步是这些变化的重要物质基础。

1. 资产证券化

证券化是将非流动性金融资产转变为可交易的资本市场工具。从计算机记录中，金融机构发现它们可以将多种形式的债务组合捆绑在一起，集合利息和本金，再将其卖给第三方。证券化开始于 20 世纪 70 年代，现在 2/3 的固定抵押品都被证券化了。计算机技术还使得金融机构可以为市场的特殊需求量身定做有价证券，集合抵押债务就是例子。计算机化使集合抵押债务可以划分为几级，每级根据不同的风险等级获取不同的收益。

2. 交易网络化

计算机技术是网上交易的关键。网上交易可以使大宗的股票及其他有价证券买卖通过网络进行，大大节省了交易成本。同时它还打破了参与交易者在地理上的局限性，使得交易者无论身处何地都可以即时参与交易。虽然网络安全问题仍然存在，但证券市场的网上交易与其他类型的电子商务一样都被认为是有着广阔前景的发展方向。

3. 金融市场国际化

计算机和先进的电子通信技术还是金融市场国际化的重要动力。技术的进步使得交易者可以在全球传递股票价格和即时信息。交易者可以不受市场营业时间的限制，国际交易的低成本使对外投资更为容易了。证券市场的电子化开始于 1971 年，美国证券交易商协会自动报价系统即 NASDAQ 成为世界上第一个电子化证券市场。在欧洲，证券市场电子化进程从 1986 年开始。英国建立了最新的“证券交易所自动报价系统”，以卫星线路与纽约、东京相连的电子计算机进行对接，实现一天 24 小时的全球证券交易。

（二）技术进步对金融体系的影响

上述变化使金融体系也相应发生了改变，使得金融主体更加丰富、金融生态更加复杂、金融功能更加强大。典型的表现有：

1. 债务市场规模不断扩大

金融机构通过分类定价和对风险的重新包装，使得不透明的资产变成了信息充分的有价证券，交易成本也下降了。交易成本的下降增加了这类债务的供给并加强了它们的流动性。因此，债务市场发展起来。而这种债务已经不仅以银行贷款的形式出现了，它通常作为新兴的金融产品在证券市场上进行交易，如 CMO 债券等。

2. 衍生产品市场从无到有

企业交易的市场风险成本降低。衍生品市场出现于 20 世纪 70 年代。80 年代，柜台交易衍生品市场迅速发展。它们是应供求双方的需求而出现的。70 年代宏观经济动荡，与此相关的汇率和利率也不稳定，这提高了企业对更好地管理系统风险的需求。供给方面，金融理论的发展使得金融机构可以以较低的成本在这些市场上运作，特别是金融工程学为资本定价和风险管理提供了理论依据。

3. 风险管理手段更加先进

技术进步对金融体系的影响是通过对交易成本和信息不对称问题的解决而实现的。它对交易成本的影响在于：计算机的出现以及便利的数据传输导致了交易成本的锐减。通过增加交易的数量，以及让金融机构以低成本提供新的产品和服务，而使得金融体系的效率更高。计算机和通信技术可以合称信息技术，它对金融市场信息对称产生了深远的影响。投资者可以更容易地识别不良贷款的风险，或去监督企业，从而减少逆向选择和道德风险的问题。

从总体上看，技术进步使发行可交易证券的障碍减少，从而鼓励了发行。由此导致的必然结果是人们对银行的依赖程度降低，银行在金融体系中的重要性被削弱。与此同时，证券市场在解决以上两个问题时相对于银行的劣势在很大程度上也得到了弥补，而在流动性上的优势得以发挥，其重要性也日益凸显。由此，银行主导型金融体系表现出向市场主导型金融体系融合的趋势。

第三节
中国金融体系的演变与发展

一、中国金融体系的历史演变

中华人民共和国成立以来，中国的金融体系适应经济体制的变化而不断变革。大致可以分为三个阶段。第一阶段是新中国成立初期，人民政府对旧中国的金融体系进行了改造，初步建立了社会主义金融体系。第二阶段是按照苏联的模式，建立了“大一统”的银行体制。第三阶段是 1978 年中国共产党十一届三中全会召开后，中国金融业在改革开放中不断发展变化，逐步建立了与社会主义市场经济体制相适应的现代金融体系。下面我们着重介绍改革开放以来中国金融体系演变的历史脉络。

（一）恢复金融体系基本功能（1978—1983 年）

以 1978 年中国人民银行从财政部独立出来为标志，我国恢复了中国人民银行系统、银行秩序和必要的规章制度。该时期主要成果：一是扩大银行业务范围，除了流动资金，还开始发放技术改造贷款和固定资产投资贷款；二是逐步发展多种金融机构，先后恢复了中国农业银行、中国银行、中国建设银行，恢复保险业务，组建信托投资公司。

（二）构建现代金融体系雏形（1984—1992 年）

该阶段的主要成果包括建立中央银行制度，发展股份制银行、财务公司、投资基金等非银行金融机构。尤其值得一提的是，1984 年以后，多层次的金融市场逐步建立起来：一是初步形成了票据承兑贴现市场；二是同业拆借市场迅速形成和发展；三是外汇市场伴随着经济体制改革的深化和对外开放的扩大而产生；四是国债市场开始形成；五是伴随着企业所有制改革的进行，资本市场和新型金融中介也逐步引入。

（三）治理整顿和全面改革（1993—2002 年）

改革开放后到 1993 年，中国金融体系基本完成了金融机构从单一到多元、金融市场从无到有、金融业务不断发展壮大的转变。但同时，金融机构、金融业务和金融市场都存在发展不规范的现象，有必要进行治理整顿和全面改革。

1. 完善金融调控监管体系

一是进一步强化中央银行的地位。中央银行制度获得了法律保障，独立性逐步增强，使得中央银行的职能更加专业化、管理体制改革不断推进并设立了货币政策委员会。二是宏观调控由直接调控向间接调控转变。三是加强金融监管。

2. 完善金融机构体系

一是建立政策性银行，先后成立国家开发银行、中国进出口银行和中国农业发展银行三家政策性银行。二是推进国有专业银行的商业化改革，以 1995 年颁布《中华人民共和国商业银行法》为标志。三是成立资产管理公司，收购和处置从国有独资商业银行剥离出来的部分不良资产。

3. 规范发展金融市场

一是禁止乱拆借，建立全国统一的银行间拆借市场。二是规范和发展商业票据。三是建立银行间的外汇市场。四是规范国债和股票市场的发展。

（四）推进深入改革迅速发展（2003 年至今）

2003 年以来，先后推进和完成了对主要大型金融机构的财务重组、引进战略投资者、公开上市等一系列具有里程碑意义的重大金融改革。随着改革的深入，大型金融机构的财务指标持续改善、公司治理不断规范、风险管理能力显著提升。在此过程中，中国金融业和金融市场实施相关国际标准的程度也得到不断提升。在“新兴加转轨”的双重背景下，中国金融体系取得了长足发展，金融体系稳健性显著增强，有效抵御了国际金融危机的冲击。通过严格实施国际标准与准则，监管有效性大幅提高。

在银行业方面，建立了高质量的审慎监管法规体系，监管能力不断提升，银行业金融机构公司治理和风险管理水平显著提高；在资本市场方面，推出了股权分置改革、股指期货交易、建立第三方存管制度以及对证券公司基于风险的净资本要求等，提高了市场透明度，增强了中介机构的财务稳健性；在保险业方面，建立了较完备的监管框架，在监管执行、分类监管、监管合作、信息共享、消费者保护等方面取得了显著成绩。

二、中国金融体系的现状和特征

（一）发展现状

概括来说，当前我国金融系统发展的现状如下：一是已形成多元化的金融机构体系；二是金融市场体系初步建成；三是间接融资仍占主导地位；四是已建立以间接调控为主的金融调控体系；五是已形成分业监管、密切合作的金融管理体制；六是金融基础设施建设不断加强完善；七是金融对外开放已达到较高水平。

（二）主要特征

一是渐进改革过程中阶段性加速推进。我国金融改革总体上实行渐进式改革的策略，但在一些特定领域、在特定时期也会有加速推进的情况。例如：1995年，全国人大及其常委会先后颁布了“五法一决定”，即《中华人民共和国中国人民银行法》《中华人民共和国商业银行法》《中华人民共和国担保法》《中华人民共和国票据法》《中华人民共和国保险法》以及《全国人民代表大会常务委员会关于惩治破坏金融秩序犯罪的决定》五部金融方面的成文配套的法律，因而1995年被称为“金融立法年”。

二是扩大开放过程中保留了中国特色。这也是由我国的社会制度和经济改革总体上属于“新兴加转轨”的特定情况决定的。例如：我国银行业长期保留的存贷比考核①、证券市场中的涨跌停限制、T+1交易机制等。

三是规模扩张过程中伴随着结构优化。总体上看，金融体系中金融主体的金融机构、金融市场和金融业务都得到了较快发展，银行、证券、保险、信托等各个子行业均快速发展，但是比较来看，发展的速度还是存在差异。金融结构动态调整，逐步得到优化。

三、中国金融体系改革和发展方向

（一）主要目标

2017年7月14—15日召开的第五次中央金融工作会议围绕服务实体经济、防控金融风险、深化金融改革“三位一体”的金融工作主题作出了重大部署，明确了当前和下一阶段我国金融改革和发展的方向。会议指出，金融是国家重要的核心竞争力，金融安全是国家安全的重要组成部分，金融制度是经济社会发展中重要的基础性制度。必须遵循金融发展规律，创新和完善金融调控，健全现代金融企业制度，完善金融市场体系，推进构建现代金融监管框架，加快转变金融发展方式，健全金融法治，保障国家金融安全，促进经济和金融良性循环、健康发展。

（二）重要原则

现阶段，我国开展金融工作要把握好以下重要原则：

第一，回归本源，服务于经济社会发展。金融要把为实体经济服务作为出发点和落脚点，全面提升服务效率和水平，把更多金融资源配置到经济社会发展的重点领域和薄弱环节，更好地满足人民群众和实体经济多样化的金融需求。

第二，优化结构，完善金融市场、金融机构、金融产品体系。要坚持质量优先，引导金融业发展同经济社会发展相协调，促进融资便利化、降低实体经济成本、提高资源配置效率、保障风险可控。

第三，强化监管，提高防范化解金融风险能力。要以强化金融监管为重点，以防范系

① 2015年8月29日，全国人大常委会第十六次会议审议通过了《中华人民共和国商业银行法修正案（草案）》，自2015年10月1日起施行。该修正案删去了第七十五条第三项中的“存贷比例”。特别是第二处，删除了贷款余额与存款余额比例不得超过75%的规定，将存贷比由法定监管指标转为流动性监测指标。

统性金融风险为底线，加快相关法律法规建设，完善金融机构法人治理结构，加强宏观审慎管理制度建设，加强功能监管，更加重视行为监管。

第四，市场导向，发挥市场在金融资源配置中的决定性作用。坚持社会主义市场经济改革方向，处理好政府和市场的关系，完善市场约束机制，提高金融资源配置效率。加强和改善政府宏观调控，健全市场规则，强化纪律性。

（三）主要举措

一是完善金融主体。包括积极发展普惠金融，大力支持小微企业、“三农”和精准脱贫等经济社会发展薄弱环节，着力解决融资难、融资贵等问题。增强资本市场服务实体经济功能，积极有序发展股权融资，提高直接融资比重。拓展保险市场的风险保障功能。优化金融资源空间配置和金融机构布局，大力发展中小金融机构。坚持自主、有序、平等、安全的方针，稳步扩大金融业双向开放。

二是优化金融生态。包括坚持从我国国情出发推进金融监管体制改革，增强金融监管协调的权威性、有效性，强化金融监管的专业性、统一性、穿透性，所有金融业务都要纳入监管，练就“火眼金睛”，及时有效识别和化解风险，整治金融乱象。坚持中央统一规则，压实地方监管责任，加强金融监管问责。加强对金融改革发展稳定的法治、信用、人才和政治保障，创造优良的金融生态环境，以优质、高效的金融服务推动经济保持中高速增长、迈向中高端水平。

三是强化金融功能。包括不断增强金融服务实体经济的可持续性，着力强实抑虚。加强对创新驱动发展、新旧动能转换、促进“双创”支撑就业等的金融支持。做好对国家重大发展战略、重大改革举措、重大工程建设的金融服务。筑牢市场准入、早期干预和处置退出三道防线，把好风险防控的每一道关。健全金融风险责任担当机制，切实保障金融市场稳健运行。积极稳妥推进去杠杆，深化国企改革，把降低国企杠杆率作为重中之重。有效处置金融风险点，防范道德风险，坚决守住不发生系统性风险的底线。

思考与实践

想一想

1. 金融体系由哪些组成部分?
2. 如何评价金融体系?
3. 结合自身的知识和经验，谈谈中国金融体系的历史演变、特点和发展方向。

练一练

1. [单选] 下列不属于金融体系组成部分的是（　　）。

A. 金融机构　　B. 金融市场　　C. 金融风险　　D. 金融功能

2. [单选] 金融体系的核心功能不包括（　　）。

A. 增加收入　　B. 支付清算　　C. 资源配置　　D. 风险管理

3. [多选] 技术进步对金融体系的影响包括（　　）。

A. 债务市场规模不断扩大　　B. 衍生产品市场从无到有

C. 风险管理手段更加先进　　D. 恢复金融体系基本功能

查一查

1. 登录中国人民银行网站，了解一下它的历史发展和主要业务。
2. 留意一下近期新闻中的经济金融板块，看看自己对哪些内容有疑问或者感兴趣。

第二章

中国银行业体系

阅读提示

通过上一章的学习，我们已经对什么是金融体系及其蕴含的金融功能有了初步了解。从这一章开始我们就要逐一介绍金融主体和金融生态的每一个具体部分了。接下来的四章我们要依次介绍金融业的四大组成部分——银行业、证券期货业、保险业、信托租赁业，并介绍各自的代表性金融机构和基本金融业务。首先登场的是银行业体系，它属于间接融资，由商业银行充当资金供求双方的中介。

开篇提问

什么是银行？银行能办理哪些业务？

第一节
中国银行业体系概述

一、银行与银行业

银行是通过存款、贷款、汇兑等业务，承担信用中介任务的金融机构。银行一词，源于意大利语 Banca，其原意是长凳、椅子，是最早的市场上货币兑换商的营业用具。因此，早期的银行家被称为“坐长板凳的人”。后来在英语中转化为 Bank，意为存钱的柜子。

银行业是由银行为主体构成的金融行业，是金融体系中的主要组成部分。在我国，银行业是指中国人民银行、监管机构、自律组织，以及在中华人民共和国境内设立的商业银行、城市信用合作社、农村信用合作社等吸收公众存款的金融机构、非银行金融机构以及政策性银行。

二、中国银行业体系的基本构成

中国银行业体系由中央银行、监管机构、自律组织和银行业金融机构组成（见图 2－1）。

中国人民银行是我国的中央银行，在国务院的领导下，负责制定和执行货币政策，防范和化解金融风险，维护金融稳定。

中国银行业监督管理委员会，简称银监会，负责对全国银行业金融机构及其业务活动实施监管。

中国银行业协会是在民政部登记注册的全国性非营利社会团体，是中国银行业的自律组织。

中国的银行业金融机构包括政策性银行（国家开发银行、中国进出口银行、中国农业发展银行）、大型商业银行（中国工商银行、中国银行、中国农业银行、中国建设银行、交通银行）、中小型商业银行、农村金融机构，以及中国邮政储蓄银行和外资银行。银监会监管的非银行金融机构包括金融资产管理公司、信托公司、企业集团财务公司、金融租赁公司、汽车金融公司和货币经纪公司。

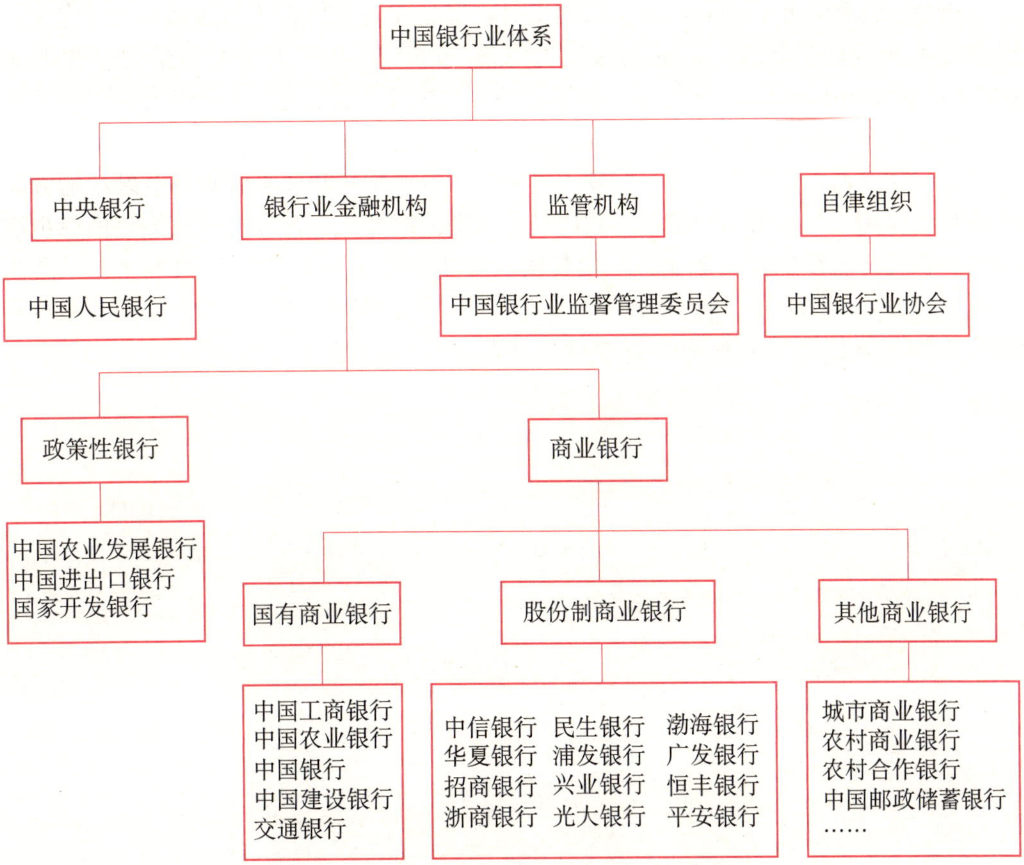

图 2－1　中国银行业和主要金融机构体系图示

三、中国金融体系中的银行业体系

从资产规模看，在中国金融体系中，银行业体系规模最大。截至 2016 年四季度末，我国银行业金融机构境内外本外币资产总额为 232.3 万亿元，同比增长 15.8%。其中，大型商业银行资产总额 86.6 万亿元，占比 37.3%，同比增长 10.8%；股份制商业银行资产总额 43.5 万亿元，占比 18.7%，同比增长 17.5%。银行业金融机构境内外本外币负债总额为 214.8 万亿元，同比增长 16%。其中，大型商业银行负债总额 79.9 万亿元，占比 37.2%，同比增长 11%；股份制商业银行负债总额 40.8 万亿元，占比 19%，同比增长 17.7%。

从金融主体看，银行是最常见、最基本的金融机构。银行总量大、分支机构多。现代商业银行既提供存贷汇等基础性的金融业务，也能够依据政策法规开展更加复杂的衍生金融业务。银行也是同业拆借市场、票据市场、债券市场、外汇市场、黄金市场等银行间市场的主要参与者。

从金融生态看，银行业金融机构行内支付系统是我国支付系统的基础，相对完善。银行业的制度建设较早起步，目前相对较为完善。1995 年全国人大及其常委会相继通过《中华人民共和国中国人民银行法》《中华人民共和国商业银行法》《中华人民共和国票据法》等一系列金融法规，标志着我国现代银行业制度的初步构建。

从金融功能看，银行业体系在实现支付清算、资源配置和风险管理等金融功能方面发挥了主导性作用，从而有力地推动了我国经济长期持续增长。在资产和负债规模稳步增长的同时，银行业继续加强金融服务，信贷资产质量总体平稳。2016 年四季度末，商业银行（法人口径，下同）不良贷款余额 15 123 亿元，较上季末增加 183 亿元；商业银行不良贷款率 1.74%，比上季末下降 0.02 个百分点。

第二节 中国人民银行

一、中央银行：中国人民银行

中国人民银行是中国的中央银行。1983 年 9 月 17 日，国务院作出决定，由中国人民银行专门行使中央银行的职能，并具体规定了中国人民银行的 10 项职责。从 1984 年 1 月 1 日起，中国人民银行开始专门行使中央银行的职能，集中力量研究和实施全国金融的宏观决策，加强信贷总量的控制和金融机构的资金调节，以保持货币稳定；同时新设中国工商银行，中国人民银行过去承担的工商信贷和储蓄业务由中国工商银行专业经营；中国人民银行分支行的业务实行垂直领导；设立中国人民银行理事会，作为协调决策机构；建立存款准备金制度和中央银行对专业银行的贷款制度，初步确立了中央银行制度的基本框架。

1993 年，按照国务院《关于金融体制改革的决定》，中国人民银行进一步强化金融调控、金融监管和金融服务职责，划转政策性业务和商业银行业务。1995 年 3 月 18 日，全国人民代表大会通过《中华人民共和国中国人民银行法》，首次以国家立法形式确立了中国人民银行作为中央银行的地位，标志着中央银行体制走上了法制化、规范化的轨道，是中央银行制度建设的重要里程碑。1998 年，按照中央金融工作会议的部署，改革中国人民银行管理体制，撤销省级分行，设立跨省区分行，同时，成立中国人民银行系统党委，对党的关系实行垂直领导，干部垂直管理。2003 年，按照党的十六届二中全会审议通过的《关于深化行政管理体制和机构改革的意见》和十届人大一次会议审议通过的《国务院机构改革方案》，将中国人民银行对银行、金融资产管理公司、信托投资公司及其他存款类金融机构改革的监管职能分离出来，并和中央金融工委的相关职能进行整合，成立中国银行业监督管理委员会。同年 9 月，中央机构编制委员会正式批准中国人民银行的“三定”调整意见。12 月 27 日，十届全国人民代表大会常务委员会第六次会议审议通过了《中华人民共和国中国人民银行法（修正案）》。

二、中国人民银行的职责

中国人民银行的主要职责包括：

（1）拟订金融业改革和发展战略规划，承担综合研究并协调解决金融运行中的重大问题、促进金融业协调健康发展的责任，参与评估重大金融并购活动对国家金融安全的影响并提出政策建议，促进金融业有序开放。

（2）起草有关法律和行政法规草案，完善有关金融机构运行规则，发布与履行职责有关的命令和规章。

（3）依法制定和执行货币政策；制定和实施宏观信贷指导政策。

（4）完善金融宏观调控体系，负责防范、化解系统性金融风险，维护国家金融稳定与安全。

（5）负责制定和实施人民币汇率政策，不断完善汇率形成机制，维护国际收支平衡，实施外汇管理，负责对国际金融市场的跟踪监测和风险预警，监测和管理跨境资本流动，持有、管理和经营国家外汇储备和黄金储备。

（6）监督管理银行间同业拆借市场、银行间债券市场、银行间票据市场、银行间外汇市场和黄金市场及上述市场的有关衍生产品交易。

（7）负责会同金融监管部门制定金融控股公司的监管规则和交叉性金融业务的标准、规范，负责金融控股公司和交叉性金融工具的监测。

（8）承担最后贷款人的责任，负责对因化解金融风险而使用中央银行资金机构的行为进行检查监督。

（9）制定和组织实施金融业综合统计制度，负责数据汇总和宏观经济分析与预测，统一编制全国金融统计数据、报表，并按国家有关规定予以公布。

（10）组织制定金融业信息化发展规划，负责金融标准化的组织管理协调工作，指导金融业信息安全工作。

（11）发行人民币，管理人民币流通。

（12）制定全国支付体系发展规划，统筹协调全国支付体系建设，会同有关部门制定支付结算规则，负责全国支付、清算系统的正常运行。

（13）经理国库。

（14）承担全国反洗钱工作的组织协调和监督管理的责任，负责涉嫌洗钱及恐怖活动的资金监测。

（15）管理征信业，推动建立社会信用体系。

（16）从事与中国人民银行业务有关的国际金融活动。

（17）按照有关规定从事金融业务活动。

（18）承办国务院交办的其他事项。

第三节
中国商业银行

一、商业银行的概念和职能

（一）商业银行的概念

商业银行（Commercial Bank）是以营利为目的，以多种金融负债筹集资金，多种金融资产为经营对象，具有信用创造功能的金融机构。

一般的商业银行没有货币的发行权，传统商业银行的业务主要集中在经营存款和贷款（放款）业务，即以较低的利率借入存款，以较高的利率放出贷款，存贷款之间的利差就是商业银行的主要利润。商业银行的主要业务范围包括吸收公众、企业及机构的存款、发放贷款、票据贴现及中间业务等。它是储蓄机构而不是投资机构。

从商业银行的发展来看，商业银行的经营模式有两种。一种是英国模式，主要融通短期商业资金，具有放贷期限短、流动性强的特点，此种经营模式对银行来说比较安全可靠。另一种是德国模式，其业务是综合式，商业银行不仅融通短期商业资金，而且融通长期固定资本，即从事投资银行业务。

中国实行的是分业经营模式。为了适应中国分业经营的现时特点和混业经营的发展趋势，2003 年 12 月 27 日第十届全国人民代表大会常务委员会第六次会议通过了《关于修改〈中华人民共和国商业银行法〉的决定》。新《商业银行法》对原《商业银行法》中不得混业经营的有关规定进行了修改。

（二）商业银行的基本职能

商业银行主要有五个基本职能：

1. 调节经济

调节经济是指商业银行通过其信用中介活动，调节社会各部门的资金短缺，同时在央行货币政策和其他国家宏观政策的指引下，实现经济结构、消费比例投资、产业结构等方面的调整。此外，商业银行通过其在国际市场上的融资活动还可以调节本国的国际收支状况。

2. 信用创造

商业银行在信用中介职能和支付中介职能的基础上，产生了信用创造职能。商业银行是能够吸收各种存款的银行，利用其所吸收的各种存款发放贷款。在支票流通和转账结算的基础上，贷款又派生为存款。在这种存款不提取现金或不完全提现的基础上，就增加了商业银行的资金来源。最后在整个银行体系，形成数倍于原始存款的派生存款。

3. 信用中介

信用中介是商业银行最基本、最能反映其经营活动特征的职能。这一职能的实质，是通过银行的负债业务，把社会上的各种闲散货币集中到银行里来，再通过资产业务，把它们投向经济各部门；商业银行是作为货币资本的贷出者与借入者的中介人或代表，来实现资本的融通，并从吸收资金的成本与发放贷款利息收入、投资收益的差额中，获取利益收入，形成银行利润。商业银行成为买卖“资本商品”的“大商人”。

4. 支付中介

商业银行除了作为信用中介，融通货币资本以外，还执行着货币经营业的职能。通过存款在账户上的转移，代理客户支付，在存款的基础上，为客户兑付现款等，成为工商企业、团体和个人的货币保管者、出纳者以及支付代理人。

5. 金融服务

在强烈的业务竞争权力下，各商业银行也不断开拓服务领域，通过金融服务业务的发展，进一步促进资产负债业务的扩大，并把资产负债业务与金融服务结合起来，开拓新的业务领域。在现代经济生活中，金融服务已成为商业银行的重要职能。

二、商业银行的基本业务

商业银行的业务种类繁多，并不断得到拓展和创新。概括而言，商业银行的业务包括负债业务、资产业务和中间业务三大类。

（一）商业银行的负债业务

商业银行的负债业务是形成商业银行资金来源的业务。该业务的开展，不仅决定着商业银行资产业务以及中间业务的开展，而且决定着商业银行与社会公众之间的密切联系。因此，负债业务是商业银行最基础、最主要的业务。从广义的角度看，商业银行的负债业务包括自有资本、存款和借款三项业务。

1. 自有资本

作为经营货币信用业务的金融企业，商业银行同工商企业一样，必须拥有一定数额的最原始的资金来源，即资本金。

（1）资本金的含义。有关资本金的定义因各国金融制度、会计制度的不同而有所不同。国际上通常把资本金定义为：银行股东为赚取利润而投入银行的货币和保留在银行中的收益。它代表了商业银行股东的所有者权益，或者说是银行所有者的净财富。

(2) 资本金的构成。国际清算银行于 1988 年 7 月通过的《巴塞尔协议》将银行资本分为核心资本和附属资本两类。核心资本也叫一级资本，是最具完全意义的银行自有资本，也是《巴塞尔协议》达成之前各国银行自有资本定义中唯一相同的部分，主要包括股本和公开储备两种。股本包括普通股和永久性非累积优先股：普通股是银行股金资本的基本形式；永久性非累积优先股是指若股息因经营状况不好无法支付并在将来不再补发的优先股。公开储备是指银行通过留存收益或其他盈余转化而来的，并在银行资产负债表中公开标明的那部分储备，包括股票发行溢价、未分配利润和公积金等。附属资本也叫二级资本，是核心资本的补充，由未公开储备、重估储备、普通准备金、混合资本工具和长期附属债务组成。

2. 存款

存款是商业银行负债业务中最重要的业务，也是商业银行最主要的资金来源，在商业银行的全部负债中所占的比重最大。存款不仅决定着商业银行的负债规模，而且制约着商业银行的资产经营能力，甚至影响银行的生存和发展。因此，对银行而言，具有最重要意义的始终是存款。

商业银行的存款种类很多，其种类划分，各个国家有所不同，就一般来讲，可将存款分为活期存款、定期存款、储蓄存款三大类。

(1) 活期存款。活期存款是商业银行传统的、特有的业务。它是指存款户可以随时存取而无须事先通知的一种银行存款。由于在支取这种存款时需使用银行规定的支票，故又被称为支票存款。

(2) 定期存款。定期存款是指存款客户与银行事先约定期限，到期才能支取的银行存款。这种存款的期限短则 3 个月或 6 个月，长则 5 年或 10 年不等。与活期存款相比，定期存款存期固定，经营成本较低，为商业银行提供了稳定的资金来源。因此，商业银行通常对定期存款给予较高的利息，一般而言，存期越长，利率越高。定期存款的形式有存单和存折两种。在存款到期前，若存款人要求提前支取，虽然银行制度规定不予提取，但为了争取客户、吸引存款，银行一般并不严格执行这一制度，但对提前支取的部分要按活期存款的标准计付利息。

(3) 储蓄存款。储蓄存款是指为居民个人积蓄货币资产和获取利息收入而设立的一种存款。储蓄存款分为活期存款和定期存款两类，银行均应支付利息。储蓄存款不使用支票，也不使用存单，而是通常由银行发给存款户存折，以作为存款和提款的凭证，并且一般不能据此签发支票，支取时只能提取现金或先转入存户的活期存款账户。

3. 借款

商业银行的借款业务主要有以下几种：

(1) 同业借款。同业借款是商业银行之间和商业银行与其他金融机构之间发生的短期资金融通活动。

金融视野

同业借款的具体形式

同业拆借。同业拆借是指银行同业之间利用时间差、空间差和行际差来调剂资金余缺的一种短期资金借贷行为。拆入的资金主要用于解决日常性的资金周转需要。由于同业拆借一般是通过商业银行在中央银行的存款账户进行，实际上是商业银行之间超额准备金的调剂，因此又称为中央银行基金。

转贴现。转贴现是指商业银行在发生临时性的支付准备金不足时，将已贴现的尚未到期的商业票据在二级市场上转售给其他商业银行。

转抵押。转抵押是指商业银行在准备金头寸不足时，可将发放抵押贷款而获得的借款客户提供的抵押品再次向其他银行申请抵押贷款，以获得资金融通。

回购协议。回购协议是指商业银行将持有的有价证券暂时出售给其他金融机构，并约定在今后某一日期，以约定的价格再购回其所出售的有价证券的一种协议。回购协议实际上是银行以有价证券作抵押而获得的一种借款。

（2）向中央银行借款。中央银行是银行的银行，是商业银行的最后贷款人。当商业银行出现资金不足时，可以向中央银行申请借款。目前，我国中央银行再贷款有三种形式，即年度性再贷款、季节性再贷款、日拆性再贷款。

（3）发行金融债券。发行金融债券是指商业银行以发行人身份，通过承担利息的方式直接向国内、国际市场的货币持有者举债的融资活动，主要用于解决长期资金来源问题。由于发行债券筹集的资金不缴纳存款准备金，这意味着商业银行实际可用资金的额度增大，实际负担的利息成本降低，同时负债的证券化使商业银行的风险分散，因此，这已成为商业银行吸收长期资金、推进资产负债管理的有效方法。

（4）国际金融市场借款。随着国际金融市场的发展，商业银行还可以在国际金融市场上通过吸收存款、发行大额可转让定期存单、发行商业票据等方式广泛地获取资金，来弥补资金来源的不足。目前，最具规模、影响最大的国际金融市场是欧洲货币市场。向国际金融市场借款，具有交易量大、资金来源充足、流动性强、借款手续简便、借款利率较高的特点。

（二）商业银行的资产业务

商业银行的资产业务是指商业银行运用其资金的业务。商业银行通过其负债业务筹集货币资金的目的，就是运用资金从而获得利润。所以，资产业务是商业银行主要的利润来源。一般而言，商业银行的资产业务主要包括现金业务、贷款业务以及证券投资业务等。

1. 现金业务

现金资产是商业银行中最富有流动性的资产，是商业银行的一线准备。这部分资产的数额不大，而且基本上不给银行带来直接收益，但其作用特殊、意义重大。

金融视野

商业银行的现金资产

商业银行的现金资产主要包括库存现金、中央银行存款、同业存款、托收中现金等。

库存现金是指商业银行保存在业务库中的现钞和硬币，其主要用于应付客户提现和银行本身的日常零星开支。库存现金不能生息，保管有风险且费用昂贵，所以对商业银行而言，现金库存量要适度，一般压至最低。

中央银行存款是指商业银行存放在中央银行的存款准备金。商业银行存放在中央银行的存款准备金由两部分组成：一部分是法定存款准备金，另一部分是超额存款准备金。法定存款准备金是指商业银行根据吸收各项存款余额，按照中央银行规定的存款准备金率计算并向中央银行缴存的准备金。超额存款准备金是指商业银行存在中央银行的存款准备金账户中，超过了法定存款准备金的那部分存款余额。商业银行在中央银行的存款，一方面要达到法定存款准备金的要求，另一方面是通过中央银行的清算系统便于债权债务的清算。

同业存款是指商业银行存放在代理行和有业务往来的商业银行的存款。商业银行在其他银行开立活期存款账户保持存款的目的是便于在同业之间开展代理业务和结算收付。由于在同业的存款属于活期存款性质，随时可以支用，因此可以视同商业银行的现金资产。

托收中现金是指本行通过对方银行向外地付款单位或个人收取的票据款项。商业银行经营中每天都会收到开户人拿来的支票，而支票有可能非本行付款，须向付款行收取，这种须向其他银行收款的支票称为“托收中现金”。

2. 贷款业务

贷款资产主要来源于商业银行贷款业务。贷款是商业银行作为贷款人按照一定的贷款原则和政策，以还本付息为条件，将一定数量的货币资金提供给借款人使用的一种借贷行为。它是商业银行的传统核心业务，也是商业银行中占比最大、最重要的资产。商业银行贷款业务种类很多，可以按照不同的标准进行分类。

（1）按贷款期限划分，可分为短期贷款、中期贷款和长期贷款。短期贷款是指期限在1年（含1年）以内的各项贷款，一般用于企业的各种临时性、季节性的营运资金需求，因此其期限短、流动强、周转快；中期贷款是指期限在1年（不含1年）以上5年（含5年）以内的各项贷款，一般用于企业的设备更新和技术改造；长期贷款是指期限在5年（不含5年）以上的各项贷款，一般用于企业的基本建设。

（2）按贷款的质量和风险程度划分，可分为正常贷款、关注贷款、次级贷款、可疑贷款和损失贷款。

正常贷款是指借款人能够履行借款合同，有充分把握按时足额偿还贷款本息的贷款。这类贷款的借款人财务状况无懈可击，没有任何理由怀疑贷款的本息偿还会发生问题。

关注贷款是指尽管借款人目前有能力偿还本金，但是发生了一些可能影响贷款偿还的不利因素，如果这些因素继续存在，可能影响借款人的还款能力，因此，需要对其进行关注或进行监控。

次级贷款是指借款人的还款能力出现了明显的问题，依靠其正常经营收入已无法保证足额偿还贷款本息的贷款。

可疑贷款是指借款人无法足额偿还贷款本息，即使执行抵押或担保也肯定要造成一部分损失的贷款。这类贷款具备次级贷款的所有特征，但是程度更深。

损失贷款是指在采取所有可能的措施和一切必要的法律程序之后，本息仍然无法收回或只能收回极少部分的贷款。这类贷款已经丧失作为银行资产的价值，因此已没有意义将其继续保留在资产账面上，应当在履行必要的内部程序之后将其冲销。

这种贷款分类标准的核心内容是贷款偿还的可能性，其实践性很强，很大程度上取决于检查人员的经验、知识和判断能力。

（3）按贷款保障程度划分，可分为信用贷款、担保贷款和票据贴现。

（4）按贷款偿还方式划分，可分为一次性偿还贷款和分期偿还贷款。

（5）按发放贷款时是否承担本息收回的责任及责任大小，可分为自营贷款、委托贷款和特定贷款。

3. 证券投资业务

证券投资是商业银行的一项重要资产业务，它是指商业银行运用其资金在金融市场上购买各种有价证券的业务活动。

（1）商业银行证券投资的目的。

①增加收益。从证券投资业务中获取收益，以提高商业银行的盈利水平是商业银行从事证券投资业务的首要目标。商业银行证券投资的收益主要来自两个方面，即利息收益和资本收益。

②分散风险。如果商业银行将全部的资金都用于发放贷款，一旦贷款到期收不回来，银行就必须承担全部风险。而银行如果将部分资金投资于有价证券，就可以防止由于资产过于集中放贷而带来的风险。风险分散和降低使银行得以稳健经营，利润的实现得到保障。

③增强流动性。流动性是商业银行经营管理的重点之一。在商业银行的资产中，具有较高流动性的除现金外，首推其持有的各种流动性较强的有价证券。这些有价证券可以在几乎不受损失的情况下抛售出去，换回现金，所以商业银行投资有价证券可以提高资产的流动性。

（2）商业银行证券投资的对象。由于商业银行证券投资的主要目的是增加收益、分散风险和增强流动性，因此，商业银行应投资于安全性高、变现能力强、盈利性较高的有价证券。满足这些要求的最佳选择就是国库券、政府公债、政府机构债券、信用等级高的企业债券和部分优质股票。由于政府债券的最大特点是安全性高、流动性强，特别是短期的政府债券如国库券，还本付息期限短，又有活跃的二级市场，可以随时变现，因此是各国商业银行投资的主要对象。

事实上，各国金融管理当局基于银行经营的安全和保持金融秩序稳定的需要，对商业银行的证券投资业务都有严格的限制和规定，如大多数国家的商业银行都被禁止投资于股票。这一方面是由于股票投资风险大、变现成本不确定、流动性不强，不符合银行稳健经营的原则；另一方面是因为银行投资股票容易发生市场操纵行为，不利于证券市场的健康发展。我国《商业银行法》第43条规定："商业银行在中华人民共和国境内不得从事信托投资和证券经营业务，不得向非自用不动产投资或者向非银行金融机构和企业投资。"

商业银行的资产除了上述三种外，还包括商业银行拥有的实物资产，如银行的建筑物、计算机、自动取款机和其他设备等固定资产。

（三）商业银行的中间业务

商业银行的中间业务是指商业银行不用或较少运用自己的资金，以中间人的身份代客户办理收付和其他委托事项，提供各类金融服务并收取手续费的业务。这种业务是由资产业务和负债业务衍生而来的，不在资产负债表中反映，具有相对的独立性。

金融视野

国内商业银行中间业务主要分类

中国人民银行在《关于落实〈商业银行中间业务暂行规定〉有关问题的通知》(2002)中，将国内商业银行中间业务分为九类：

1. 支付结算类中间业务，是指由商业银行为客户办理因债权债务关系引起的与货币支付、资金划拨有关的收费业务，如支票结算、进口押汇、承兑汇票等。

2. 银行卡业务，是指由经授权的金融机构向社会发行的具有消费信用、转账结算、存取现金等全部或部分功能的信用支付工具。

3. 代理类中间业务，是指商业银行接受客户委托、代为办理客户指定的经济事务、提供金融服务并收取一定费用的业务，包括代理政策性银行业务、代理中国人民银行业务、代理商业银行业务、代收代付业务、代理证券业务、代理保险业务、代理其他银行银行卡收单业务等。

4. 担保类中间业务，是指商业银行为客户债务清偿能力提供担保，承担客户违约风险的业务，包括银行承兑汇票、备用信用证、各类保函等。

5. 承诺类中间业务，是指商业银行在未来某一日期按照事前约定的条件向客户提供约定信用的业务，包括贷款承诺、透支额度等可撤销承诺和备用信用额度、回购协议、票据发行便利等不可撤销承诺两种。

6. 交易类中间业务，是指商业银行为满足客户保值或自身风险管理等方面的需要，利用各种金融工具进行的资金交易活动，包括期货、期权等各类金融衍生业务。

7. 基金托管业务，是指有托管资格的商业银行接受基金管理公司委托，安全保管所托管的基金的全部资产，为所托管的基金办理基金资金清算款项划拨、会计核算、基金估值、监督管理人投资运作。

8. 咨询顾问类业务，是指商业银行依靠自身在信息、人才、信誉等方面的优势，收集和整理有关信息，结合银行和客户资金运动的特点，形成系统的方案提供给客户，以满足其经营管理需要的服务活动，主要包括财务顾问和现金管理业务等。

9. 其他类中间业务，包括保管箱业务以及其他不能归入以上八类的业务。

中间业务分为无风险中间业务和有风险中间业务，无风险中间业务包括结算、代理、咨询类和信用卡业务，有风险中间业务包括担保类、承诺类和与利率、汇率相关的业务。

根据巴塞尔委员会的划分，银行中间业务大致可分为四类：

（1）商业银行提供的各类担保业务。主要包括贷款偿还担保、履约担保、票据承兑担保、备用信用证等。

（2）贷款承诺业务。主要包括贷款限额、透支限额、备用贷款承诺和循环贷款承诺等。

（3）金融工具创新业务。主要包括金融期货、期权业务、货币及利率互换业务等。

（4）传统中间业务。主要包括结算、代理、信托、租赁、保管、咨询等业务。

三、商业银行的基本类型

（一）国有控股商业银行

1. 中国工商银行

中国工商银行成立于1984年1月1日。2005年10月28日，整体改制为股份有限公司。2006年10月27日，成功在上海证券交易所和香港联合交易所同日挂牌上市。经过持续努力和稳健发展，已经迈入世界领先大银行行列，拥有优质的客户基础、多元的业务结构、强劲的创新能力和市场竞争力。

通过持续推动改革创新和经营转型，资产负债业务在其结构调整中保持稳定的盈利水平，零售金融、资产管理和投资银行成为其盈利增长的重要引擎，领先的互联网金融发展推动了经营管理模式和服务方式的根本变革。国际化、综合化经营格局不断完善，海外业务和基金、保险、租赁等综合化子公司的盈利贡献不断提升。2015年获评《欧洲货币》杂志“全球新兴市场最佳银行”称号，连续多年位列《银行家》杂志全球1 000家大银行和美国《福布斯》杂志全球企业2 000强榜首。

2. 中国农业银行

中国农业银行前身可追溯至1951年成立的农业合作银行。自20世纪70年代末以来，中国农业银行（以下简称农行）相继经历了国家专业银行、国有独资商业银行和国有控股商业银行等不同发展阶段。2009年1月，农行整体改制为股份有限公司。2010年

7 月，农行分别在上海证券交易所和香港联合交易所挂牌上市，完成了向公众持股银行的跨越。

农行是中国主要的综合性金融服务提供商之一，致力于建设多功能协同的现代金融服务集团。农行凭借全面的业务组合、庞大的分销网络和领先的技术平台，向广大客户提供各种公司银行和零售银行产品和服务，同时开展金融市场业务及资产管理业务，业务范围还涵盖投资银行、基金管理、金融租赁、人寿保险等领域。2014 年起，农行连续多年入选全球系统重要性银行。2015 年，在美国《财富》杂志世界 500 强排名中，农行位列第 36 位；在英国《银行家》杂志全球银行 1 000 强排名中，以一级资本排名计，农行位列第 6 位。

3. 中国银行

1912 年 2 月，经孙中山先生批准，中国银行正式成立。从 1912 年至 1949 年，中国银行先后行使中央银行、国际汇兑银行和国际贸易专业银行职能，在民族金融业中长期处于领先地位，并在国际金融界占有一席之地。1949 年以后，中国银行长期作为国家外汇外贸专业银行，统一经营管理国家外汇，开展国际贸易结算、侨汇和其他非贸易外汇业务，大力支持外贸发展和经济建设。改革开放以来，中国银行充分发挥长期经营外汇业务的独特优势，成为国家利用外资的主渠道。1994 年，中国银行改为国有独资商业银行。2004 年 8 月，中国银行股份有限公司挂牌成立。2006 年 6 月、7 月，中国银行先后在香港联合交易所和上海证券交易所成功挂牌上市，成为国内首家同时在 A 股和 H 股发行上市的商业银行。

中国银行是中国国际化和多元化程度最高的银行，在中国及近 50 个国家和地区为客户提供全面的金融服务。2015 年，中国银行再次入选全球系统重要性银行，成为新兴市场经济体中唯一连续 5 年入选的金融机构。

4. 中国建设银行

中国建设银行（简称建设银行或建行，最初行名为中国人民建设银行，1996 年 3 月 26 日更名为中国建设银行）成立于 1954 年 10 月 1 日，是股份制商业银行，国有五大商业银行之一。中国建设银行主要经营领域包括公司银行业务、个人银行业务和资金业务，在中国内地设有分支机构 14 121 家（2012 年），在香港、台湾、墨尔本等地设有分行，拥有建信基金、建信租赁、建信信托、建信人寿、中德住房储蓄银行、建行亚洲、建行伦敦、建行俄罗斯、建行迪拜、建银国际等多家子公司，为客户提供全面的金融服务。中国建设银行拥有广泛的客户基础，与多个大型企业集团及中国经济战略性行业的主导企业保持银行业务联系，营销网络覆盖全国的主要地区。

2016 年 7 月 20 日，《财富》杂志发布了最新的世界 500 强排行榜，中国建设银行名列第 22 名。2016 年 8 月，中国建设银行在 2016 年中国企业 500 强中排名第 5。2017 年 2 月，Brand Finance 发布 2017 年度全球 500 强品牌榜单，中国建设银行排名第 14。

5. 交通银行

交通银行始建于 1908 年，是中国早期四大银行之一，也是中国早期的发钞行之一。

2004年6月30日，交通银行深化股份制改革，完成财务重组。2005年6月23日，交通银行在香港成功上市，成为首家境外上市的中国内地商业银行。

交通银行是中国境内主要综合金融服务提供商之一，并正在成为一家以商业银行为主体，跨市场、国际化的大型银行集团，业务范围涵盖商业银行、投资银行、证券、信托、金融租赁、基金管理、保险、离岸金融服务等诸多领域。根据2016年美国《财富》杂志发布的世界500强公司排行榜，交通银行营业收入位列第153位。

新闻摘录

世界500强排行榜中的银行排名

《财富》杂志世界500强排行榜一直是衡量全球大型公司的最著名、最权威的榜单，被誉为“终极榜单”，由《财富》杂志每年发布一次。2017年排行榜中银行的排名如表2-1所示：

表2-1 世界500强排行榜中的银行排名

序号	公司	营业收入（亿美元）	国家	500强排名
1	中国工商银行	1 476.8	中国	22
2	中国建设银行	1 350.9	中国	28
3	中国农业银行	1 172.7	中国	38
4	中国银行	1 137.1	中国	42
5	法国巴黎银行	1 090.3	法国	43
6	摩根大通公司	1 054.9	美国	48
7	美国富国银行	941.8	美国	61
8	美国银行	936.6	美国	62
9	西班牙国家银行	828.0	西班牙	73
10	花旗集团	823.9	美国	74

资料来源：财富中文网（http：//www. fortunechina. com/fortune500/c/2017-07/20/content _ 286785. htm）

（二）股份制商业银行

我国商业银行主要包括大型股份制商业银行、中小型股份制商业银行、城市商业银行、农村商业银行及村镇银行五大类。

我国现有12家全国性中小型股份制商业银行：招商银行、浦发银行、中信银行、中国光大银行、华夏银行、中国民生银行、广发银行、兴业银行、平安银行、恒丰银行、浙商银行、渤海银行。

（三）城乡商业银行

1. 城市商业银行

2005年以来，有十余家境外金融机构以及国际金融公司先后与上海、南京、西安、济南、北京、杭州、南充、天津、宁波、重庆共10家城市商业银行实现战略合作，外资股已占到城市商业银行所有股权的 5%。2006 年开始，城市商业银行陆续走出原有地域，寻求更广阔的发展空间。

2. 农村商业银行

1996 年国务院发布了第 33 号文件，推出建立和完善以合作金融为基础，商业性金融、政策性金融分工协作的农村金融体系的农村金融体制改革。2001 年 11 月 28 日，经中国人民银行批准，中国首批股份制农村商业银行在江苏省张家港、常熟、江阴组建，张家港市农村商业银行正式对外营业。

首批组建的农村商业银行，突破了原有农村合作金融组织的经营模式，严格按照建立现代金融企业制度的要求，由辖区农户、个体工商户、企业法人和其他经济组织自愿入股组成，自主经营、自负盈亏，在股本募集、法人治理结构上充分体现股份分散、所有权和经营权分离以及法人、股东各自承担风险的原则。

（四）合作性金融机构

1. 城市信用社

1979 年，中国第一家城市信用社在河南省漯河县成立，拉开了中国城市信用组织发展的序幕。自 1993 年下半年开始，中国人民银行大力清理整顿金融秩序，总行责令各省分行自 1993 年 7 月 1 日起一律停止审批新的城市信用社。自 1995 年起，根据国务院指示精神，部分地级城市在城市信用社基础上组建了城市商业银行。

2. 农村信用社

1996 年 8 月，国务院《关于农村金融体制改革的决定》出台，农村信用社与中国农业银行挂钩，农村信用社按照合作制原则重新规范，标志着中国农村信用合作社重新走上了独立发展之路。此次改革的核心是把农村信用社办成由社员入股、社员民主管理、主要为社员服务的真正的农村合作金融组织。1996 年的改革形成了农村信用社自求发展、自我约束、自主决策的经营机制，基本理顺了农村信用社和中央银行及农业银行的关系。

2003 年 6 月 27 日，在江苏省农村信用社改革试点的基础上，国务院出台了《深化农村信用社改革试点方案》（国发〔2003〕15 号），深化农村信用社改革拉开序幕。吉林、山东、江西、浙江、江苏、陕西、贵州、重庆 8 省（市）被确定为第一批试点单位。本次改革明确提出：按照“明晰产权关系、强化约束机制、增强服务功能、国家适当支持、地方政府负责”的总体要求，把农村信用社办成为“三农”服务的社区和地方金融机构。

在制度上，实行股份制、股份合作制、合作制等几种不同制度。在组织形式上，分为 4 种方式：（1）农村商业银行；（2）农村合作银行；（3）以县（市）为单位统一法人；（4）继续实行乡镇信用社、县（市）联社各为法人的原有形式。

（五）新型农村金融机构

三类新型农村金融机构是指 2006 年 12 月 20 日中国银行业监督管理委员会发布《关于调整放宽农村地区银行业金融机构准入政策　更好支持社会主义新农村建设的若干意

见》后，按有关规定设立的村镇银行、贷款公司和资金互助社。

村镇银行是指经中国银行业监督管理委员会依据有关法律、法规批准，由境内外金融机构、境内非金融机构企业法人、境内自然人出资，在农村地区设立的主要为当地农民、农业和农村经济发展提供金融服务的银行业金融机构。

贷款公司是指经中国银行业监督管理委员会依据有关法律、法规批准，由境内商业银行或农村合作银行在农村地区设立的专门为县域农民、农业和农村经济发展提供贷款服务的银行业非存款类金融机构。贷款公司是由境内商业银行或农村合作银行全额出资的有限责任公司。

农村资金互助社是指由中国银行业监督管理委员会批准，由公民自愿入股组成的社区互助性银行业金融机构。农村资金互助社实行社员民主管理，以服务社员为宗旨，谋求社员共同利益。

三类新型农村金融机构的设立，有效地填补了农村地区一些金融服务领域的空白，增加了农村地区的金融支持力度。

（六）中国邮政储蓄银行

中国邮政储蓄银行于2007年3月20日正式挂牌成立，是在改革邮政储蓄管理体制的基础上组建的商业银行。中国邮政储蓄银行承继原国家邮政局、中国邮政集团公司经营的邮政金融业务及因此而形成的资产和负债，并将继续从事原经营范围和业务许可文件批准、核准的业务。

2012年2月27日，中国邮政储蓄银行发布公告称，经国务院同意，中国邮政储蓄银行有限责任公司于2012年1月21日依法整体变更为中国邮政储蓄银行股份有限公司。依法承继原中国邮政储蓄银行有限责任公司全部资产、负债、机构、业务和人员，依法承担和履行原中国邮政储蓄银行有限责任公司在有关具有法律效力的合同或协议中的权利、义务，以及相应的债权债务关系和法律责任。中国邮政储蓄银行有限责任公司已有的营业机构、商标、互联网域名和咨询服务电话等保持不变，由股份公司继续使用，各项业务照常进行，客户无须因此办理任何变更手续。

2015年12月开始，中国邮政储蓄银行由单一股东向股权多元化迈进。采取发行新股方式，融资451亿元，发行比例16.92%。2016年8月27日，中国邮政储蓄银行80亿美元香港IPO获批。2016年9月28日，中国邮政储蓄银行在香港联合交易所主板成功上市。

第四节
中国政策性银行

一、政策性银行的含义

政策性银行（Policy Lender/Non-commercial Bank）是指由政府发起、出资成立，为贯彻和配合政府特定经济政策和意图而进行融资和信用活动的机构。

政策性银行不以营利为目的，专门为贯彻、配合政府社会经济政策或意图，在特定的业务领域内，直接或间接地从事政策性融资活动，充当政府发展经济、促进社会进步、进行宏观经济管理的工具。

二、我国政策性银行

1994 年我国政府设立了国家开发银行、中国进出口银行、中国农业发展银行三大政策性银行，均直属国务院领导。

（一）国家开发银行

1. 历史沿革

国家开发银行于 1994 年 3 月 17 日获批设立，同年 7 月 1 日正式开业，注册资本 500 亿元人民币，100%政府拥有，直属国务院领导，是中国三家政策性银行中资产规模最大的一家。2007 年 12 月 31 日，经国务院批准，中央汇金投资有限责任公司向国家开发银行注资 200 亿美元。2008 年 2 月，国家开发银行改革方案获得国务院批准，国家开发银行被定位为商业银行，并通过股份制改革建立现代企业制度。

2. 基本职能

国家开发银行在 2008 年改革前，重点向国家基础设施、基础产业和支柱产业（“两基一支”）的大中型基本建设和技术改造等项目及配套工程的建设发放贷款，具体包括经济发展的瓶颈项目、直接关系增强综合国力的支柱产业中的重大项目、重大高科技术在经济领域运用的项目、跨地区的重大政策性项目等；改革后，在上述职责的基础上增加了直接投资、投资银行等业务，并可以开办其他商业性业务。

（二）中国进出口银行

1. 历史沿革

中国进出口银行于 1994 年 4 月 26 日获批成立，同年 7 月 1 日正式开业，是直属国务院领导、政府全资拥有的国家政策性银行。目前注册资本 50 亿元人民币。

2. 基本职能

中国进出口银行的主要职责是贯彻执行国家产业政策、外经贸政策、金融政策和外交政策，为扩大中国机电产品、成套设备和高新技术产品出口，推动有比较优势的企业开展对外承包工程和境外投资，促进对外关系发展和国际经贸合作，提供政策性金融支持。

（三）中国农业发展银行

1. 历史沿革

中国农业发展银行于 1994 年 4 月 19 日获批成立，同年 11 月 18 日正式开业。注册资本 200 亿元人民币。中国农业发展银行在机构设置上实行总行、一级分行、二级分行、支行制；在管理上实行一级法人制，总行行长为法定代表人；系统内实行垂直领导的管理体制，各分支机构在总行授权范围内依法依规开展业务经营活动。

2. 基本职能

中国农业发展银行主要通过向中国人民银行借款和向境内金融机构发债等方式筹措农业政策性信贷资金，承担国家规定的农业政策性金融业务，代理财政性支农资金的拨付，为农业和农村经济发展服务，确保收购资金封闭运行。

第五节
中国银行业协会

一、中国银行业协会的性质和职能

中国银行业协会（China Banking Association，CBA）成立于2000年，是由中华人民共和国境内注册的各商业银行、政策性银行自愿结成的非营利性社会团体，经中国人民银行批准并在民政部门登记注册，是我国银行业的自律组织。该协会及其业务接受中国人民银行的指导、监督和民政部的管理。2003年中国银监会成立后，中国银行业协会主管单位由中国人民银行变更为中国银监会。

中国银行业协会以促进会员单位实现共同利益为宗旨，履行自律、维权、协调、服务职能，维护银行业合法权益，维护银行业市场秩序，提高银行业从业人员素质，提高为会员服务的水平，促进银行业的健康发展。

根据《中国银行业协会章程》的规定，中国银行业协会的主要职责包括：依据有关法律、法规，制定银行业同业公约和自律规则；督促会员贯彻执行国家法律、法规和各项政策；维护会员的合法权益，对侵害会员合法权益的行为，向有关部门提出申诉或要求；加强会员与中国人民银行及其他政府部门的联系；加强会员之间的交流，协调会员之间在业务方面发生的争议；促进国内银行业与国外银行业的交往与合作；组织和促进会员间的职员业务培训以及与业务有关的调查研究，为会员提供咨询服务；等等。

二、会员与机构设置

凡经中国银监会批准设立、具有独立法人资格的银行业金融机构（含在华外资银行业金融机构）以及经相关监管机构批准、具有独立法人资格、在民政部门登记注册的各省（自治区、直辖市、计划单列市）银行业协会均可申请加入中国银行业协会成为会员单位。经相关监管机构批准设立的非法人外资银行分行和在华代表处等，承认《中国银行业协会章程》的，均可申请加入中国银行业协会成为观察员单位。

截至2016年8月，中国银行业协会共有588家会员单位和4家观察员单位。会员单位包括政策性银行、国有商业银行、股份制商业银行、城市商业银行、资产管理公司、中央国债登记结算有限责任公司、中国邮政储蓄银行、农村商业银行、农村合作银行、农村信用社联合社、外资银行、村镇银行、各省（自治区、直辖市、计划单列市）银行业协会、金融租赁公司、货币经纪公司、汽车金融公司等。观察员单位为中国银联股份有限公司、农信银资金清算中心、山东省城市商业银行合作联盟有限公司、城市商业银行资金清算中心。

中国银行业协会的最高权力机构为会员大会，由参加协会的全体会员单位组成。会员大会的执行机构为理事会，对会员大会负责。理事会在会员大会闭会期间负责领导协会开展日常工作。理事会闭会期间，常务理事会行使理事会职责。常务理事会由会长 1 名、专职副会长 1 名、副会长若干名、秘书长 1 名组成。协会设监事会，由监事长 1 名、监事若干名组成。

中国银行业协会日常办事机构为秘书处。秘书处设秘书长 1 名、副秘书长若干名。秘书处共有 17 个部门，包括办公室（党委办公室）、纪委办公室、自律部、维权部、业务协调一部、业务协调二部、热线服务部、系统服务部、宣传信息部、计划财务部、国际关系部、农村合作金融工作联络部、研究部、中小银行服务部、业务服务部、银团贷款与交易专业委员会办公室、金融租赁专业委员会办公室。此外，还设立了东方银行业高级管理人员研修院，开办了《中国银行业》杂志。

思考与实践

想一想

1. 中央银行的主要职责是什么?

2. 商业银行与政策性银行的区别有哪些?

3. 结合你所了解的情况，探讨我国银行业可能的发展趋势。

练一练

1. ［多选］中国银行体系的组成部分包括（　　）。

A. 中央银行　　B. 监管机构　　C. 自律组织　　D. 银行业金融机构

2. ［单选］中国的银行业金融机构不包括（　　）。

A. 大型商业银行　　B. 农村金融机构　　C. 外资银行　　D. 投资银行

3. ［多选］商业银行的三大核心业务种类包括（　　）。

A. 负债业务　　B. 资产业务　　C. 中间业务　　D. 中介业务

查一查

1. 登录一家国有控股商业银行网站，查一查该银行有哪些主要业务。

2. 分别登录一家城市商业银行和农村商业银行网站，比较一下二者有何异同。

3. 分别登录中国人民银行和一家政策性银行的网站，看一看中国人民银行与商业银行有何区别。

第三章

中国证券业体系

阅读提示

上一章我们初步介绍了银行业金融体系，这一章我们将介绍中国证券业体系。我们已经知道，银行业和证券业代表了融资方式的两种基本形态——间接融资和直接融资，并已对间接融资的代表——银行有了初步了解。这一章将介绍直接融资，并以证券公司、基金公司等金融机构为例介绍它们是如何开展金融业务的。

开篇提问

什么是证券公司？证券公司有哪些基本业务？

第一节
中国证券业体系概述

一、证券业基础知识

（一）证券业的界定

1. 证券的概念

证券是各类财产所有权或债权凭证的通称，是用来证明证券持有人有权依票面所载内容，取得相关权益的凭证。所以，证券的本质是一种交易契约或合同，该契约或合同赋予合同持有人根据该合同的规定，对合同规定的标的采取相应行为，并获得相应的收益的权利。广义上来说，目前市场上出现的股票、债券、基金、期货及其衍生工具等都属于证券的范畴；狭义的证券范畴是指在证券交易所交易的品种。

2. 证券业的概念

证券业是指从事证券发行和交易服务的专门行业，是证券市场的基本组成要素之一，主要由证券交易所、证券公司、证券协会及金融机构组成，为双方证券交易提供服务，促使证券发行与流通高效地进行，并维持证券市场的运转秩序。

（二）证券业的组成

证券业主要由证券交易所、证券公司、证券协会及金融机构组成。

（三）证券业的功能与作用

证券业至少发挥着四个重要作用：

第一，通过为企业发展筹集巨额资金进行资源分配。

第二，促进众多公司以重组方式发展壮大。绝大多数上市公司已成为行业的领头羊，而且这些公司在公司治理水平、风险控制能力和企业文化建设等方面都有了极大提高。

第三，提供了不同的投资工具，有助于金融服务业的发展。经过近 20 年的发展，投资产品的数量和种类成倍增长，为投资者提高了差别化的投资选择。同时，证券业的发展对银行业的改革、增加金融基础设施建设和加强服务都有促进作用。

第四，随着日益加强的国际合作和对外开放，证券业为外资在中国的投资提供了一个新渠道。

二、中国证券业体系的构成

（一）我国多层次资本市场的主要构成

我国逐渐建立的多层次资本市场包括沪深证券交易所的主板市场、深圳证券交易所的创业板市场、全国中小企业股份转让系统、区域股权交易市场、券商柜台市场及机构间私募产品报价与服务系统等（见图 3－1）。

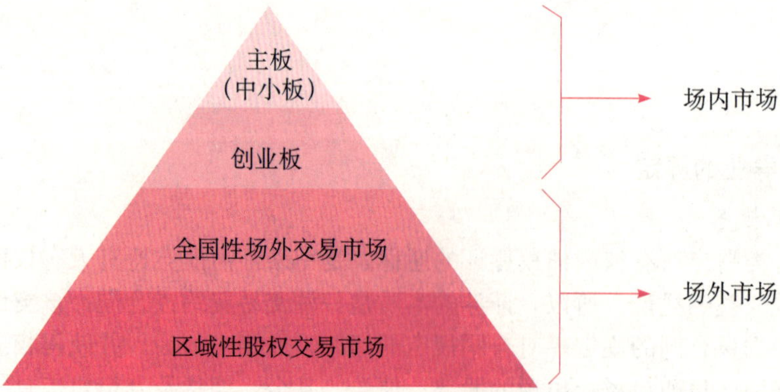

图 3－1　我国多层次资本市场的主要构成

（二）发行市场和交易市场

证券发行市场又称“一级市场”或“初级市场”，是发行人以筹集资金为目的，按照一定的法律规定和发行程序，向投资者出售证券的市场。证券发行市场通常无固定场所，是一个无形的市场。证券交易市场又称“二级市场”或“次级市场”，是已发行的证券通过买卖交易实现流通转让的市场。

第二节
中国证券公司

一、证券公司的定义

证券公司是证券市场的主要中介机构，在证券市场运行中发挥着重要作用。一方面，证券公司是证券市场投融资服务的提供者，为证券发行人和投资者提供专业化的中介服务，如证券经纪、投资咨询、保荐与承销等；另一方面，证券公司本身也是证券市场重要的机构投资者。

二、证券公司的主要业务

（一）证券经纪业务

证券经纪业务又称代理买卖证券业务，是指证券公司接受客户委托代客户买卖有价证券的业务。在证券经纪业务中，证券公司只收取一定比例的佣金作为业务收入。

目前，我国公开发行并上市的股票、公司债券及权证等证券，在交易所以公开的集中交易方式进行，证券公司从事经纪业务以通过证券交易所代理客户买卖证券为主。

（二）证券投资咨询业务

证券投资咨询业务有的基本业务形式：

1. 证券投资顾问业务

按照《证券投资顾问业务暂行规定》，证券投资顾问业务是指证券公司、证券投资咨询机构接受客户委托，按照约定，向客户提供涉及证券及证券相关产品的投资建议服务，辅助客户作出投资决策，并直接或者间接获取经济利益的经营活动。投资建议服务内容包括投资的品种选择、投资组合以及理财规划建议等。

2. 发布证券研究报告

按照《发布证券研究报告暂行规定》，发布证券研究报告是指证券公司、证券投资咨询机构对证券及证券相关产品的价值、市场走势或者相关影响因素进行分析，形成证券估值、投资评级等投资分析意见，制作证券研究报告，并向客户发布的行为。证券研究报告主要包括涉及证券及证券相关产品的价值分析报告、行业研究报告、投资策略报告等。证券研究报告可以采用书面或者电子文件形式。

（三）财务顾问业务

财务顾问业务是指与证券交易、证券投资活动有关的咨询、建议、策划业务。具体包括：

（1）为企业申请证券发行和上市提供改制改组、资产重组、前期辅导等方面的咨询服务；

（2）为上市公司重大投资、收购兼并、关联交易等业务提供咨询服务；

（3）为法人、自然人及其他组织收购上市公司及相关的资产重组、债务重组等提供咨询服务；

（4）为上市公司完善法人治理结构、设计经理层股票期权、职工持股计划、投资者关系管理等提供咨询服务；

（5）为上市公司再融资、资产重组、债务重组等资本营运提供融资策划、方案设计、推介路演等方面的咨询服务；

（6）为上市公司的债权人、债务人对上市公司进行债务重组、资产重组、相关的股权重组等提供咨询服务以及中国证监会认定的其他业务形式。

（四）证券承销业务

证券承销是指证券公司代理证券发行人发行证券的行为。发行人向不特定对象公开发行的证券，法律、行政法规规定应当由证券公司承销的，发行人应当同证券公司签订承销协议。证券承销业务可以采取代销或者包销的方式。

证券代销是指证券公司代发行人发售证券，在承销期结束时，将未售出的证券全部退还给发行人的承销方式。

证券包销是指证券公司将发行人的证券按照协议全部购入或者在承销期结束时将售后剩余证券全部自行购入的承销方式，前者为全额包销，后者为余额包销。

我国《证券法》还规定了承销团的承销方式。按照《证券法》的规定，向不特定对象发行的证券票面总值超过人民币 5 000 万元的，应当由承销团承销，承销团由主承销商和参与承销的证券公司组成。

（五）证券自营业务

证券自营业务是指证券公司以自己的名义，以自有资金或者依法筹集的资金，为本公司买卖在境内证券交易所上市交易的证券，在境内银行间市场交易的政府债券、国际开发机构人民币债券、央行票据、金融债券、短期融资券、公司债券、中期票据和企业债券，以及经证监会批准或者备案发行并在境内金融机构柜台交易的证券，以获取收益的行为。

（六）证券资产管理业务

证券资产管理业务是指证券公司作为资产管理人，根据有关法律、法规和与投资者签订的资产管理合同，按照资产管理合同约定的方式、条件、要求和限制，为投资者提供证券及其他金融产品的投资管理服务，以实现资产收益最大化的行为。

（七）融资融券业务

融资融券业务是指证券公司向客户出借资金供其买入证券或出借证券供其卖出证券的业务。由融资融券业务产生的证券交易称为融资融券交易。融资融券交易分为融资交易和融券交易两类，客户向证券公司借资金买证券叫融资交易，客户向证券公司借证券卖出为融券交易。

（八）证券公司中间介绍（IB）业务

IB（Introducing Broker）即介绍经纪商，是指机构或者个人接受期货经纪商的委托，介绍客户给期货经纪商并收取一定佣金的业务模式。证券公司中间介绍（IB）业务是指证券公司接受期货经纪商的委托，为期货经纪商介绍客户参与期货交易并提供其他相关服务的业务活动。

金融视野

国内代表性证券公司——中信证券

中信证券股份有限公司（以下简称“中信证券”或“公司”），于1995年10月25日在北京成立。2002年12月13日，经中国证券监督管理委员会核准，中信证券向社会公开发行4亿股普通A股股票，2003年1月6日在上海证券交易所挂牌上市交易，股票简称“中信证券”，股票代码“600030”。2011年10月6日在香港联合交易所上市交易，股票代码为“6030”。

中信证券经营范围包括：证券经纪（限山东省、河南省、浙江省天台县、浙江省苍南县以外区域）；证券投资咨询；与证券交易、证券投资活动有关的财务顾问；证券承销与保荐；证券自营；证券资产管理；融资融券；证券投资基金代销；为期货公司提供中间介绍业务；代销金融产品；股票期权做市。

2016年，公司实现营业收入人民币380亿元，实现净利润人民币104亿元，净资产收益率7.36%，收入和净利润继续位居国内证券公司首位，公司各项业务继续保持市场前列。

2016年，公司主要业务保持市场前列。股权融资主承销规模人民币2 408亿元，市场份额11.76%，排名行业第一；债券主承销规模人民币3 797亿元，市场份额2.55%，排名同业第二；境内并购（发行股份购买资产及重大资产重组）完成交易规模人民币1 197亿元，市场份额14.15%，排名行业第一；代理股票基金交易总量人民币14.92万亿元，市场份额5.72%，排名行业第二；受托资产管理规模人民币1.8万亿元，市场份额10.5%，排名行业第一；融资融券余额市场份额6.67%，排名行业第一；新三板股票发行人民币141亿元，市场份额10.15%，市场排名第一。

第三节
中国基金公司

一、基金公司的范畴与分类

基金公司是指依据有关法律法规设立的对基金的募集、基金份额的申购和赎回、基金财产的投资、收益分配等基金运作活动进行管理的公司。

从广义来说，基金公司分公募基金公司和私募基金公司。公募基金公司的经营业务以及人员活动受证监会监管，投资方向与投资比例有严格限制，公募基金公司大多管理数百亿以上资金，如南方、华夏、嘉实等；私募基金公司受证监会及其派出机构的监管。目前中国的私募基金公司按投资标的分主要有：私募证券投资基金，又叫做阳光私募，如赤子之心、星石等资产管理公司；私募股权投资基金（投资于非上市公司股权即 PE），如鼎辉、弘毅、KKR、高盛、凯雷等；私募房地产投资基金；私募风险投资基金（VC），如联想投资、软银、IDG 等。

从狭义来说，基金公司仅指经证监会批准、可以从事证券投资基金管理业务的基金管理公司，一般是公募基金公司。

从组织形式上说，基金公司分为公司制基金公司和有限合伙制基金公司。实践来看，公募基金公司全部为公司制基金公司，私募基金公司既可采用公司制，也可采用有限合伙制。

二、公募基金公司

（一）证券投资基金的概念

证券投资基金是指通过发售基金份额，将众多投资者的资金集中起来，形成独立财产，由基金托管人托管，基金管理人管理，以投资组合的方式进行证券投资的一种利益共享、风险共担的集合投资方式。

证券投资基金按设立方式划分，有封闭型基金、开放型基金；按组织形式划分，有契约型基金、公司型基金；按投资对象划分，有股票基金、货币市场基金、期权基金、房地产基金等。

（二）证券投资基金管理公司

证券投资基金管理公司（基金公司），是指经中国证券监督管理委员会批准，在中国境内设立，从事证券投资基金管理业务的企业法人。公司董事会是基金公司的最高权力机构。证券投资基金管理公司一般都是公募基金公司，狭义上讲，基金公司是指证券投资基金管理公司。

证券投资基金的依法募集由基金管理人承担。基金公司发起人是从事证券经营、证券投资咨询、信托资产管理或者其他金融资产管理的机构。基金管理人由依法设立的基金管理公司担任。担任基金管理人应当经国务院证券监督管理机构核准。

新闻摘录

基金管理公司的规模

截至2017年1月底，我国境内共有基金管理公司109家，其中中外合资公司44家、内资公司65家；取得公募基金管理资格的证券公司或证券公司资管子公司共12家，保险资管公司2家。以上机构管理的公募基金资产合计8.36万亿元（见表3-1）。

表3-1　证券投资基金各品种统计数据（2017年1月底；2016年12月底）

类别	基金数量（只）(2017/1/31)	份额（亿份）(2017/1/31)	净值（亿元）(2017/1/31)	基金数量（只）(2016/12/31)	份额（亿份）(2016/12/31)	净值（亿元）(2016/12/31)
封闭式基金	313	6 147.13	6 310.09	303	6 179.14	6 340.11
开放式基金	3 651	74 616.84	77 307.80	3 564	82 249.17	85 252.94
其中：股票基金	668	6 589.97	7 198.85	661	6 450.19	7 059.02
其中：混合基金	1 749	17 937.61	19 111.97	1 707	18 667.35	20 090.29
其中：货币基金	293	35 967.69	36 053.04	286	42 730.63	42 840.57
其中：债券基金	815	13 033.14	13 898.35	789	13 310.59	14 239.10
其中：QDII基金	126	1 088.43	1 045.59	121	1 090.41	1 023.96
合计	3 964	80 763.97	83 617.89	3 867	88 428.31	91 593.05

资料来源：中国证券投资基金业协会（http：//www.amac.org.cn/）

金融视野

国内代表性公募基金管理公司——博时基金管理有限公司

博时基金管理有限公司成立于1998年7月13日，是中国首批成立的五家基金管理公司之一，致力于为海内外各类机构和个人投资者提供专业、全面的资产管理服务。博时总部设在深圳，在北京、上海等地设有分公司，同时拥有博时基金（国际）有限公司和博时资本管理有限公司两家全资子公司。博时基金管理有限公司经营范围包括基金募集、基金销售、资产管理和中国证监会许可的其他业务。"为国民创造财富"是博时的使命，“做投资价值的发现者”是博时始终坚持的投资理念。

博时基金是目前我国资产管理规模最大的基金公司之一。截至2016年12月31日，博时基金公司共管理164只开放式基金，并受全国社会保障基金理事会委托管理部分社保基金，以及多个企业年金账户，管理资产总规模约为6 250.22亿元人民币，其中公募基金规模约3 760.13亿元人民币，累计分红约781.21亿元人民币。博时是首批全国社保基金投资管理人、首批企业年金基金投资管理人、首批基本养老保险基金证券投资管理人，博时养老金资产管理规模在同业中名列前茅。

三、私募基金公司

（一）私募证券投资基金

1. 私募证券投资基金的概念

私募证券投资基金是相对于我国政府主管部门监管的，向不特定投资人公开发行受益凭证的证券投资基金而言的，是指通过非公开方式向少数机构投资者和富有的个人投资者募集资金而设立的基金，它的销售和赎回都是基金管理人通过私下与投资者协商进行的。在这个意义上，私募证券投资基金也可以称之为向特定对象募集的基金。

2. 私募证券投资基金的特征

与公募证券投资基金相比，私募证券投资基金具有以下显著特征：

（1）募集对象方面：私募证券投资基金严格限定投资者范围，把私募证券投资基金的投资者范围限定为一些大的机构投资者以及一些具有一定投资知识和投资经验的富有的个人。

（2）募集方式方面：私募证券投资基金不同于公募证券投资基金的公开募集，它是通过非公开的方式募集资金的。对非公开的方式的界定是通过对投资者的人数和发行方式两个方面进行的。

（3）信息披露方面：私募证券投资基金在信息披露方面要求比较低，而公募证券投资基金要对投资目标、投资组合等信息进行披露，公募证券投资基金在信息披露方面的要求比私募证券投资基金严格。

（4）法律监管方面：私募证券投资基金一直处于灰色地带，没有专门的法律对其进行规范，引导其健康发展。现在对私募证券投资金进行立法的呼声越来越高，有专家指出有关的法律法规有望尽快出台，相关的私募证券投资基金的规则已经制定完毕。

3. 私募证券投资基金的存在形式

第一种是阳光私募基金。目前是最受关注的私募基金，该类基金让客户把资金交给信托公司，信托公司跟私募基金管理人签署管理协议，由私募基金管理人负责投资管理，而资金托管在银行。管理人购买一定的比例，如20%，如此利益互通，避免由于利益不一致引起的利益输送。这种私募基金借助了《信托法》的法律基础，法律界定清晰，是规范的信托计划。与公募基金相比，此类信托在投资额度上要大很多，通常为100万元起，投资品种和投资比例上要宽松很多，灵活性大为提高，但除了收取较高管理费用、认购费外，通常基金管理人还要分取收益部分的20%作为提成。而且该基金通常只在每月某天打开申购、赎回，对资金的时间要求较高。与公募基金相比，客户如要获取同等收益，则阳光私募基金需高出公募基金收益30%多，这也是阳光私募基金面临的最大考验。

第二种是公司型基金，一般由几个人出资成立一家公司，注入一笔资金，然后交给一个专业的管理公司去管理。这是现在比较流行的方式，特点是参与者必须成为股东，缺点是难以发展壮大，通常只是熟人之间发行操作。

第三种是有限合伙制基金，一方出钱，另一方出专业能力，共同成立一家有限合伙企业，在章程中约定分配比例，不完全按照出资比例分配。

第四种是松散型私募基金，也是最传统的方式，由一个人或者一个团队为有资金的客户服务，提供咨询或者代理操作。这种类型现在占私募总量的绝大部分。其合作形式也多种多样，有的以公司形式接受资金投资委托代理，有的仅以口头协议直接为客户进行账户操作等。

金融视野

国内代表性阳光私募基金公司——淡水泉

淡水泉成立于2007年，是中国领先的私募证券基金管理公司之一。淡水泉致力于成为全球一流的中国投资专家，同时开展私募证券基金、海外对冲基金、机构专户等业务，客户群体包括全球高净值个人客户以及养老金、主权财富基金、银行资产管理等大型机构客户。公司在北京、香港、深圳、新加坡设有办公室。

淡水泉所管理的资产主要采用基本面驱动的逆向投资策略。为体现团队内部不同能力及不同观点相互碰撞所产生的价值，基于未来发展战略，淡水泉也在逐步构建和储备其他领域投资能力，其中包括固定收益领域、量化投资领域、一级市场投资领域、全球投资领域。淡水泉成长策略包括“A股基本面成长策略系列产品”及“中国股票基本面多/空策略基金”。

发展历程：2007年淡水泉（北京）投资管理有限公司成立，与平安信托合作，发起成立平安财富·淡水泉成长一期、淡水泉海外对冲基金——淡水泉中国机会基金；经过9年的发展，2016年中标美国某大型公共养老基金、美国某大学捐赠基金，推出淡水泉全球投资策略首只产品，成为第一家加入国际行业组织——对冲基金国际标准委员会(HFSB)的中国资产管理机构。

(二) 私募股权投资基金

1. 私募股权投资基金的概念

定义有广义与狭义之分。广义上是指通过私募形式对私营企业，即非上市企业进行的权益性投资，在交易实施过程中附带考虑了将来的退出机制，如通过上市、并购或管理层回购等方式，出售持股获利，还包括对上市后企业进行投资、PIPE、控股型投资、产业投资、并购基金等。狭义上是指已经形成一定规模的，并产生稳定现金流的成熟企业的私募股权投资部分，主要是指创业投资后期的私募股权投资部分，而这其中并购基金和夹层资本在资金规模上占最大的一部分。

私募股权投资基金在我国的正式发展起于2006年12月30日：国务院特批的中国首支私募股权性质的投资基金——渤海产业投资基金在天津成立。该基金总规模200亿元，首期募集60.8亿元，规模尤为巨大，是我国资本市场上重要的机构投资人，主要通过聚集市场上的闲散资金进行投资、理财。该基金的成立是中国本土私募股权基金发展的一个里程碑。

2. 私募股权投资基金管理公司的组织形式

私募股权投资基金目前已是金融投资领域的一个热点，它的组织形式涉及基金投资人和基金管理人切身利益的一系列法律关系。从各国（地区）实践来看，私募股权投资基金的组织形式主要有公司型、信托或契约型和有限合伙型三种。这三种组织形式有着各自的特征。

（1）公司型。资产管理机构直接或间接参与设立主营业务为投资的有限责任公司或股份有限公司，资产管理机构直接或以子公司方式承接管理委托。投资人作为股东直接参与投资，以其出资额为限，对公司债务承担有限责任。

（2）信托或契约型。契约型基金又称为单位信托基金，指专门的基金管理公司作为委托人通过与受托人（投资人）签订“信托契约”的形式发行受益凭证——“基金单位持有证”来募集社会上的闲散资金，用以从事投资活动的金融产品。是由金融机构集合多个客户的资金而形成的基金，直接或者委托其他机构进行PE投资。

（3）有限合伙型。基金的投资人作为有限合伙人参与投资，以其认缴的出资额为限对PE组织的债务承担责任。普通合伙人通常是基金管理者，资产管理机构设立投资顾问有限公司，从事投资资产管理，并以普通合伙人身份发起设立有限合伙企业（基金），承担无限责任，其他普通投资人担任有限合伙人，承担有限责任。

3. 私募股权投资基金管理公司的作用

私募股权投资基金管理公司作为专业投资管理机构，是实现“集合投资，专家理财”功能的核心。它在私募股权投资基金的发起设立、管理运营和到期清算中都要肩负重要作用。从整体上看，私募股权投资基金管理公司的定位体现在四个方面：

（1）基金的策划人。基金管理人根据自己的专业分析能力和资源整合能力，结合经济社会和产业领域发展的需要，设计具有特定投资方向和明确标的物的基金方案，提供给潜在投资人进行投资决策。

（2）基金的牵头发起。基金管理人要牵头组织基金的融资募集工作，具体组织实施基金设立工作，包括组织基金募集路演、确定出资意向、组织对设立文件条款的谈判、组织投资者创立大会，完成投资者出资和法律文件签署，同时帮助投资者选择确定基金托管人，组织投资者与托管人签署合作协议。

(3) 基金的管理运营。这主要是根据基金委托管理合同，寻找调研项目提供给基金管理人作投资决策，在通过投资决策后，协调基金托管银行划拨投资款项。同时，基金管理人要向被投资项目派出产权代表，代表基金履行投资人权益，并给项目提供增值服务。在每个财务年度，基金管理人要提交基金年度报告和利润分配方案，并接受基金董事会的评估和监事会的审计。

(4) 基金的到期清算。在基金设立期限到期时，基金管理公司要履行清算职责，帮助基金做好财产登记、资产评估和清算方案。在基金设立期限最后 2 年，要尽快完成所投项目的退出，最大限度回收现金，并实现资产证券化。

4. 私募股权投资的退出渠道

投资退出是私募股权投资的最终目标，也是实现盈利的重要环节。投资的退出需要借助资本经营手段来完成。一般而言，私募股权投资基金的退出有三种方式，即首次公开上市（IPO）、股权出售（包括回购）及企业清算。公开上市是私募股权投资基金最佳的退出方式，可以使资本所有者持有的不可流通的股份转变为上市公司股票，实现具有流动性的盈利；股权出售包括股权回购、管理层收购和其他并购方式；企业清算是在投资企业未来收益前景堪忧时的退出方式。

金融视野

国内代表性私募股权投资基金公司——硅谷天堂

硅谷天堂资产管理集团股份有限公司（股票简称：硅谷天堂，证券代码：833044）是以并购整合专业服务见长的中国领先的综合性资产管理集团，注册资本为 44.321 4 亿元人民币。以并购整合业务为主线，着力打造公司在资产端的判断、获取、增值及退出能力，精选优质资产并在不同投资时点进行布局，为客户提供不同风险偏好的资产配置组合。目前在杭州、上海、天津、深圳、成都、武汉、香港等重点城市及加拿大、南非等国家设立了 10 余家分支机构。

硅谷天堂多次被中国创投委、清科集团、投中集团等行业权威机构评选为“优秀创投机构金奖”“中国最佳中资私募股权投资机构 TOP 10”“年度创新并购奖”“最佳并购基金奖”等。2014 年，公司获批中国证券投资基金业协会备案，成为全国首批 50 家私募投资基金管理人之一。

硅谷天堂的主要业务：并购整合业务；VC/PE 业务；PIPE 业务；夹层基金；FOF；海外业务。

截至 2017 年 2 月底，中国证券投资基金业协会已登记私募基金管理人 18 306 家。已备案私募基金 48 626 只，认缴规模 11.35 万亿元，实缴规模 8.55 万亿元。私募基金从业人员 28.23 万人（见图 3－2）。

截至 2017 年 2 月底，按正在运行的私募基金产品实缴规模划分，管理规模在 20 亿～

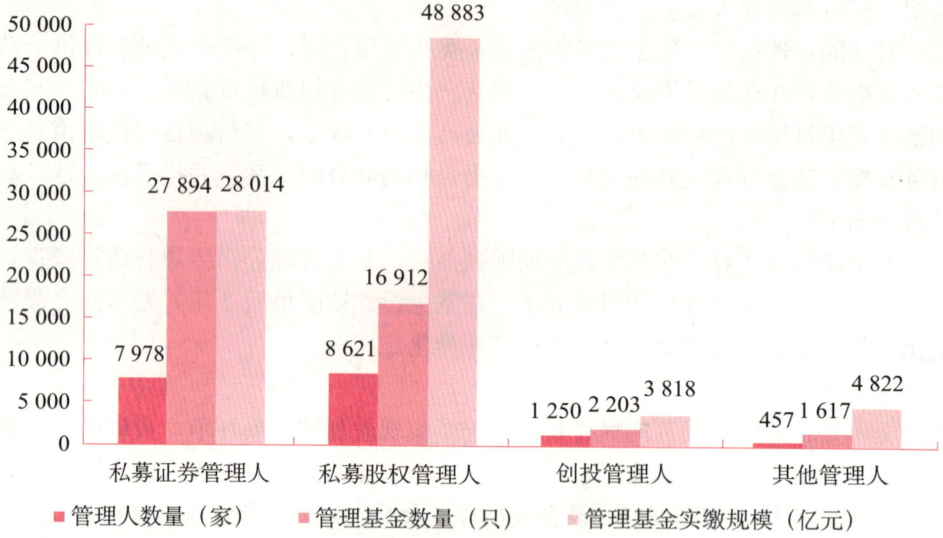

图 3－2　不同业务类型私募基金管理人登记情况

资料来源：中国证券投资基金业协会（http：//www.amac.org.cn/）

50 亿元的私募基金管理人有 473 家，管理规模在 50 亿～100 亿元的有 173 家，管理规模大于 100 亿元的有 145 家。

新闻摘录

中国基金公司规模

截至 2016 年 12 月 31 日，基金管理公司及其子公司、证券公司、期货公司、私募基金管理机构资产管理业务总规模约 51.79 万亿元，其中，基金管理公司管理公募基金规模 9.16 万亿元，基金管理公司及其子公司专户业务规模 16.89 万亿元，证券公司资产管理业务规模 17.58 万亿元，期货公司资产管理业务规模 2 792 亿元，私募基金管理机构资产管理认缴规模 10.24 万亿元、实缴规模 7.89 万亿元。

表 3－2　基金管理公司管理公募基金规模（截至 2016 年 12 月 31 日）

基金类型	基金数量（只）	基金份额（亿份）	基金净值（亿元）
封闭式基金	303	6 179.14	6 340.11
开放式基金	3 564	82 249.17	85 252.94
其中：股票基金	661	6 450.19	7 059.02
其中：混合基金	1 707	18 667.35	20 090.29
其中：货币基金	286	42 730.63	42 840.57
其中：债券基金	789	13 310.59	14 239.10
其中：QDII 基金	121	1 090.41	1 023.96
合计	3 867	88 428.31	91 593.05

表 3-3　基金管理公司及其子公司专户业务规模（截至 2016 年 12 月 31 日）

产品类型	产品数量（只）	资产规模（亿元）
基金公司	7 147	63 830.70
其中：一对一产品	4 036	41 773.66
其中：一对多产品	3 111	9 269.58
其中：社保基金及企业年金	—	12 787.46
基金子公司	14 494	105 030.91
其中：一对一产品	8 420	82 099.61
其中：一对多产品	6 074	22 931.30
合计	21 641	168 861.61

表 3-4　证券公司资产管理业务规模（截至 2016 年 12 月 31 日）

产品类型	产品数量（只）	资产规模（亿元）
集合计划	3 643	21 938.37
定向资管计划	20 196	146 857.06
专项资管计划	442	4 315.31
直投子公司的直投基金	501	2 671.38
合计	24 782	175 782.12

表 3-5　私募基金管理机构资产管理规模（截至 2016 年 12 月 31 日）

基金类型	基金数量（只）	认缴规模（亿元）	实缴规模（亿元）
私募证券投资基金	25 950	25 729.24	26 116.70
股权投资基金	14 154	54 693.00	35 264.07
创业投资基金	2 218	4 331.69	3 396.82
其他	4 183	17 688.46	14 134.28
合计	46 505	102 442.41	78 911.86

表 3-6　在基金业协会登记的私募基金管理人家数（截至 2016 年 12 月 31 日）

管理人类型	已登记家数（家）
私募证券投资基金管理人	7 781
股权投资基金管理人	7 988
创业投资基金管理人	1 218
其他类型管理人	446
合计	17 433

资料来源：中国证券投资基金业协会（http：//www.amac.org.cn/）

第四节
中国期货公司

一、期货公司的界定

期货公司是指代客户进行期货交易并收取交易佣金的中介组织，属于非银行金融机构。期货公司作为场外期货交易者与期货交易所之间的桥梁和纽带，其主要职能包括：根据客户指令代理买卖期货合约、办理结算和交割手续；对客户账户进行管理，控制客户交易风险；为客户提供期货市场信息，进行期货交易咨询，充当客户的交易顾问；为客户管理资产，实现财富管理等。

二、国内期货公司的业务

2011 年之前，国内期货公司的业务仅限于期货经纪业务。自 2011 年开始，在中国证监会的部署下，期货公司的经营范围开始有所扩大。迄今为止，已推出三项新的业务：期货投资咨询业务；期货资产管理业务；期货公司设立风险管理子公司。

（一）期货经纪业务

期货经纪业务中期货公司的权利和义务如下：

1. 期货公司的权利

（1）选择投资者的权利。期货交易具有高风险特点，期货公司在接受投资者委托时，可以对投资者情况进行审查评估，之后决定接受或是拒绝委托。其实，这也是对投资者的保护。

（2）报酬请求权。期货公司在为投资者提供服务后，有权要求对方支付佣金。期货公司有权根据期货交易所规定和市场状况，确定收取佣金的标准，并对不同投资者采用不同的佣金标准。另外，投资者账户保证金的利息一般不返还给投资者，将其视为期货公司获得报酬的一部分。

（3）管理投资者账户的权利及冲抵权、强行平仓权和合同解除权。期货公司有向投资者收取保证金、调整保证金收取比例的权利，当保证金不足且未及时追加时，期货公司有权对投资者强行平仓、停止接受委托、解除合同等。

(4) 请求投资者接受期货交易后果的权利。投资者与期货公司之间是合同法上的行纪关系，投资者应当承担期货交易的后果。

2. 期货公司的义务

(1) 公开的义务。期货公司应当如实向投资者告知期货交易的性质及风险，向投资者普及期货知识，必要时对投资者进行培训，向投资者公开自身的资信和业务状况，如实回答投资者咨询。另外，还要向投资者提供市场及行情信息，反馈投资者委托事项进展情况，向投资者提供交易结算报告等账目。

(2) 遵从投资者指令的义务。如实、准确地执行客户交易指令，不得挪用客户资金。

(3) 遵守期货交易规则的义务。该项义务内容广泛，总的来说，是要求期货公司不得为自己的利益而牺牲投资者的利益，或未尽管理人的注意义务给投资者造成损失。

(4) 交付与转移义务。期货公司代为买卖所取得的盈利或实物应当转移给投资者。期货公司不得与投资者约定分享盈利。

(二) 期货投资咨询业务

期货投资咨询业务是指期货公司基于客户委托而开展的风险管理顾问、期货研究分析、期货交易咨询等营利性业务。具体业务内容见表 3-7：

表 3-7　期货投资咨询业务

业务	内容
风险管理顾问	协助客户建立风险管理制度、操作流程，提供风险管理咨询、专项培训等
期货研究分析	收集整理期货市场及各类经济信息，研究分析期货市场及相关现货市场的价格及其相关影响因素，制作、提供研究分析报告或者资讯信息
期货交易咨询	为客户设计套期保值、套利等投资方案，拟订期货交易操作策略等

期货投资咨询业务是从实体企业、产业客户以及机构投资者的风险管理需求出发，发挥期货行业专业优势，开展以风险管理顾问服务为核心，以期货研究分析和期货交易咨询为支持的期货投资咨询服务活动，逐步改变过去那种单纯依附于期货经纪业务，以“拉客户炒单”为目的的咨询服务模式，切实提升期货行业对投资者以及国民经济的服务水平和质量。

(三) 期货资产管理业务

按照《期货公司监督管理办法》《期货公司资产管理业务试点办法》的规定，资产管理业务是期货公司接受客户委托，运用客户委托资产进行投资，投资收益由客户享有，损失由客户承担，期货公司按照合同约定收取费用或者报酬的业务活动。

1. 期货资产管理业务的投资范围

在投资范围方面，《期货公司监督管理办法》《期货公司资产管理业务试点办法》规定，期货公司资产管理业务可以投资于：(1) 期货、期权及其他金融衍生品；(2) 股票、债券、证券投资基金、集合资产管理计划、央行票据、短期融资券、资产支持证券等；(3) 中国证监会认可的其他投资品种。

2. 期货资产管理业务的相关规定

(1) 中国证监会的相关规定。2012 年，中国证监会发布了《期货公司资产管理业务试点办法》，对业务试点资格、业务规范、业务管理和风险控制制度、账户监测监控、监督管理和法律责任等内容进行了规定。另外，中国证监会制定了《期货公司单一客户委托资产管理业务工作指引》。2014 年，中国证监会发布《期货公司监督管理办法》，规定了资产管理业务的服务对象、投资范围、期货公司及从业人员行为准则等内容。

(2) 中国期货业协会的自律规则。中国期货业协会先后于 2012 年、2013 年制定了《期货公司资产管理合同指引》《期货公司资产管理业务投资者适当性评估程序（试行）》（以下简称《评估程序》）和《关于〈期货公司资产管理合同指引〉的补充规定》，对期货公司与投资者签订资产管理合同的必备条款、揭示风险、评估投资者风险认知水平和承受能力、委托资产托管等事项进行了规定。2014 年，为适应期货公司资产管理业务发展的需要，进一步推进和规范期货公司资产管理业务的开展，协会根据《期货公司监督管理办法》《私募投资基金监督管理暂行办法》《中国期货业协会章程》等有关规定发布了《期货公司资产管理业务管理规则（试行）》，对期货公司及子公司开展资产管理业务进行自律管理。2015 年，为配合期货公司为特定多个客户办理资产管理业务的开展，协会对《评估程序》进行了修订，以进一步明确相应配套规则的实施标准，在维护客户合法权益的前提下简化工作流程。

（四）期货公司设立风险管理子公司

2012 年 12 月 21 日，中国期货业协会发布《期货公司设立子公司开展以风险管理服务为主的业务试点工作指引》。2014 年 3 月启动修订工作，同年 8 月发布了修订版。

风险管理公司可以开展的试点业务有：(1) 基差交易；(2) 仓单服务；(3) 合作套保；(4) 定价服务；(5) 做市业务；(6) 其他与风险管理服务相关的业务。

三、期货公司的功能与作用

期货公司的功能主要体现在：

第一，期货公司作为衔接场外期货交易者与期货交易所之间的桥梁和纽带，降低了期货市场的交易成本。一方面，专业化的分工降低了期货交易成本；另一方面，期货市场的特定交易制度安排和结算制度也会较其他交易方式使交易成本大幅降低。

第二，期货公司可以降低期货交易中的信息不对称程度。

第三，期货公司可以高效率地实现转移风险的职能，并通过结算环节防范系统性风险的发生。

第四，期货公司可以通过专业服务实现资产管理的职能。

金融视野

国内代表性期货公司——永安期货

永安期货股份有限公司（简称：永安期货）是新三板挂牌企业，证券代码 833840，注册资本人民币 13.1 亿元。公司自成立以来经营规模牢固占据浙江省第一，是国内唯一一家连续 19 年跻身全国十强行列的期货公司。

经营范围：商品期货经纪、金融期货经纪、期货投资咨询、资产管理、基金销售。

公司总部设在杭州，在北京、上海、广州、深圳等 38 个城市设有营业部、分公司，在芝加哥设有办事处，在香港、新加坡设有子公司。全资子公司——浙江永安资本管理有限公司、浙江中邦实业有限公司、中国新永安（香港）期货有限公司；参股公司——永安国富资产管理有限公司、证通股份有限公司、中邮永安（上海）资产管理有限公司、浙江玉皇山南对冲基金投资管理有限公司、浙江永安投资咨询有限公司（与欧洲交易量最大的自营交易商 OSTC 合资成立）。

公司积极创新拓展混业经营、风险管理、财富管理、互联网化、全球配置五大业务领域，致力于成为国内第一、国际一流的综合金融衍生品服务商。

第五节
中国证券交易所

一、证券交易所的定义

我国《证券法》第102条规定："证券交易所是为证券集中交易提供场所和设施，组织和监督证券交易，实行自律管理的法人。"我国《证券法》在借鉴他国经验的基础上，将原由政府部门行使的一部分权力授予了证券交易所，从而确认了证券交易所的组织特性和监管特性。根据《证券交易所管理办法》，证券交易所的监管职能包括对证券交易活动进行管理，对会员进行管理，以及对上市公司进行管理。

二、证券交易所的组织形式

证券交易所的组织形式有两种：一种是会员制，一种是公司制。

会员制证券交易所是不以营利为目的的法人。证券交易所的会员由证券公司组成，只有取得证券交易所会员资格之后，证券公司才能在证券交易所参与交易。会员制证券交易所强调自治自律、自我管理，会员向证券交易所承担的责任仅以缴纳会费为限。

公司制证券交易所是由金融机构等作为股东组成，以营利为目的，其组织结构和有关的权利义务等法律关系均以《公司法》的规定为准。

上海证券交易所和深圳证券交易所均采用会员制组织形式，是非营利性的事业法人。

三、证券交易所的特征

证券交易所具有以下特征：

（1）有固定的交易场所和交易时间；

（2）参与交易者为具备会员资格的证券经营机构，交易采取经纪制，即一般投资者不能直接进入交易所买卖证券，只能委托会员作为经纪人间接进行交易；

（3）交易的对象限于合乎一定标准的上市证券；

（4）通过公开竞价的方式决定交易价格；
（5）集中了证券的供求双方，具有较高的成交速度和成交率；
（6）实行“公开、公平、公正”原则，并对证券交易加以严格管理。

四、我国证券交易所的职能

我国《证券交易所管理办法》规定，证券交易所的职能包括：
（1）提供证券交易的场所和设施；
（2）制定证券交易所的业务规则；
（3）接受上市申请、安排证券上市；
（4）组织、监督证券交易；
（5）对会员进行监管；
（6）对上市公司进行监管；
（7）设立证券登记结算机构；
（8）管理和公布市场信息；
（9）中国证监会许可的其他职能。

五、证券交易所市场

证券交易市场是为已经公开发行的证券提供流通转让机会的市场。证券交易市场通常分为证券交易所市场和场外交易市场。

（一）证券交易所概述

证券交易所是证券买卖双方公开交易的场所，是一个高度组织化、集中进行证券交易的市场，是整个证券市场的核心。证券交易所本身并不买卖证券，也不决定证券价格，而是为证券交易提供一定的场所和设施，配备必要的管理和服务人员，并对证券交易进行周密的组织和严格的管理，为证券交易顺利进行提供一个稳定、公开、高效的市场。我国《证券法》规定，证券交易所是为证券集中交易提供场所和设施，组织和监督证券交易，实施自律管理的法人。

（二）我国证券交易所市场的层次结构

根据社会经济发展对资本市场的需求和建设多层次资本市场的部署，我国在以上海证券交易所、深圳证券交易所作为证券市场主板市场的基础上，又在深圳证券交易所设置了中小企业板市场和创业板市场，从而形成了交易所市场内的不同市场层次。

1. 主板市场

主板市场是一个国家或地区证券发行、上市及交易的主要场所，一般而言，各国主要的证券交易所代表着国内主板市场。主板市场对发行人的经营期限、股本大小、盈利水平、最低市值等方面的要求标准较高，上市企业多为大型成熟企业，具有较大的资本规模以及稳定的盈利能力。相对创业板市场而言，主板市场是资本市场中最重要的组成部分，很大程度上能够反映经济发展状况，有“宏观经济晴雨表”之称。上海证券交易所于1990年12月19日正式营业，深圳证券交易所于1991年7月3日正式营业。

2. 中小企业板市场

2004年5月，经国务院批准，中国证监会批复同意，深圳证券交易所在主板市场内设立中小企业板市场。设立中小企业板市场的宗旨是为主业突出、具有成长性和科技含量的中小企业提供直接融资平台。这是我国多层次资本市场体系建设的一项重要内容，也是分步推进创业板市场建设的一个重要步骤。

中小企业板的设计要点体现在四个方面：第一，暂不降低发行上市标准，而是在主板市场发行上市标准的框架下设立中小企业板，这样可以避免因发行上市标准变化带来的风险；第二，在考虑上市企业的成长性和科技含量的同时，尽可能扩大行业覆盖面，以增强上市公司行业结构的互补性；第三，在现有主板市场内设立中小企业板，可以依托主板市场形成初始规模，避免直接建立创业板市场初始规模过小带来的风险；第四，在主板市场的制度框架内实行相对独立运行，目的在于有针对性地解决市场监管的特殊性问题，逐步推进制度创新，从而为建立创业板市场积累经验。

金融视野

中小企业板的总体设计

中小企业板的总体设计可以概括为“两个不变”和“四个独立”。

“两个不变”是指中小企业板运行所遵循的法律、法规和部门规章与主板市场相同，中小企业板的上市公司须符合主板市场的发行上市条件和信息披露要求。中小企业板“两个不变”的原则体现为现有主板市场的一个板块，从法律、行政法规到中国证监会及国务院有关部门的部门规章，中小企业板适用的基本制度规范与现有主板市场完全相同，中小企业板适用的发行上市标准也与现有主板市场完全相同。从上市公司看，虽然不改变主板市场的发行上市标准，但把符合主板市场发行上市条件的企业中规模较小的企业集中到中小企业板，逐步形成创业板市场的初始资源。

“四个独立”是指中小企业板是主板市场的组成部分，同时实行运行独立、监察独立、代码独立、指数独立。运行独立是指中小企业板的交易由独立于主板市场交易系统的第二交易系统承担；监察独立是指深圳证券交易所建立独立的监察系统实施对中小企业板的实时监控，该系统针对中小企业板的交易特点和风险特征设置独立的监控指标和报警阈值；代码独立是指将中小企业板股票作为一个整体，使用与主板市场不同的股票编码；指数独立是指中小企业板在上市股票达到一定数量后，发布该板块独立的指数。

从制度安排看，中小企业板以运行独立、监察独立、代码独立和指数独立与主板市场相区别；同时，中小企业板又以其相对独立性与创业板市场相衔接。

中小企业板市场在监管方面主要采取两项措施：一是改进交易制度，完善开盘集合竞价制度和收盘价的确定方式，在监控中引入涨跌幅、振幅及换手率的偏离值等指标，完善交易异常波动停牌制度；二是完善中小企业板上市公司监管制度，推行募集资金使用定期审计制度、年度报告说明会制度和定期报告披露上市公司股东持股分布制度等措施。

3. 创业板市场

创业板市场又被称为“二板市场”，是为具有高成长性的中小企业和高科技企业融资服务的资本市场。创业板市场是不同于主板市场的独特的资本市场，具有前瞻性、高风险、监管要求严格以及明显的高技术产业导向的特点。与主板市场相比，在创业板市场上市的企业规模较小、上市条件相对较低，中小企业更容易上市募集发展所需资金。创业板市场的功能主要表现在两个方面：一是在风险投资机制中的作用，即承担风险资本的推出窗口作用；二是作为资本市场所固有的功能，包括优化资源配置、促进产业升级等作用。而对企业来讲，上市除了融通资金外，还有提高企业知名度、分担投资风险、规范企业运作等作用。因此，建立创业板市场是完善风险投资体系，为中小高科技企业提供直接融资服务的重要一环，也是多层次资本市场的重要组成部分。

经国务院同意、中国证监会批准，我国创业板市场于2009年10月23日在深圳证券交易所正式启动。我国创业板市场主要面向成长型创业企业，重点支持自主创新企业以及市场前景好、带动能力强、就业机会多的成长型创业企业，特别支持新能源、新材料、电子信息、生物医药、环保节能、现代服务等新兴产业的发展。

我国创业板的推出和发展，将发挥对高科技、高成长创业企业的“助推器”功能，为各类风险投资和社会资本提供风险共担、利益共享的进入和退出机制，促进创业投资良性循环，逐步强化以市场为导向的资源配置、价格发现和资本约束机制，提高我国资本市场的运行效率和竞争力。

创业板是我国多层次资本市场体系的重要组成部分。创业板的开板，标志着我国交易所市场在经过20多年发展后，已经逐步确立了由主板（含中小板）、创业板构成的多层次交易所市场体系框架。

（三）上海证券交易所

上海证券交易所成立于1990年11月26日，同年12月19日开业，归属中国证监会垂直管理。按照“法制、监管、自律、规范”的八字方针，上海证券交易所致力于创造透明、开放、安全、高效的市场环境，其主要职能包括：提供证券交易的场所和设施；制定证券交易所的业务规则；接受上市申请，安排证券上市；组织、监督证券交易；对会员、上市公司进行监管；管理和公布市场信息。

上海证券交易所下设办公室、人事部（党委组织部）、党委办公室（党委宣传部）、纪检监察办公室、交易管理部、发行上市部、上市公司监管一部、上市公司监管二部、会员部、债券业务部、国际发展部、基金业务部、衍生品业务部、市场监察部、法律部、投资者教育部（企业培训中心）、系统运行部、技术开发部、技术规划与服务部、信息中心、北京中心、财务部、风控与内审部、资本市场研究所、自贸区交易平台筹备工作小组、基建工作小组、花桥基地工作小组等内设部门或临时工作小组，以及全资子公司——上海证券通信有限责任公司、上证所信息网络有限公司、上证金融服务有限公司，通过它们的合理分工与协调运作，有效地担当起证券市场组织者的角色。此外，上海证券交易所还控股或参股了 20 家公司机构，大大拓展了上交所的服务范围。

经过 20 多年的快速成长，上海证券交易所已发展成为拥有股票、债券、基金、衍生品四大类证券交易品种的，市场结构完整的证券交易所；拥有可支撑上海证券市场高效、稳健运行的，世界先进的交易系统及基础通信设施；拥有可确保上海证券市场规范、有序运作的，效能显著的自律监管体系。依托这些优势，上海证券市场的规模和投资者群体也在迅速壮大。

（四）深圳证券交易所

深圳证券交易所成立于 1990 年 12 月 1 日，是为证券集中交易提供场所和设施，组织和监督证券交易，履行国家有关法律、法规、规章、政策规定的职责，实行自律管理的法人，由中国证监会监督管理。深交所的主要职能包括：提供证券交易的场所和设施；制定业务规则；接受上市申请、安排证券上市；组织、监督证券交易；对会员进行监管；对上市公司进行监管；管理和公布市场信息；中国证监会许可的其他职能。

2004 年 5 月中小企业板正式推出，2006 年 1 月中关村科技园区非上市公司股份报价转让开始试点，2009 年 10 月创业板正式启动，标志着我国多层次资本市场体系架构基本确立。深交所坚持从严监管的根本理念，贯彻“监管、创新、培育、服务”八字方针，努力营造公开、公平、公正的市场环境。

思考与实践

想一想

1. 谈谈证券公司、期货公司、基金公司以及证券交易所各自的核心业务、发展瓶颈与拓展空间。

2. 结合你所了解的情况，探讨公募基金与私募基金的适用情形。

3. 结合当前经济发展阶段，谈谈如何发展新三板和创业板。

练一练

1. ［多选］证券业主要由哪些部分组成？（　　）

A. 证券交易所　　B. 证券公司　　C. 证券协会　　D. 商业银行

2. ［单选］下列不属于证券公司主要业务的是（　　）。

A. 证券经纪业务和证券承销业务　　B. 融资融券业务和商业票据业务

C. 证券承销业务和证券自营业务　　D. 财务顾问业务和证券承销业务

3. ［单选］深圳证券交易所没有设置（　　）。

A. 主板市场　　B. 中小企业板市场　　C. 创业板市场　　D. 小微板市场

查一查

1. 登录一家证券公司网站，查一查其主要业务。

2. 登录一家公募基金公司网站，查一查其主要业务。

3. 登录上海证券交易所和深圳证券交易所网站，比较二者有何异同。

第四章

中国保险业体系

阅读提示

前两章我们初步介绍了银行业体系和证券业体系，这一章我们将介绍另一类主要的金融业态：保险业。我们在第一章提到，在金融体系中，风险管理是金融的核心功能之一，而保险业就是专门针对各种风险进行专业管理的一种金融业态。如果把金融体系看成是一场球赛，那么保险业就是金融赛场上的“守门员”。

开篇提问

什么是保险？保险到底保的是什么？

第一节
中国保险业体系概述

一、保险的基本含义

保险一词是由英语“Insurance”或“Assurance”翻译过来的。最初是 14 世纪意大利的商业用语，后来传到英国，有了很大发展。英文原先的含义是“以缴付保险费为代价来取得损失补偿”。保险作为分散风险、消化损失的一种经济补偿制度，是当今世界最受人们推崇的一种风险管理技术。

《中华人民共和国保险法》明确指出：“本法所称保险，是指投保人根据合同约定，向保险人支付保险费，保险人对于合同约定的可能发生的事故因其发生所造成的财产损失承担赔偿保险金责任，或者当被保险人死亡、伤残、疾病或者达到合同约定的年龄、期限等条件时承担给付保险金责任的商业保险行为。”

对于整个社会经济而言，保险能够起到维持经济发展的连续性的重要作用。在遇到重大灾害性事件时，巨大损失会严重冲击社会经济的稳定发展，甚至使社会经济发展的链条发生断裂，而保险则能够起到缓冲和补救的作用，帮助社会渡过难关。

二、保险制度的构成

（一）特定风险的存在

并非所有的风险都是可保的。传统的保险以承保危害性的纯粹风险为主，但这并不表示所有的纯粹风险都是可保的。一个风险要成为可保风险（Insurable Risk），一般需要具备以下条件，除此之外的风险均为不可保风险：（1）必须存在大量同质的风险单位以保证大数法则在损失预测中的应用；（2）损失的发生必须具有随机性和偶然性，而不能是人为故意造成的；（3）损失必须是明确可度量的；（4）损失的概率可以预测；（5）大部分风险单位不能在同一时间遭受损失，以保证保险的风险分摊职能；（6）保费必须经济可行，收取的保费至少足以补偿所有的损失和费用。

（二）大数法则的力量

简单来讲，大数法则是指随着随机试验次数的大量增加，某随机事件发生的频率具有稳定性，逐渐趋于某个常数。基于大数法则，我们可以对一些不确定性很强的个别事件，从总体上作出较精确的预测。

大数法则对于保险经营来说至关重要。大数法则说明，当保险标的的数量足够大时，我们可以根据以往的统计数据计算出某种损失发生的估计概率，继而依照该概率来测算保险费率。

（三）费率的合理厘定

保险费率即保险费占保险金额的比率，也就是购买保险的价格。那么，保险费率是怎么确定的呢？

保险费率包括两个部分：一部分是依据风险发生的概率测定的纯费率，又称自然费率；另一部分是根据保险公司自身管理费用、合理利润和税收等测定的附加费率。

保险费率是保险的价格，直接关系到保险公司业务量的大小。但保险公司一般不能任意降低保险费率以增加市场份额，因为如果保险费率过低，保险公司就会面临无法偿付的危机。因此，各国都对保险公司的费率实行严格监管，政府保险监督管理机构不仅具有费率的核定权，还规定费率的计算公式。我国《保险法》规定，保险公司的主要险种的基本保险条款和保险费率，由金融监督管理部门制定；保险公司拟订的其他非主要险种的保险条款和保险费率，应当报保险监督管理部门备案。

（四）保险资金的运用

根据我国《保险资金运用管理暂行办法》的规定，保险资金是指保险集团（控股）公司、保险公司以本外币计价的资本金、公积金、未分配利润、各项准备金及其他资金。保险资金运用必须稳健，遵循安全性原则，符合偿付能力监管要求，根据保险资金性质实行资产负债管理和全面风险管理，实现集约化、专业化、规范化和市场化。

保险资金运用限于下列形式：（1）银行存款；（2）买卖债券、股票、证券投资基金份额等有价证券；（3）投资不动产；（4）国务院规定的其他资金运用形式。

三、保险的分类

随着现代社会经济的发展，保险业迅速成长壮大，领域不断拓展，险种日益增多。作为保险业管理者、经营者或保险产品购买者，十分有必要熟悉各保险种类。

保险常见的划分标准及种类如表 4－1 所示。

表 4-1 保险常见的划分标准及种类

标准	种类
保险性质	商业保险、社会保险、政策性保险
保险标的	人身保险、财产保险
承保方式	原保险、再保险
实施方式	自愿保险、强制保险
保障主体	个人保险、企业保险、团体保险

（一）根据保险性质不同，保险可分为商业保险、社会保险、政策性保险

1. 商业保险

商业保险（Business Insurance）是指保险公司所经营的各类保险业务。商业保险以营利为目的，进行独立经济核算。

2. 社会保险

社会保险（Social Insurance）是指在既定的社会政策下，由国家通过立法手段对全体社会公民强制征缴保险费，形成保险基金，用以对其中因年老、疾病、生育、伤残、死亡和失业而导致丧失劳动能力或失去工作机会的成员提供基本生活保障的一种社会保障制度。社会保险不以营利为目的，运行中若出现赤字，国家财政将给予支持。

3. 政策性保险

政策性保险（Government Insurance）是指为了体现一定的国家政策，如产业政策、国际贸易等，由国家财政直接投资成立的公司或国家委托独家代办的商业保险结构，以国家财政为后盾，举办一些不以营利为目的的保险。这类保险所投保的风险一般损失程度较高，但出于种种考虑而收取较低保费，若经营者发生亏损，国家财政将给予补偿。常见的政策性保险有出口信用保险、投资保险等。

（二）根据保险标的不同，保险可分为人身保险和财产保险

1. 人身保险

人身保险（Personal Insurance）是指以人的寿命和身体为保险标的的保险。当人们遭受不幸事故或因疾病、年老以致丧失工作能力、伤残、死亡或年老退休后，根据保险合同的规定，保险人对被保险人或受益人给付保险金或年金，以解决病、残、老、死所造成的经济困难。人身保险包括人寿保险、健康保险、意外伤害保险等保险业务。

2. 财产保险

广义上讲，财产保险（Property Insurance）是指除人身保险外的其他一切险种，包括财产损失保险、责任保险、信用保险和保证保险等。它是以有形或无形财产及其相关利益为保险标的的一类实偿性保险。

（1）财产损失保险是以各类有形财产为保险标的的财产保险。其主要业务种类包括：企业财产保险、家庭财产保险、运输工具保险、货物运输保险、工程保险、特殊风险保险和农业保险等。

(2) 责任保险 (Liability Insurance) 是以被保险人对第三者的财产损失或人身伤害依照法律应负的赔偿责任为保险标的的保险。其主要业务种类包括：公众责任保险、产品责任保险、雇主责任保险和职业责任保险等。

(3) 信用保险和保证保险 (Credit & Bonds Insurance) 是以各种信用行为为保险标的的保险。其主要业务种类包括：一般商业信用保险、出口信用保险、合同保证保险、产品保证保险和忠诚保证保险等。

(三) 根据承保方式不同，保险可分为原保险、再保险

1. 原保险

原保险 (Insurance) 是保险人与投保人之间直接签订保险合同而建立保险关系的一种保险。在原保险关系中，保险需求者将其风险转嫁给保险人，当保险标的遭受保险责任范围内的损失时，保险人直接对被保险人承担赔偿责任。

2. 再保险

再保险 (Reinsurance) 也称“分保”，是发生在保险人与保险人之间的保险行为。具体来说，再保险是保险人通过订立合同，将自己已投保的风险，全部或部分转移给一个或几个保险人，以降低自己所面临的风险的保险行为。我们把分出自己承保业务的保险人称为原保险人，把接受再保险业务的保险人称为再保险人。

(四) 根据实施方式不同，保险可分为自愿保险和强制保险

1. 自愿保险

自愿保险是指在自愿原则下，投保人与保险人双方在平等的基础上，通过订立保险合同而建立的保险关系。投保人可以自由决定是否投保、向谁投保、中途退保等，也可以自由选择保险金额、保障范围、保障期限等；保险人也可以根据情况自愿决定是否承保、怎样承保等。

2. 强制保险

强制保险又称“法定保险”，是由国家（政府）通过法律或行政手段强制实施的一种保险。强制保险的保险关系虽然也是产生于投保人与保险人之间的合同行为，但是合同的订立受制于国家或政府的法律规定。强制保险的实施方式有两种：一是保险标的与保险人均由法律限定；二是保险标的由法律限定，但投保人可以自由选择保险人，如机动车交通事故责任强制保险。

(五) 根据保障主体不同，保险可分为个人保险、企业保险和团体保险

1. 个人保险

个人保险 (Individual Insurance) 是指为满足个人和家庭需要，以个人作为承保单位的保险。

2. 企业保险

企业保险 (Business Insurance) 是指以企业作为投保人的保险。企业保险的对象一般

为企业的财产及其相关经济利益，如企业财产保险、产品责任保险；也有为使企业永续经营或留住人才而设计的保险，主要为寿险或健康险。

3. 团体保险

团体保险（Group Insurance）一般用于人身保险，它是用一份总的保险合同，向一个团体中的众多成员提供人身保险保障的保险。在团体保险中，投保人是“团体组织”，如机关、社会团体、企事业单位等独立核算的单位组织，被保险人是团体中的在职人员。团体保险包括团体人寿保险、团体年金保险、团体人身意外伤害保险、团体健康保险等。随着经济体制改革的不断深入，商业保险的作用将不断加强，团体保险应有更大的发展空间。

四、中国保险业发展概述

（一）新中国的保险起步

在新中国成立后的 20 天，中国人民保险公司正式成立，重点承办了国有企业、县以上供销合作社及国家机关财产和铁路、轮船、飞机旅客的强制保险。在城市，中国人民保险公司开办了火险、运输险、团体与个人寿险、汽车险、旅客意外险、邮包险、航空运输险、金钞险、船舶险等各项业务。

同时，人民政府对旧中国保险业进行了全面的清理、整顿和改造，接管官僚资本保险企业，改造私营保险企业，外国保险公司退出中国保险市场。当时复业的华商保险公司有 63 家，外商保险公司有 42 家。随着国营外贸系统和新的海关建立，外商保险公司招揽不到业务，到 1952 年，外商在华保险公司全部退出中国保险市场。

由于对保险的积极作用认识不足，在 1958 年全国人民公社化的高潮中，政府决定停办国内保险业务，直至 1978 年党的十一届三中全会召开。由于人员和资料大量丧失，拉大了我国保险业与国外的差距。

（二）保险业的黄金时期

1. 恢复经营阶段

1979 年，中断营业 20 余年的中国人民保险公司（以下简称中国人保公司）复业。直到 1985 年以前，中国人民保险公司一直是独家垄断中国保险市场。随着改革开放步伐加速，保险市场发生了变化。1986 年 7 月，中国人民银行首先在新疆批设了新疆生产建设兵团农牧业生产保险公司（该公司在 2002 年被批准成为全国性财产保险公司，更名为“中华联合财产保险公司”）。1987 年，恢复了交通银行保险部（其前身是国民政府统治时期的太平洋保险公司）。1991 年，交通银行将其组建成中国太平洋保险公司（以下简称太保），这是继中国人保公司之后的第二家全国性商业综合保险公司。1988 年，作为改革试验的产物，我国第一家股份制保险公司——平安保险公司（以下简称平安保险）在深圳成立，这也是我国第三家全国性的保险公司。至此，我国改革开放初期中国人保、平安保险、太保三分天下的竞争格局基本形成。

中国保险市场的新变化及其蕴藏的巨大潜力，吸引了世界各地保险公司纷纷来华设立代表处和开办公司。1992年，美国国际集团（AIG）旗下子公司友邦保险公司（AIA）重返其发源地中国上海，成立友邦保险上海分公司，成为第一家开业的外资保险公司。

1995年6月30日，新中国成立以来第一部保险法——《中华人民共和国保险法》（以下简称《保险法》）颁布。《保险法》的实施，从根本上结束了我国长期以来保险立法支离破碎、很多方面无法可依的局面，是中国保险法制史上的分水岭。

2. 专业化经营阶段

1996年7月23日，根据《保险法》关于财产保险和人身保险分业经营的要求，中国人民保险公司改组为中国人民保险（集团）公司，下设中保财产保险公司、中保人寿保险公司、中保再保险公司和中保海外机构。从此，我国保险业进入了专业化经营时代。同年，《保险法》实施后的首批商业性、股份制保险公司——泰康人寿保险股份有限公司、新华人寿保险股份有限公司、华泰财产保险股份有限公司等5家保险公司成立。至此，一个以国有保险公司为主体、中外保险公司并存、多家保险公司竞争的保险市场多元化格局初步形成。

1998年11月，中国保险监督委员会（简称保监会）成立，为国务院直属单位。根据国务院授权履行商业保险监督管理职能。保监会的成立是中国保险市场发展和管理规范化的标志。随着保监会派出机构的逐步建立，覆盖全国的保险监督体系基本建立。同年，国务院决定将中国人民保险（集团）公司拆分为中国人民财产保险公司、中国人寿保险公司、中国再保险公司和香港中保集团四家完全独立的保险法人机构。

2003年7月19日，经国务院批准，中国人民保险公司重组后更名为中国人保控股公司，并同时发起设立了中国最大的非寿险公司——中国人民财产保险股份有限公司（以下简称人保股份）和首家保险资产管理公司——中国人保资产管理有限公司。同年11月6日，中国人保旗下子公司——人保股份作为内地金融机构境外上市第一股"中国财险"在香港挂牌交易，由此刷新了中国人保54年纯国有保险的履历。继中国人保之后，中国人寿、中国平安相续上市，在国际资本市场上刮起了一股"中国旋风"。

3. 综合发展时期

2006年，国务院第138次常务会议通过了《国务院关于保险业改革发展的若干意见》，被业内称为"国十条"。《意见》指出，改革开放特别是党的十六大以来，我国保险业改革发展取得了举世瞩目的成就。在促进改革、保障经济、稳定社会、造福人民等方面发挥了重要作用。面向未来，我国保险业的发展潜力和空间巨大。

2014年8月10日，《国务院关于加快发展现代保险服务业的若干意见》正式公布，这也意味着保险业迎来了全面升级发展的新时期。《意见》明确提出商业保险成为社会保障体系的支柱。

2015年7月，为规范互联网保险经营行为，保护保险消费者合法权益，促进互联网保险业务健康发展，保监会印发了《互联网保险业务监管暂行办法》。

2016 年，在险资举牌引发争议的背景下，保监会提出要全面落实“保险业姓保、保监会姓监”的要求，正确把握保险业的定位和发展方向。“保险业姓保”，强调的是保险与金融的不同。从理论上看，保险是金融，但又不是纯粹的金融。金融强调资源的“跨期配置”，强调“资金融通”；而保险强调资源的“跨状态配置”，强调“风险保障”。

2016 年 12 月，保监会发布我国保险业第三套生命表——《中国人身保险业经验生命表（2010—2013)》。此前，1996 年和 2005 年，我国分别发布了第一套和第二套《中国人寿保险业经验生命表》。与前两套生命表相比，第三套生命表有了明显的进步。一方面，拥有世界上最大的样本数据量，共收集了 3.4 亿张保单、185 万条赔案数据，覆盖了 1.8 亿人口；另一方面，生命表编制更加精细，对于男性和女性分别有三张表，即非养老类业务一表、非养老类业务二表、养老类业务表。众所周知，生命表是现代人身保险业科学经营的基础，对于产品定价、准备金评估、现金价值计算等都具有基石性的意义。因此，第三套生命表的发布，将有利于夯实行业发展和监管的基础。

第二节
中国寿险类保险公司

一、中国人身保险产品体系

保险产品是保险的基本元素，也是保险服务的集中体现。人身保险产品发展对于人寿保险业发展具有重要意义。从产品的保障与投资作用角度，人身保险产品可分为保障性和投资性两大类。在人身保险的发展中，两类产品之间同样存在协调发展关系。正确处理两类人身保险产品的协调关系，对保险业的科学发展具有重要意义。

（一）按保险责任分类

按保险责任分类，人身保险产品主要可以分为定期寿险产品、终身寿险产品、两全保险产品、年金产品、意外伤害保险产品、健康保险产品等。但就具体分类而言，学者和监管部门仍存在一定争议。目前市场主流的划分标准如下：

1. 人寿保险产品

人寿保险产品是以人的生命为保险标的，以人的生存或死亡为保险事故的保险产品。在保险合同期间内，一旦被保险人发生合同约定的保险事故（生存到一定年龄或期限，或死亡）时，保险人按合同给付保险金。人寿保险产品又可细分为定期寿险产品、终身寿险产品和两全保险产品三类。

2. 健康保险产品

健康保险产品是以被保险人因健康原因所致的经济损失提供补偿的保险产品。这里所说的健康原因所致的经济损失，包括因疾病或意外伤害而发生的医疗费用，因疾病或意外伤害不能工作或不能从事之前同等收入的工作，因年老而不能生活自理。按此标准，健康保险可以分为医疗保险、疾病保险、失能保险、护理保险。

3. 意外伤害保险产品

意外伤害保险产品是以被保险人在保险期限内遭受意外伤害造成死亡或残疾为保险事故而给付保险金的一种保险。它是在被保险人因意外伤害死亡或残疾时，保险人按事先约定的残疾给付比例支付残疾保险金，或按规定的保险金额支付身故保险金的保险产品。目前，我国部分意外伤害保险产品的保险责任还包含意外伤害医疗责任，包括医疗费、住院津贴赔付等保险责任。

（二）按设计类型分类

按产品设计类型分类，人身保险产品主要可以分为普通型、分红型、万能型、投资连结型等。一般而言，产品设计类型主要针对人寿保险和年金产品而言。意外伤害保险和健康保险不按此分类，或也可把意外伤害保险和健康保险视为普通型产品。

1. 普通型产品

普通型产品是指保险缴费、保险期限、保险金额、现金价值等都在保险合同订立时有明确规定的额度，在保险期间内一般不变动的保险产品。保险产品的给付金额不会因保险公司的经营状况和资本市场的变动而受到影响。普通型产品是最传统的人身保险产品，1999 年前我国保险公司销售的寿险和年金产品绝大多数都是普通型产品，包括终身寿险、两全保险、定期寿险、年金等。

2. 分红型产品

分红型产品是指保险公司将其实际经营成果优于定价假设的盈余，按一定比例向保单持有人进行分配的人身保险产品。实际上，分红型产品是一种保单持有人享有保单盈余分配权的产品，既寿险公司的盈余，如死差益、费差益、利差益等按一定比例分配给保单持有人。盈余就是保单资产价值高于未来负债的那部分价值。分配给保单持有人的盈余就是保单红利。

分红型产品有以下两个主要特点：一是被保险人分享保险公司经营成果，同时承担一定经营风险和投资风险；二是保险公司分散了经营风险和投资风险，经营稳定性增强。

3. 万能型产品

万能型产品是指通过非均衡支付风险保费的方式，并设有单独账户的保险产品。保险缴费在扣除初始费用后进入万能账户累积，风险保费每期（如每月）根据保险金额的大小从万能账户中扣除，账户资金每期按一定的结算利率累积，此结算利率由保险公司根据公司万能保险的投资收益情况每期确定。万能型产品的其他收费也从万能账户中直接扣除。保险合同满期或退保时，被保险人可以在扣除一定费用后领取账户价值。保险期间内，被保险人发生死亡时，保险公司按保险金额给付保险金。

2016 年以来，险资大量举牌上市公司，尤其是“宝万大战”的爆发，让以万能险为代表的中短存续期产品备受争议。而且，随着中国市场步入低利率时代，重度依赖险企投资能力的中短存续期业务也加重了险企的经营风险。在这种背景之下，保监会于 2016 年 3 月 18 日出台了专门针对中短存续期业务的文件——《中国保监会关于规范中短存续期人身保险产品有关事项的通知》，要求险企逐步收紧中短存续期业务规模。

4. 投资连结型产品

投资连结型保险是包含保险保障功能并至少在一个投资账户拥有一定资产价值的人身保险产品。投资连结型保险产品的保单现金价值与单独投资账户资产相匹配，现金价值直接与独立账户投资资产价值相连，一般没有保底收益。单独账户的资产不受保险公司其余负债的影响，资本利得或损失一旦发生，无论其实现与否，都会直接反映在保单的现金价值上。

金融视野

保险的其他分类方式

1. 传统产品、新型产品

我国分红、万能、投连等产品在1999年左右才大量出现，之前市场上主要是普通型产品。按出现的先后分，人身保险产品可分为传统产品和新型产品。传统人身保险产品包括终身和定期寿险产品、两全保险产品、年金保险产品、意外伤害保险产品、健康保险产品等；新型人身保险产品包括分红保险产品、万能保险产品、投资连结保险产品等。传统人身保险产品完全专注于体现人身保险最基本的保障功能，新型产品可以让投保人享受市场投资带来的增值，具有一定投资性。

2. 保障性产品和投资性产品

保障性产品是以提供人身风险保障为主要作用的保险产品。保障性产品可以具有一定的投资性作用，但其主要作用是提供人身风险保障，而非投资增值。例如为子女准备的教育金保险、为自己准备的养老金保险、为父母准备的养老金保险等产品。

投资性保险产品具有以下主要特点：一是，虽然有可能具有一定保障性作用，但其主要作用是投资增值，风险保障性作用很低；二是，其保险金的领取与被保险人的年龄或年龄段的支出增加或收入减少无关或关系很小，不是针对“与生命有关的特定目标”需求，即不与人生特定年龄段的需求关联，或关联度很低；三是，产品替代性强、流动性大，特别是其他的投资产品对其替代性强，如果其他投资产品收益更高，此类产品很容易发生退保。

二、中国人身保险市场经营主体

（一）中资保险公司

2001年，在加入世界贸易组织谈判桌上，中国以开放保险业、向外资发放牌照作为筹码以争取早日入世。当时国内保险行业对于外资的介入非常紧张，惧怕百年保险巨头携资本、技术、品牌、人才之优势大杀四方。有数据记载，当时全球最大的25家保险公司中任何一家公司所拥有的资产总额都远远高出中国整个保险业所拥有的资产总量。时至今日，50家外资保险公司（不含再保险公司、资产管理公司）2016年前三季度纳入保费1 600亿元，市场份额4.6%。其中财险市场份额2%，寿险市场份额6%。相对于2016年前三季度国内保险市场3.5万亿元的规模保费，1 600亿元的外资险企规模保费显得微不足道，中资保险机构依旧有着绝对统治力。

1. 中国人寿

中国人寿保险股份有限公司是国内寿险行业的龙头企业，总部位于北京，注册资本282.65亿元。作为《财富》杂志世界500强和世界品牌500强企业——中国人寿保险（集团）公司的核心成员，中国人寿保险股份有限公司以悠久的历史、雄厚的实力、专业领先的竞争优势及世界知名的品牌赢得了广大客户的信赖，始终占据国内保险市场领导者的地位，被誉为中国保险业的“中流砥柱”。

中国人寿的前身是国内首家经营寿险业务的企业，肩负中国寿险业探索者和开拓者的重任。在长期发展历程中，积累了丰富的经营管理经验，拥有一支稳定的专业化管理团队，深谙国内寿险市场经营之道。2003年12月17日和18日，中国人寿保险股份有限公司分别在纽约和香港上市。2007年1月9日，中国人寿保险股份有限公司回归国内A股上市，自此成为国内首家“三地上市”的金融保险企业。中国人寿历史发展沿革见表4-2。

表4-2 中国人寿历史发展沿革

时间	大事记
1949年	中国人寿的历史可以追溯到原中国人民保险公司所经办的人身保险业务
1959年	人身保险业务和其他国内保险业务一并进入全面停办状态
1982年	在财产保险业务率先恢复的基础上，开始恢复办理人身保险业务
1996年	根据《保险法》关于财产保险和人身保险分业经营的要求，中保人寿保险有限公司在承继原中国人民保险公司全部人身保险业务和重组17家地方寿险公司的基础上组建成立，进入了专业化经营时代
1999年	中保人寿保险有限公司更名为中国人寿保险公司，成为国有独资的一级法人，直接隶属于国务院
2002年	中国人寿提出了“实现保费1 000亿，跻身世界500强”的目标，当年实现保费收入1 287亿元，并以此业绩首次入选《财富》杂志世界500强企业
2003年	6月，中国人寿保险公司重组为中国人寿保险（集团）公司，并独家发起设立了中国人寿保险股份有限公司。12月17日和18日，中国人寿保险股份有限公司分别在纽约和香港成功上市，创造了当年全球最大规模的IPO
2007年	公司在上海成功回归A股，自此，中国人寿成为中国首家境内外三地上市的金融保险企业

2. 中国平安人寿

中国平安人寿保险股份有限公司成立于2002年，是中国平安保险（集团）股份有限公司旗下的重要成员。截至2016年6月30日，平安人寿注册资本为338亿元，净资产为1 071.13亿元，在全国拥有42家分公司（含7家电话销售中心）及超过3 000个营业网点，寿险代理人逾105万名。以原保险保费收入来衡量，平安人寿是中国第二大寿险公司。公司个险、银保、电销稳健发展，运营管理水平及客户体验领先市场。在架构方面，平安人寿拥有五大功能型事业群/部独立承担渠道内销售职责，并设有五大共享中心，支持全面运作。

面对互联网和新科技带来的挑战与机遇，平安人寿正全面走向自我创造的3.0阶段，公司战略从“健康人海”向“生态圈”战略升级——通过“开放式的O2O客户经营”平台，线上线下融合互补，产品与服务全面开放，推出“平安金管家”APP，为所有公众提供“医食住行玩财”全方位服务，打造“移动化、专业化、社交化、场景化”的客户体验。在未来五年，平安人寿将打造科技与产品两大平台，作为核心竞争优势。

3. 太平洋寿险

中国太平洋人寿保险股份有限公司成立于2001年11月，是中国太平洋保险（集团）股份有限公司旗下专业寿险子公司，总部设在上海。2015年公司注册资本为84.2亿元。

2015年公司实现新业务价值120.22亿元，同比增长37.8%；实现保费收入1 085.89亿元，同比增长10.0%；实现净利润105.82亿元，同比增长16.5%；总资产达到7 600.67亿元；偿付能力充足率201%，高于充足Ⅱ类公司监管要求。主要经营指标在国内寿险市场上继续保持领先地位。

截至2015年底，公司在全国设有2 800多家分支机构，拥有3.8万名员工和56万名营销员，并与众多专业、兼业代理机构建立了良好的业务合作关系，为全国客户提供全方位的保险保障服务。

4. 新华人寿

新华人寿保险股份有限公司成立于1996年9月，总部位于北京市，是一家全国性的大型寿险企业，目前拥有新华资产管理股份有限公司、新华家园养老企业管理（北京）有限公司等子公司。2011年，新华保险在香港联合交易所和上海证券交易所同步上市，A股代码为601336，H股代码为1336。

新华保险拥有强大的寿险销售人员队伍及约5.25万名正式员工，建立了几乎覆盖全国各省、市、自治区的机构网络和多元化的销售渠道，全国各级分支机构约1 700家，为约2 770.3万名个人寿险客户和约6万名机构客户提供各类便捷、优质的人寿保险、健康保险、人身意外伤害保险及养老保险服务。公司拥有良好的股权结构，主要股东包括中央汇金投资有限责任公司、宝钢集团有限公司等大型企业。

2015年，公司实现保险业务收入1 118.59亿元，公司总资产规模达到6 605.6亿元，保费收入连续六年位列行业三甲；2016年前三季度，公司实现保险业务收入934.18亿元，公司总资产规模达到6 890.96亿元。公司继2014年首次入围《福布斯》世界500强企业后，2015年、2016年再次强势登榜，2016年名列全球第297位；在《财富》杂志（中文版）发布的2016年中国500强排行榜中，名列第35位。

（二）外资/合资保险公司

1992年美国友邦保险公司进入我国，打破了改革开放以来中资寿险公司的垄断地位。此后，外资保险业巨头开始逐步进入我国市场参与竞争。2001年底，我国成功加入WTO，保险业作为金融行业中最先完成过渡实现全面开放的行业，发展步伐进一步加快。随着市场化改革的深入，让多元化发展成为常态，在经营上多力求稳健的外资/合资人身险公司市场份额也不断提升。

新闻摘录

合资人身险公司的市场份额变化

从2011年至今，合资人身险公司的市场份额逐渐增加，已经从2011年的4.04%增长到2016年的6.49%（见图4-1）。

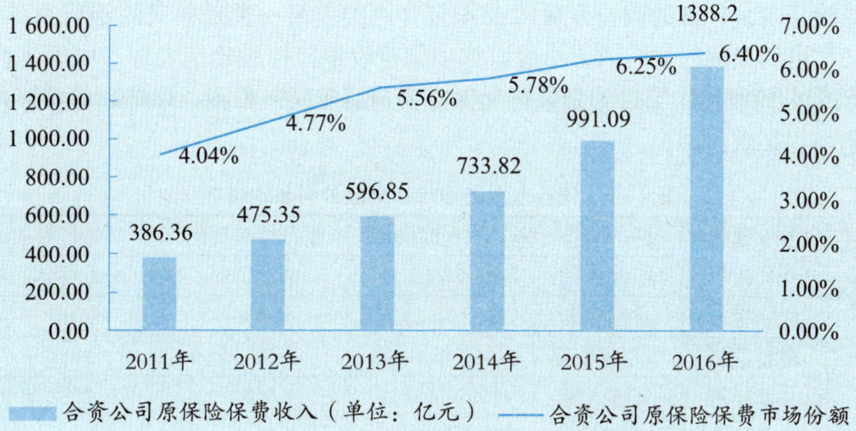

图4-1　合资人身险公司原保险市场份额发展情况

资料来源：搜狐财经（http：//www.sohu.com/a/127096061_465408）

1. 友邦人寿

美国友邦保险在中国的发展始于1992年，并于同年在上海设立分公司，是当年第一家获许在中国经营保险业务的外资保险公司。目前，友邦保险在中国的业务范围已经扩展到北京市、广东省和江苏省。作为第一家将保险营销员制度引进国内的保险公司，友邦保险建立了专业的保险营销员队伍，并通过多元化销售渠道，为客户提供一系列人寿保险、人身意外保险和医疗保险产品。友邦保险率先将LOMA（国际寿险管理协会）考试引入国内，以提升员工的专业水准。友邦保险也是第一家将寿险代理人制度引进国内的保险公司。目前，该制度已被国内绝大多数的中资和外资寿险公司广泛采纳，并成为其首要的营销方式。

2. 中美联泰大都会

联泰大都会和中美大都会的合并，可以说是国内保险机构并购第一案，亦是“同父异母”兄弟合二为一的特殊案例。美国大都会集团在2004年进入中国之际，与首都机场集团公司牵手，成立了中美大都会人寿保险有限公司。2005年，上海联和投资有限公司与花旗集团旗下的旅行者保险筹备合资公司，后者当年就被花旗出售，并入美国大都会集团。此后，美国大都会集团与上海联和投资有限公司合资成立了联泰大都会人寿保险有限公司。

2010 年，中美大都会的中方股东首都机场集团公司将股权转让给上海联和，2011 年双方合并。得益于之前中美大都会偏重南方布局、联泰大都会侧重北方布局，合并之后的中美联泰一跃成为排名靠前的外资寿险公司，2015 年净利润 5 亿元，居外资第三。

（三）银行系保险公司

业界对银行系保险公司有狭义与广义两种说法。狭义的银行系保险公司是指由商业银行入股的保险公司。广义的银行系保险公司包含两类：第一类是狭义的银行系保险公司，这类保险公司由商业银行控股或者参股，如中国建设银行控股建信人寿，中国工商银行持有工银安盛 60%的股权；第二类是银行和保险公司属于同一集团，如邮政储蓄银行和中邮人寿都属于中国邮政集团。

表 4-3　银行入股的银行系寿险公司基本情况

公司名称	参股银行	公司前身	成立时间	银行持股比例	银行参股时间
交银康联	交通银行	中保康联	2000 年 7 月	62.5%	2009 年 12 月
中荷人寿	北京银行	首创安泰	2002 年 12 月	50%	2010 年 7 月
建信人寿	建设银行	太平洋安泰	1998 年 10 月	51%	2011 年 7 月
工银安盛	工商银行	安盛人寿	1999 年 5 月	60%	2012 年 5 月
农银人寿	农业银行	嘉禾人寿	2005 年 12 月	51%	2012 年 12 月
招商信诺	招商银行	—	2003 年 9 月	50%	2013 年 7 月

资料来源：李静云：《我国银行系寿险公司产品多元化及其对经营绩效的影响研究》，西南财经大学硕士学位论文，2016

表 4-4　银行和保险公司属于同一集团的银行系寿险公司基本情况

公司名称	关联银行	成立时间	所属集团
中邮人寿	邮储银行	2009 年 8 月	中国邮政集团
信诚人寿	中信银行	2000 年 12 月	中信集团
光大永明人寿	光大银行	2002 年 4 月	中国光大集团
汇丰人寿	汇丰银行	2009 年 8 月	汇丰集团

1. 工银安盛人寿

作为中国第一家中法合资寿险企业，同时是我国唯一一家外资持股占比超过 50%的合资险企，安盛人寿的成立占尽了天时、地利、人和，但也有着连续 11 年未盈利的尴尬。2012 年，工行接手六成股权，开启了公司资产、保费规模、净利润的火箭式上升。

如果不是恒大人寿的横空出世，工银安盛将持续保持外资合资寿险老大的地位。截至 2016 年三季度，工银安盛保费规模达 300 亿元，2015 年净利润位居行业第四，达到 4.5 亿元。

2. 建信人寿

建信人寿的前身太平洋安泰人寿成立于 1998 年，由中国太保和美国安泰保险［后美国安泰被荷兰国际集团（ING）收购］合资设立。此后，中国太保和 ING 分别转让其股权。其后，建设银行持股 51%，中国人寿（台湾）持股 19.90%，中国建银投资持股 19.35%，上海锦江国际投资管理有限公司持股 4.90%，上海华旭投资有限公司持股 4.85%，原股东太平洋保险和 ING 已不再持股，并更名为建信人寿。

背靠大树好乘凉，建行接手后的建信人寿保费规模猛增。2011—2015 年，建信人寿分别实现规模保费收入 15.2 亿元、60.4 亿元、113.3 亿元、186.4 亿元和 410.4 亿元，年均复合增长率达到 128.14%。2016 年前三季度保费收入更是达到 553 亿元。

第三节
中国财险类保险公司

一、中国财产保险产品体系

财产保险有广义和狭义之分。广义的财产保险是指以财产及其有关的经济利益和损害赔偿责任为保险标的的保险；狭义的财产保险则是指以物质财产为保险标的的保险。在保险实务中，后者一般称为财产损失保险。《中华人民共和国保险法》第九十五条规定："财产保险业务，包括财产损失保险、责任保险、信用保险、保证保险等保险业务。"

（一）按照保险标的分类

1. 财产损失保险

财产损失保险是指以各种有形财产及其相关利益为保险标的的财产保险。财产损失保险的保险标的必须是以物质形式存在、可以用货币价值衡量的财产。财产损失是指某一财产的毁损、灭失所导致的财产价值的减少或丧失，包括直接物质损失以及因采取施救措施等引起的必要、合理的费用支出。

财产损失保险主要包括企业财产保险、家庭财产保险、工程保险、运输工具保险、货物运输保险等。下面具体介绍家庭财产保险和运输工具保险。

（1）家庭财产保险是适用于我国城乡居民家庭的一种财产保险，其承保责任范围与企业财产保险综合险的承保责任范围基本相同。

我国家庭财产保险产品主要有：普通型家庭财产保险、家庭财产两全保险、投资保障型家庭财产保险和个人贷款抵押房屋保险。

（2）运输工具保险是承保因自然灾害和意外事故所造成的运输工具损失及被保险人在使用运输工具过程中产生的对第三者民事损害赔偿责任的一种财产保险。

我国常见的运输工具保险险种有：机动车辆保险、船舶保险、飞机保险等。其中的机动车辆保险保费收入占据财险保费的比重最大。2016 年上半年，车险保费收入 3 290.6 亿元，而同一时期财险总保费收入为 4 301.96 亿元。

2. 责任保险

责任保险是指以被保险人对第三者依法应负的赔偿责任为保险标的的保险。这种保险以第三者请求被保险人赔偿为保险事故，以被保险人向第三者应赔偿的损失价值为实际损失。

责任保险的范围十分广泛，从内容上看，主要包括公众责任保险、产品责任保险、雇主责任保险、职业责任保险等类型。

3. 信用保险

信用保险是指以信用交易中债务人的信用作为保险标的，在债务人未能如约履行债务清偿而使债权人遭受经济损失时，由保险人向债权人提供风险保障的一种保险。

按保险标的性质的不同，可以将信用保险分为商业信用保险、银行信用保险和国家信用保险。

按保险标的所处地理位置的不同，可以将信用保险分为进口信用保险和出口信用保险。

4. 保证保险

保证保险属于一种担保业务，由保险人为被保证人向权利人提供担保，当被保证人违约或不忠诚而使权利人遭受经济损失时，权利人有权从保证人处获得补偿。保证保险通常有指名保证和总括保证两种承保方式。指名保证以指定的法人或自然人为被保证人，总括保证则以集团内全体人员为被保证人。

（二）按照财产保险合同当事人订立财产保险合同的意愿分类

1. 自愿财产保险

自愿财产保险是指合同当事人双方在自愿原则的基础上订立财产保险合同的保险。对于自愿财产保险来说，任何一方均不得把自己的意志强加给对方，任何单位或个人不得非法干预保险行为。自愿原则是保险活动的基本原则之一，除法律、行政法规规定必须保险的以外，保险公司和其他单位不得强制他人订立保险合同。依据自愿原则，保险合同当事人订立保险合同的行为完全是各自真实的意思表示，投保人可以自由选择保险公司，与保险公司双方协商约定保险标的、保险责任、责任免除、保险期限、保险金额、保险费率等保险合同内容。大部分财产保险都属于自愿财产保险。在我国，绝大多数保险产品都是自愿财产保险。

2. 强制财产保险

强制财产保险又称法定财产保险，是指根据国家法律和行政法规的规定必须参加的保险。强制保险通常是指对危险范围较广、影响公众利益较大、与人民群众生活息息相关的保险标的，以颁布法律、法规形式实施的保险。如机动车第三者责任保险、法定雇主责任保险等。凡属于法定范围内的人或机构，都必须按规定的条件向有权经营法定保险业务的保险公司办理保险事项。

二、中国财产保险市场经营主体

财险行业是一个寡头垄断的行业，人保、平安、太平洋财险雄踞六成多江山，国寿财险在背后紧追不舍，巨头争斗之外的三成天下成为中小财产保险公司竞争的江湖，中华联合、大地、阳光在2015年均夺下双百亿元规模，在2016年上半年也都交出了百亿元的答卷，堪称第二梯队领头羊。

（一）中国人民财产保险股份有限公司

中国人民保险集团股份有限公司（简称中国人保）是一家综合性保险（金融）公司，世界500强之一。注册资本为306亿元，在全球保险业中属于实力非常雄厚的公司。公司标志为英文PICC。目前旗下拥有人保财险、人保资产、人保健康、人保寿险、人保投资、华闻控股、人保资本、人保香港、中盛国际、中人经纪、中元经纪和人保物业等十余家专业子公司。此外，中国人保还持有中诚信托32.35%的股权。

表4-5 中国人保历史沿革（大事记）

时间	事件
1949年10月20日	中国人民保险公司在北京成立
1979年10月	中央下发《关于恢复国内保险业务和加强保险机构的通知》，中国人民保险公司国内业务得以全面恢复，并迅速建立起各级机构
1980年1月	中国人保驻伦敦联络处成立
1982年	中国人保恢复办理人身保险（寿险）业务
1996年7月23日	中国人民保险公司改组为中国人民保险（集团）公司，下设中保财产保险有限公司、中保人寿保险有限公司、中保再保险公司
1998年10月7日	国务院发文，撤销中保集团，三家子公司分别更名为中国人民保险公司、中国人寿保险公司、中国再保险公司
1999年1月18日	中保财产保险有限公司继承人保品牌，更名为中国人民保险公司
2002年5月23日	中国人民保险公司纽约代表处开业典礼在美国纽约隆重举行，这是继伦敦代表处之后，中国人保在海外设立的第二个分支机构
2003年7月19日	经国务院批准，中国人民保险公司重组后更名为中国人保控股公司，并同时发起设立了中国最大的非寿险公司——中国人民财产保险股份有限公司和首家保险资产管理公司——中国人保资产管理有限公司
2003年11月6日	中国人保财险作为内地金融机构海外上市第一股——中国财险（上市代码2328）正式在香港挂牌交易，由此成功拉开了内地金融企业进军海外资本市场的序幕
2005年	中国人民健康保险股份有限公司（简称人保健康）、中国人保寿险有限公司（简称人保寿险）、中元保险经纪有限公司（简称中元经纪）、中盛国际保险经纪有限公司（简称中盛国际）四家子公司成功开业
2007年6月26日	中国人保控股公司正式复名为中国人民保险集团公司
2009年9月24日	中国人民保险集团股份有限公司召开创立大会，于27日获得中国保监会关于整体改制、公司章程等事项的批复，28日获得国家工商行政管理总局《准予变更登记通知书》，为中国人民保险集团股份有限公司颁发新的营业执照，这标志着中国人民保险集团股份有限公司正式诞生

2016年10月，作为保监会首家批复的金融服务公司，人保金服正式揭牌成立。人保金服将重点打造四个生态圈：消费生活生态圈、车主生态圈、健康养老生态圈和服务“三农”生态圈。其中，普惠金融和汽车后市场将是人保金服前期的业务重点。

（二）中国平安财产保险股份有限公司

中国平安财产保险股份有限公司是中国平安保险集团长期以来经营和发展的基础。自成立以来，平安产险业务规模逐年攀升，业务发展稳健。2014 年，公司获中国保监会核准同意，股本达到 210 亿元人民币。经营区域覆盖全国，在国内各省、市、自治区设有 41 家分公司、2 200 多个营业网点；此外，还在世界 150 个国家和地区的近 400 个城市设立了查勘代理网点，与中国再保险集团公司、汉诺威再保公司、安联再保公司、慕尼黑再保公司、瑞士再保公司等国内外 160 多家保险公司、再保公司建立了业务往来。

平安产险经营业务范围涵盖车险、企财险、工程险、货运险、责任险、信用险、家财险、意外及健康险等一切法定产险业务及国际再保险业务，近年又适时开发推出了电话营销专用车险、环境污染责任险、食品安全责任险、安全支付责任险、董事及高级职员责任险、光伏组件能效损失补偿责任险、诉讼财产保全责任险、国内贸易信用保险、移动通信费用信用险、运动员失能保险、境外旅行意外伤害保险、个人账户资金损失险、非机动车综合险、宠物保险、装修类保险、租房类保险、奶粉保险等符合市场需求的新险种。截至 2014 年底，经营的主险已达 642 个。

2016 年 10 月 20 日，平安产险在全球第 4 高楼平安金融中心宣布，旗下好车主 APP 品牌定位重磅升级，聚焦“用车助手、安全管家”，为车主打造更加完善的用车生活平台。汽车服务作为平安四大生态圈（金融服务、房产金融、医疗健康、汽车服务四大领域）重要一环，从车保险、到车服务、再到车生活，直至车娱乐，是其拟订路径，从单纯的车险服务全面渗透车主生活的方方面面，正是平安对于“保险可以链接一切”的深入理解。

（三）中国太平洋财产保险股份有限公司

中国太平洋财产保险股份有限公司是中国太平洋保险（集团）股份有限公司旗下的专业子公司，为客户提供全面的财产保险产品和服务。公司总部设在上海，注册资本为 194.7 亿元。

太平洋产险承保人民币和外币的各种财产保险、短期健康保险和意外伤害保险业务。公司承保业务涉及航空航天、电力能源、石油化工、基础建设以及金融贸易、船舶汽车、机械设备、电子通讯、仓储物流、纺织烟草、科技创新等各行各业、各个领域。公司目前已全面完成了在中国各省级行政区域的机构布局，在全国拥有 41 家分公司，1 家航运保险事业营运中心，2 500 余家中心支公司、营业部和营销服务部，以及包括万余名销售代表在内的直销团队。

太平洋产险秉承“诚信天下、稳健一生、追求卓越”的核心价值观，实施以客户需求为导向的战略转型，坚持推动和实现可持续的价值增长，开拓进取，锐意创新，积极为客户提供风险保障服务。公司持续获得国际信用评估机构认可，标准普尔的发行人信用评级及财务实力评级结果为 A，穆迪投资者服务公司的保险财务实力评级结果为 A1，中诚信国际信用评级的主体信用等级为 AAA。

（四）中华联合财产保险股份有限公司

中华联合财产保险股份有限公司是经中国保监会批准，于 2006 年 12 月由中华联合保险控股股份有限公司发起设立的全国性财产保险公司。其前身是 1986 年 7 月 15 日成立的新疆生产建设兵团农牧业生产保险公司，是我国第二家具有独立法人资格的国有独资保险公司。2002 年 9 月 20 日，经国务院同意，公司更名为中华联合财产保险公司，成为全国唯一一家以“中华”冠名的保险公司。2017 年 2 月 17 日，中国保监会批复同意中华联合保险控股股份有限公司名称变更为中华联合保险集团股份有限公司，成为国内第十一家保险集团公司。

中华财险的业务经营范围涵盖非寿险业务的各个领域。目前，公司经营的险种已达 3 700多个（含附加险），包括机动车辆保险、企业财产保险、家庭财产保险、工程保险、船舶保险、货物运输保险、责任保险、信用保险、保证保险、农业保险以及短期健康保险和意外伤害保险等，涉及社会生产生活的各个方面。

中华财险在全国设立了总公司 1 家、分公司 28 家、分公司营业总部 2 家、中心支公司 222 家、支公司 1 346 家、营销服务部 650 家，员工队伍 36 740 人，形成了比较完整的营销服务网络，建立了一支高素质的保险经营与营销专业队伍。

思考与实践

想一想

1. 保险制度的构成要素主要包括哪些方面?
2. 简述人身保险产品和财产保险产品的体系。
3. 中国平安财产保险股份有限公司未来发展的重点在哪些领域?

练一练

1. [多选] 一个风险要成为可保风险，一般需要具备以下哪些条件?(　　)

A. 必须存在大量同质的风险单位以保证大数法则在损失预测中的应用

B. 损失的发生必须具有随机性和偶然性，而不能是人为故意造成的

C. 损失必须是明确可度量的

D. 损失的概率可以预测

2. [单选] 下列不属于人寿保险业务中按保险责任分类的项目是(　　)。

A. 投资连结型产品　　B. 人寿保险产品

C. 健康保险产品　　D. 意外伤害保险产品

3. [单选] 财产保险业务不包括(　　)。

A. 财产损失保险　　B. 责任保险　　C. 信用保险　　D. 分红保险

查一查

1. 登录一家寿险类保险公司网站，查看和了解它的主要业务。
2. 登录一家财险类保险公司网站，查看和了解它的主要业务。

第五章

中国信托租赁业体系

阅读提示

相对于银行、证券和保险，信托和租赁显得更加小众，非金融专业人士接触的机会并不多。但是作为金融业的四大支柱之一，信托租赁业肯定有其独到之处。这一章主要从历史发展和基本业务的角度对信托租赁业做一个概要性的介绍。

开篇提问

什么是信托？什么是租赁？

第一节
中国信托租赁业体系概述

一、信托概述

相比于银行、风险投资等金融机构，信托是一个可以横跨货币、资本和实业市场的金融工具，既能满足企业个性化、多样化的融资需求，也能为市场上的资金找到理想的匹配项目。

（一）信托的概念

信托，从字面上看，即信任和委托，信托业务是一种以信用为基础的法律行为，一般涉及三方当事人，即投入信用的委托人、受信于人的受托人和受益于人的受益人。具体来说，信托是委托人将财产权转移至受托人，受托人为受益人的目的或利益管理和处置信托财产的行为，其核心内容是“受人之托、代人理财”。信托是一种特殊的财产管理制度和法律行为，又是一种金融制度，与银行、保险、证券一起构成了现代金融体系。

（二）信托的特征

基于信托的概念，信托的主要法律特征是财产权的分离。一直以来，信托财产独立性都是信托财产区别于其他财产的重要特征，具体表现如下：

1. 所有权与收益权分离

信托是以财产为中心设计的一种财产转移与管理制度。设立信托时，委托人须将其拥有的财产所有权转移给受托人，使委托人财产所有权转化为信托财产所有权。信托财产所有权的性质十分特殊，表现为信托财产所有权在受托人和受益人之间进行分离。信托财产权利与利益的这种分离，使受益人无须承担管理之责就能享受信托财产的利益，这正是信托成为一种优良的财产管理制度的奥秘所在，是信托制度的重要特征。

2. 信托财产的独立性

信托关系一经设立，信托财产即从委托人的自有财产中分离出来，而成为一种处于独立状态的财产，该财产处于信托当事人任何一方债权人的追及范围之外。具体表现为：

（1）信托财产与受托人的固有财产相互独立。若受托机构（信托公司）解散、被撤销或破产，信托财产不属于其清算或破产的财产。

（2）委托人的信托财产与委托人的其他财产相互独立。这是一种特殊的破产隔离制度，它能保障受益人不因委托人破产或发生债务而失去享有其对该信托财产的权利。

（3）不同委托人的信托财产或同一委托人的不同类别的信托财产相互独立。这是为了保障每一个委托人的利益，保障同一委托人的不同类别的信托财产的利益，不因一种信托财产受损失而危及其他信托财产。

3. 信托的有限责任

在信托关系中，由于受托人按委托人的意愿，以自己的名义，为受益人的利益或特定目的，对信托财产进行管理或处分，受托人本身并不享有任何信托利益，因此受托人因处理信托事务所发生的财产责任（包括对受益人和第三人），原则上仅以信托财产为限负有限清偿责任。

4. 信托管理的连续性

信托管理具有连续性特点，不会因为意外事件的出现而终止。信托管理的连续性安排，使信托成为一种具有长期性和稳定性的财产转移与财产管理制度。

（三）信托的功能

1. 融资功能

信托机构通过设立信托计划向社会融资，接受委托人的资金，然后将募集的资金融通到需要的领域；或将委托人的资产及其财产权向第三方转让，以帮助委托人获取资金。因此，信托机构同时具有资金需求者和供给者的双重身份，以调节市场资金供求关系，为企业和项目融资。

2. 投资功能

信托机构可以开展项目投资，在市场上募集资金后，将其投向实业和资本市场领域。目前我国比较常规的操作是当受托人发现合适的投资项目时，通过发起信托计划，吸引委托人加入，募集资金。随着风险投资、企业孵化和私募股权投资等方式的兴起，也可先设立信托投资基金，募集资金后再选择合适的项目进行投资。

3. 风险隔离功能

信托机制的好处就是可以有效隔离财产风险。依据《中华人民共和国信托法》，当委托人将合法拥有的财产交付给信托公司，且事前不是以逃债为目的时，该财产就可以过户到信托公司名下成为信托财产，在法律层面上不再属于委托人，无论今后委托人是否破产或有债务纠纷，都不涉及该信托财产，该财产会在一个独立的空间下正常运营。

4. 资产管理功能

委托人可以将自己合法拥有的财产交给信托机构，由信托机构代为运营，以借助信托机构的专业性来对资产进行管理。国外，许多遗产被设立为信托，交由信托机构长期打理，为委托人指定的受益人提供稳定的财产收益。随着我国经济的发展和社会财富的积累，大量资产将会以信托的方式交由信托公司进行有效管理，通过社会专业化分工来实现金融理财。

二、租赁概述

（一）租赁的概念

1. 租赁

租赁是一种以一定费用借贷实物的经济行为，出租人将自己所拥有的某种物品交与承租人使用，承租人由此获得在一段时期内使用该物品的权利，但物品的所有权仍保留在出租人手中。承租人为其所获得的使用权需向出租人支付一定的费用（租金）。

2. 租赁合约

一份完整的租赁合约包含的要素有：

（1）租赁当事人。租赁当事人包括出租人和承租人。

出租人：出租物品的所有者，拥有租赁物品的所有权，将物品租给他人使用，收取报酬。

承租人：出租物品的使用者，租用出租人的物品，向出租人支付一定的费用。

（2）租赁标的。租赁标的是指用于租赁的物品。

（3）租赁期限。即租期，是指出租人出让物品给承租人使用的期限。我国法律规定，物品的租赁期限不得超过 20 年。超过 20 年的，超过部分无效。租赁期限届满，当事人可以续订租赁合同，但约定的租赁期限自续订之日起不得超过 20 年。

（4）租赁费用。即租金，是指承租人在租期内为获得租赁物品的使用权而支付的代价。

（二）租赁的分类

租赁可从不同的角度进行分类。从租赁的目的分，可分为融资租赁和经营租赁。

1. 融资租赁

融资租赁是设备租赁的基本形式，以融通资金为主要目的。在融资租赁中，出租人实际上已将租赁所有权所引起的成本和风险全部转让给了承租人，其特点是：

（1）不可撤销。这是一种不可解约的租赁，在基本租期内双方均无权撤销合同。

（2）租期较长。基本租期一般相当于设备的有效寿命。

（3）完全付清。在基本租期内，设备只租给一个用户使用，承租人支付租金的累计总额为设备价款、利息及租赁公司的手续费之和。承租人付清全部租金后，设备的所有权即归于承租人。

（4）承租人负责设备的选择、保险、保养和维修等；出资人仅负责垫付货款，购进承租人所需的设备，按期出租，以及享有设备的期末残值。

新闻摘录

融资租赁业快速发展

我国的融资租赁业自2006年再度复兴后，已经经历了整整十个年头。融资租赁是基于资产的融资和租赁活动，可以满足经济活动中传统银行信贷覆盖之外的大量未得到满足的融资需求。过去十年中，融资租赁不仅帮助中小企业购置生产经营设备，而且帮助中小企业消化库存、保障就业，并为数万家的基层和民营医疗机构提供了服务。为了保护环境，融资租赁企业率先进入“节能减排”和“新能源”领域。

2016年，在全国经济增长下行压力增大的背景下，融资租赁业继续逆势上扬，实现了20%的增长速度，并一直保持着总体健康发展的良好态势。我国融资租赁企业随着“一带一路”的国家战略正在积极走出去，支持我国实体经济企业扩大国际市场，在境外基础设施建设方面已经形成规模，这是发达经济体租赁企业从未做到的。

资料来源：融资租赁网（http://www.rongzizulin.com/）

2. 经营租赁

经营租赁是以获得租赁物的使用权为目的的租赁形式。其主要特点是：

（1）可撤销性。这种租赁是一种可解约的租赁，在合理的条件下，承租人预先通知出租人即可解除租赁合同或要求更换租赁物。

（2）经营租赁的期限一般比较短，远低于租赁物的经济寿命。

（3）不完全付清性。经营租赁的租金总额一般不足以弥补出租人的租赁物成本并使其获得正常收益，出租人在租赁期满时将其再出租或在市场上出售才能收回成本。因此，经营租赁不是全额清偿的租赁。

（4）出租人不仅负责提供租金信贷，而且要提供各种专门的技术设备。经营租赁中租赁物所有权引起的成本和风险全部由出租人承担，其租金一般较融资租赁高。经营租赁的对象主要是那些技术进步快、用途较广泛或使用具有季节性的物品。

第二节 中国信托业发展

一、信托业发展简史

现代信托业起源于13世纪前后的英国“尤斯制”（USE）。19世纪末20世纪初，美国从英国引进信托，并以组织公司的形式大范围地经营信托，金融信托业务由此形成。19世纪末，日本大力宣传、引进和发展美国类型的信托制度，并将它充实、创新，金融信托业务得到了飞速发展。20世纪初，我国出现金融信托业务。新中国成立前夕，旧中国的私营、官办信托均呈萎缩无为之势。党的十一届三中全会以后，金融信托又被重新推出。2001年4月28日，《中华人民共和国信托法》正式颁布。2007年，《信托公司管理办法》和《信托公司集合资金信托计划管理办法》颁布，促使信托公司实现业务转型和战略定位，中国的信托业开始步入飞速发展的轨道。

（一）信托的起源

原始的信托行为发源于数千年前古埃及的“遗嘱托孤”。信托最早的文字记载是公元前2548年古埃及人写的遗嘱，其中指定其妻继承财产，其子为受益人，并为其子指定了监护人。

从法律的角度讲，信托源于《罗马法》“信托遗赠”制度。《罗马法》中规定：在按遗嘱划分财产时，可以把遗嘱直接授予继承人，若继承人无力或无权承受，可以按信托遗赠制度，把财产委托或转让给第三者处理。古罗马的“信托遗赠”已形成了一个比较完整的信托概念，并且首次以法律的形式加以确定。

从操作的层面上说，现代信托起源于英国的“尤斯制”。在封建时代的英国，人们普遍信奉宗教，按照当时的基督教义，信徒“活着要多捐献，死后才可以升入天堂”。这使得教会的土地不断增多。根据英国当时的法律，教会的土地是免征役税的。教会土地激增，意味着国家役税收入逐渐减少，这无疑影响了国王和封建贵族的利益。于是，13世纪初英王亨利三世颁布了《没收条例》，规定凡把土地赠与教会团体的，必须得到国王的许可，凡擅自出让或赠与者，要没收其土地。当时英国的法官多数为教徒，为帮助教会摆脱不利的处境，通过“衡平法院”，参照《罗马法》的信托遗赠制度，创造了“尤斯制”。“尤斯制”的具体内容是：凡要以土地贡献给教会者，不作直接的让渡，而是先赠送给第三者，并表明其赠送目的是维护教会的利益，第三者必须将从土地上所取得的收益转交给教会。

随着封建制度的彻底崩溃和资本主义市场经济的确立，契约关系的成熟，商业信用和货币信用的发展，以及分工的日益精细繁复，“尤斯制”逐渐演变为现代信托。

（二）我国信托业的发展

1. 信托业在兼营中诞生，发展道路跌宕起伏

我国的信托业始于20世纪初的上海。1917年，上海商业储蓄银行设立保管部，开始了中国人独立经营金融性信托的历史。1918年，浙江兴业银行开办具有信托性质的出租保管箱业务。1919年，聚兴银行上海分行成立了信托部。这是我国最早经营信托业务的三家金融机构，标志着中国现代信托业的开始。1921年8月，在上海成立了第一家专业信托投资机构——中国通商信托公司。1935年在上海成立了中央信托总局，此后不到40天的时间又有十几家信托公司成立。但这与当时的社会经济情况不合，最终使新成立的信托公司纷纷倒闭。到1949年新中国成立时，全国共有信托公司14家，其中上海13家。新中国成立至1979年，因为在高度集中的计划经济管理体制下，信托没有能得到发展。

2. 改革开放后信托业在整顿中探索

1978年，党的十一届三中全会顺利召开，意味着中国迈向了由计划经济向市场经济转型的新纪元。1979年10月，国务院责成中国人民银行考察现代信托制度，随后批准成立了中国国际信托投资公司。同月，中国国际信托投资公司成立，资本金额30亿元，标志着在新中国成立之初被全面废止的信托业正式复业。

1980年9月，中国人民银行下达《关于积极开办信托业务的通知》，各分行纷纷在经济发达的城市试办信托业务。到1982年底，全国各类信托机构发展到620多家，对我国吸引外资、搞活地方经济起到了一定的积极作用。但信托投资公司没有真正办成“受人之托、代人理财”的机构，而是成了吸收存款、发放贷款的银行，加上盲目竞争、乱设机构等问题，带来了很大的金融风险。1982年4月，国务院发布《关于整顿国内信托投资业务和加强更新改造资金管理的通知》，开始清理和整顿信托业（见表5-1）。

表5-1 我国信托业的数次清理整顿

清理整顿	开始年份	主要内容
第一次清理整顿	1982年	国务院针对当时各地基建规模过大、影响信贷收支平衡的情况，决定对我国信托业进行清理，规定除国务院批准和国务院授权单位批准的信托投资公司以外，各地区、部门均不得办理信托投资业务，已经办理的限期清理。
第二次清理整顿	1985年	国务院针对1984年全国信贷失控、货币发行量过多的情况，要求停止办理信托贷款和信托投资业务，已办理业务要加以清理收缩。次年又对信托业的资金来源加以限定。

续前表

清理整顿	开始年份	主要内容
第三次清理整顿	1988 年	国务院发出清理整顿信托投资公司的文件。同年 10 月，中国人民银行开始整顿信托投资公司。第二年，国务院针对各种信托投资公司发展过快（高峰时共有 1 000 多家）、管理较乱的情况，对信托投资公司进行了进一步的清理整顿。
第四次清理整顿	1993 年	国务院为治理金融系统存在的秩序混乱问题，开始全面清理各级人民银行越权批设的信托投资公司；1995 年，中国人民银行总行对全国非银行金融机构进行了重新审核登记，并要求国有商业银行与所办的信托投资公司脱钩。
第五次清理整顿	1999 年	为防范和化解金融风险，中国人民银行总行决定对现有的 239 家信托投资公司进行全面的整顿撤并，按照“信托为本，分业管理，规模经营，严格监督”的原则，重新规范信托投资业务范围，把银行业和证券业从信托业中分离出去，同时制定了严格的信托投资公司设立条件。

3.《信托法》颁布后信托业在规范中成长

2001—2002 年，《信托投资公司管理办法》《信托法》以及《信托投资公司资金信托管理暂行办法》相继颁布，第一次通过制度再造的方式，引导信托公司走上以真正的信托业务为经营主业的发展道路，标志着中国信托业沿用多年的抑制政策和监管模式已经被彻底改变。随着“一法两规”的颁布，中国信托业正式踏入规范发展阶段。

2007 年，中国银监会颁布《信托公司管理办法》和《信托公司集合资金信托计划管理办法》取代 2001 年颁布的《信托投资公司管理办法》和《信托投资公司资金信托管理暂行办法》。随后又陆续发布《信托公司治理指引》《信托公司受托境外理财业务管理暂行办法》等政策性文件，开始信托业的第六次清理整顿。在新的“两规”中，原“信托投资公司”特别去掉了“投资”二字，从而强调信托公司的本源属性，更进一步明确了信托公司的发展方向。至今，信托业已成为国民经济中仅次于银行业的第二大金融部门。

二、我国的信托公司

自 2007 年我国全面实行信托业战略转型改革以来，我国信托业得到了飞跃式的发展，信托公司注册资本、实收资本以及信托资产规模均得以快速发展。截至 2015 年底，我国有 68 家信托公司，平均信托资产规模 2 405.02 亿元，其中信托资产规模超过 1 000 亿元的公司有 50 家。2016 年，实收资本在百亿元以上的信托公司有 4 家，即平安信托、中信信托、重庆信托、昆仑信托，而注册资本在 30 亿元以上的达到 28 家，相比 2015 年的 14 家翻了一番。截至 2016 年末，我国信托资产规模达 20.22 万亿元。

金融视野

我国信托公司的发展现状

从信托公司的股东背景方面来看，68家信托公司实力各有差异、背景各不相同，均由银监会监管。其中，有央企背景的信托公司15家，有省级政府背景的信托公司16家，有地方政府背景的信托公司8家，有金融机构背景的信托公司13家，有地方国企背景的信托公司6家，有民营企业背景的信托公司10家。

从信托公司管理的信托资产规模来看，随着信托行业快速发展，信托公司管理的信托资产规模持续增长，截至2016年末，全国68家信托公司管理的信托资产规模达到20.22万亿元，持续上升的环比增速是行业增长态势的有利信号（见图5-1）。

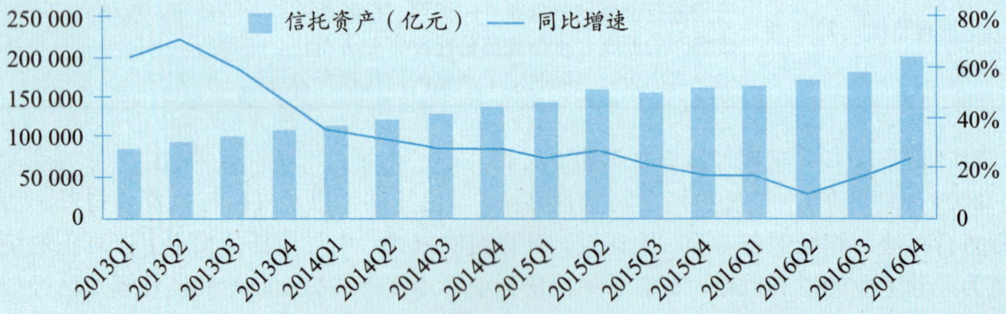

图5-1　2013—2016年我国信托业资产规模变化及同比增速

从信托资产的投资方向来看，目前信托公司的主要投资领域为工商企业、基础产业、证券投资、金融机构和房地产五大领域。2016年末信托资产投向工商企业占比24.82%，基础产业占比15.64%，证券投资占比16.2%，金融机构占比20.71%，房地产占比8.19%，其他占比14.44%。

从信托公司的固有资产规模来看，2016年末，固有资产规模达到5 569.96亿元，较2015年末的4 623.28亿元强劲增长20.48%，首次突破5 000亿元关口，标志着信托业的实力迈上了一个新的台阶。这提高了信托业抵御项目风险的能力，有利于防止出现行业兑付危机，提升固有资金收益，提高信托业的盈利水平（见图5-2）。

从信托公司上市情况来看，2016年上半年，共有浙金信托、江苏信托、五矿信托、昆仑信托、华宝信托、湖南信托6家信托公司尝试通过参与上市公司重组实现在A股曲线上市，更有多家信托公司正在筹备上市事宜。信托公司上市意味着信托公司又多了一条更为畅通的增资之路，上市后有助于信托公司打开知名度，对于资产的获取更加容易，同时客户销售渠道额更为通畅（见表5-2）。

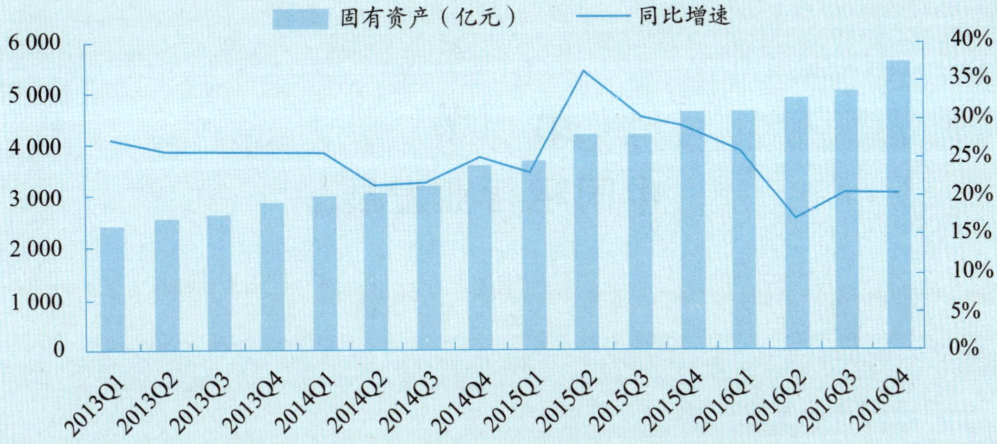

图 5-2　2013—2016 年我国信托业固有资产规模变化

表 5-2　2016 年以来信托公司上市情况

信托公司	上市方式
浙金信托	浙江东方收购其大股东浙江国贸旗下浙金信托等资产
江苏信托	ST 舜船收购江苏国信集团旗下 210 亿元江苏信托等资产
五矿信托	ST 金瑞收购五矿信托等机构股权
昆仑信托	ST 济柴收购中石油集团的金融板块业务，昆仑信托涵盖其中
华宝信托	宝钢集团谋求将注入旗下控股上市公司 ST 韶钢
湖南信托	国资背景的华菱钢铁重大资产重组，间接或直接持有湖南信托 96%股权
山东信托	赴港 IPO
四川信托	上市公司宏达股份通过发行股份的方式购买四川信托股权
中信信托、重庆信托、渤海信托、长安信托、中航信托、华宝信托、华润信托等正在筹备上市事宜	

资料来源：用益金融信托研究院：《中国信托业市场报告（2016—2017）》

第三节 中国租赁业发展

一、近现代租赁业的诞生及发展

近代租赁业诞生于美国。1952 年，美国加利福尼亚州成立了全球第一家租赁公司——美国租赁公司（U. S. Leasing Corp.），开启了全球近代租赁业的发展进程。从融资规模看，据怀特克拉克集团的全球租赁业发展报告，全球金融租赁交易从 1978 年的 410 亿美元到了 2015 年达万亿美元。从租赁交易形式来看，从最初的简单融资租赁，发展到现在包括租赁基金、租赁债权证券化、项目租赁和风险租赁在内的多种金融租赁的形式。银行业进入租赁市场，促进了租赁市场的发展，使得租赁从“最后的融资手段”演变为一种“灵活、便利、主动的融资手段”。20 世纪 60 年代，美国 IBM 公司通过租赁形式将产品推销给消费者，这种直接租赁形式后来被其他设备厂商纷纷仿效，发展成为设备融资租赁形式。之后，银行租赁业务的开展为租赁公司提供了充足的资金支持，使得美国租赁行业得到了长足的发展。

金融视野

国际租赁公约诞生

现代租赁业从 20 世纪 50 年代诞生以来，得到了长足的发展。其间各国纷纷出台了相关的租赁政策来发展本国的租赁业。从 1963 年开始，美国为了促进租赁业的发展，各个行政部门和司法部门制定了相关的租赁法律法规。美国货币监理署（Comptroller of the Currency）规定银行可以进入租赁业。美国《投资税减扣法》中规定：出租人在购置用于出租的设备时，可从应税收入中抵免该项租赁资产投资相当于设备购置成本 10%的支出。1970 年，美国国会修正了《银行持有公司法案》，允许其附属金融租赁子公司开展独立业务。韩国于 1973 年颁布了《租赁业促进法案》。日本于 1975 年出台了《对银行系统租赁公司业务限制的通知》，于 1978 年出台了《关于租赁交易的法人税和所得税问题的通知》。

各国对本国的金融租赁业制定了不同的法律规定，但各种法律之间存在冲突，这严重阻碍了国际金融租赁业的发展。1974 年，国际司法统一协会执行理事会为解决融资租赁所存在不同的交易机制以及不同交易类型所产生的法律问题，决定着手制定相关的国际融资租赁法律。重点关注“私法”从租赁的金融内容中分离出来和租赁与可变性担保利益的一般原则的区别问题。1988 年 5 月在加拿大渥太华举行的国际外交会议，通过了统一私法协会政府专家委员会第三次会议提交的国际融资租赁公约草案，并统一签订了由国际统一私法协会制定的《国际融资租赁公约》。制定这一公约的目的和宗旨是：(1) 坚持公正均衡原则；(2) 主要是为了消除各国在经营国际融资租赁业务方面的法律障碍，及发生纠纷后适用统一的国际规则；(3) 鼓励更多人利用国际融资租赁方式，促进国际贸易的发展，维护各方正当权益，而不能因有了国际公约而使其受到限制；(4) 该公约主要调整特定的三方关系，即出租人、承租人和供货商之间的三方关系；(5) 要照顾到国际融资租赁中的民事和商事法律方面的统一规则。

2004 年 6 月 26 日，巴塞尔银行监管委员会在《旧巴塞尔资本协议》的基础上针对十国集团国家中的国际活跃银行（International Active Banks）通过了《新巴塞尔资本协议》，适用范围为欧盟，对国际金融租赁业产生了深远的影响。其主要目的是加强银行业的信用风险管理。在内容上主要有四方面的更新：(1) 监管框架更完善与科学；(2) 风险权重的计量更准确；(3) 风险认识更全面；(4) 新协议的主要创新是内部评级法（IRB）。《新巴塞尔资本协议》对世界租赁业的影响主要有：规定了金融机构直接或间接投资到租赁公司的资本的金额，以及使用、分配这些资金的方式；风险管理方式的改变改进了竞争性定价；增加了积极性投资组合和自动组合管理。

二、我国租赁业的产生与发展

（一）中国东方租赁公司的创立

改革开放初期，为了吸引外资，1979 年 7 月，第五届全国人民代表大会第二次会议通过了《中华人民共和国中外合资经营企业法》，为外资进入中国提供了可能。日本东方租赁股份有限公司随后拜访了刚刚成立的中国国际信托投资公司。在当时的时代背景下，融资租赁是我国企业引进外资的一条有效途径。在拜访过程中，双方达成了组建融资租赁公司的意向。1980 年 1 月，中信公司和北京物资局在东京与日本欧力士株式会社签订了筹建中国东方租赁有限公司的协议书。经过一年的筹备，1981 年 4 月 8 日，中国第一家经营融资租赁业务的租赁公司——中国东方租赁有限公司正式成立。中国东方租赁有限公司的成立，标志着我国租赁业的诞生。

当时在缺少外汇储备的情况下，国内企业又亟须引进先进机械设备、技术和管理，大部分企业未能获得外经贸部批准的进出口许可业务经营权。中国东方租赁有限公司集合外贸、金融、海关、外汇管理、税收、工商行政等政策规定，开创了融资租赁的新模式，实现了从融通资金到进口代办的一揽子服务。我国第一份租赁业务为北京东风电视机厂租赁引进电动叉车。中国东方租赁有限公司租赁业务得到了快速增长，1983 年的成交额达 4 000 万美元。1986 年 11 月，经中国人民银行批准，我国第一家持有金融营业许可证的金融租赁公司——中国租赁公司成立了，带动了我国金融租赁事业的发展。之后我国成立了数十家各种融资形式的租赁公司，如中国租赁公司、中国环球租赁公司、中国外贸租赁公司等。各地信托投资公司和商业银行也开展了相关的租赁业务，使得我国租赁业务从无到有、从小到大，融资租赁行业开始形成。

（二）我国租赁业的发展

1980 年，我国民航在中国国际信托投资公司推动下，与美国汉诺威尔制造租赁公司和美国劳埃得银行合作，利用跨国租赁方式从美国租进第一架波音 747SP 飞机，这是我国最早的租赁实践。我国租赁业从 1981 年诞生以来经历了两次行业洗牌、四个历史发展阶段。

1. 租赁行业初创期（1980—1987 年）

这一时期正值我国改革开放初期，国内企业正处于技术转型时期。需要利用外资，引进先进的机械设备、技术和管理。融资租赁成为引进外资的有效渠道，政府也出台相关政策大力鼓励企业引进外资，并在税收、财政等方面推出了一系列优惠政策。在这样的历史背景下，境外投资者以投资租赁方式和国内金融企业组建中外合资融资租赁企业，成立了一批融资租赁企业，如中国环球租赁、国际租赁、北方租赁、华和租赁、包装租赁、光大租赁等。到 1987 年底，我国中外合资的租赁公司达到 21 家，融资租赁成交额累计达到 19 亿美元。初创期融资租赁交易额的平均增长速度为 77.25%，我国金融租赁业得到了迅速发展。

2. 租赁行业发展期（1988—1996 年）

1988 年政府开始政治体制改革，实行政企分开，强化企业的自主经营权，尝试社会主义市场经济建设。企业开始自主经营、自负盈亏，政府不再为企业提供融资担保。各类企业开始出现分化，中外合资租赁公司出现了大量的欠租。这从某种角度也反映出我国金融租赁行业在相关制度建设上并不完善。但在这一时期，我国金融租赁行业发展是迅猛的。融资租赁交易额不断增长，于 1992 年达到了历史最大值。随着存款余额不断增加、租赁业务不断扩张，其行业总资产不断增加，达到了 140 亿元，但是资本充足率普遍较低。行业业务的急剧扩展，在当时法律、税收、监管和财会准则不健全的情况下，租赁公司的盲目成立为后来产业发展埋下了隐患。

3. 租赁行业调整期（1997—2001 年）

由于之前发展的盲目性和政府担保的缺失，租赁市场机制并未完全形成，租赁公司因为租赁环境不佳，纷纷将资金投向其他业务，如高息揽存、炒股票、炒房地产、直接投资产业等。随着 4 家金融租赁公司（广东租赁、海南租赁、武汉国际租赁和中国华阳租赁）相继倒闭，最终导致行业整体性濒临破产。中国人民银行在秦皇岛召开金融租赁行业会议，政府开始整治金融环境，促成了金融租赁公司的第一次洗牌。1999 年 10 月出台了

《中华人民共和国合同法》，将经营租赁和融资租赁纳入法律条款。2000 年 6 月中国人民银行颁布了《金融租赁公司管理办法》，规范了国内融资租赁行业，强化了风险管理。针对税收标准不统一，2001 年 1 月财经部明确了融资租赁、经营租赁和售回租赁的会计准则。同年 9 月，对外贸易经济合作部颁布并实施了《外商投资租赁公司审批管理暂行办法》。国际金融公司也提供了一项"旨在帮助改进中国租赁业立法和管理技术"的技援项目。

4. 租赁行业建设性发展期（2002 年至今）

经过几年的规范和完善，市场逐渐形成，法律、会计准则、监管和税收的建设基本完善，许多部委开始重新审视金融租赁市场。2007 年 1 月 23 日，中国银监会颁布了《金融租赁公司管理办法》，开始设立银行系的金融租赁公司，银行重返融资租赁行业。此后开始了我国金融租赁行业的第二次企业洗牌。金融资产管理公司开始分批重组成金融租赁公司，如华融重组浙江租赁、东方重组外贸租赁、长城重组新疆租赁民营控股。同时，对国外理论与实践经验的学习借鉴，使得我国租赁业开始走上规范健康发展的轨道。

（三）我国金融租赁业目前发展规模

2015 年 7 月国家统计局网站显示：2005—2013 年我国金融租赁和商务服务业城镇私营企业和个体就业人员从 302.6 万人增加到 1 004.6 万人；金融租赁和商务服务业私营企业和个体就业人员从 385.9 万人增加到 1 272.6 万人；金融租赁业内资企业固定资产投资（不含农户）从 12.47 亿元增加到 289.12 亿元；金融租赁和商务服务业内资企业固定资产投资（不含农户）从 460.60 亿元增加到 5 676.08 亿元。

从企业数量看，截至 2015 年底，全国融资租赁总部企业达到 4 508 家，融资租赁合同余额 44 400 亿元，分别较上年同期增长 104.72%和 38.75%。2015 年投放规模 7 109 亿元，年均增速 44.96%，户均投放 197.46 亿元。2015 年净利润 178 亿元，年均增速 52.85%；2015 年平均 ROE 为 7.47%，受利差收窄影响，近三年呈下滑趋势。（按照世界租赁年报的编制惯例，2017 年的报告披露的是截至 2015 年底的数据。）

但是我国融资租赁渗透率并不高。融资租赁渗透率用于反映一个国家金融租赁市场发展规模和成熟程度。在发达国家，金融租赁市场发展相对比较成熟，金融租赁渗透率一般维持在 15%～30%。例如：美国 2015 年金融租赁总额超过 3 743.5 亿美元，其金融租赁渗透率超过 22%；中国 2015 年金融租赁总额为 1 364.5 亿元人民币，金融租赁渗透率为 4.0%。可见我国金融租赁市场还有很大的发展空间。

思考与实践

想一想

1. 信托的基本功能有哪些?
2. 我国信托业发展有什么特点?前景趋势如何?
3. 《国际租赁公约》对租赁业发展产生了哪些影响?

练一练

1. [多选] 信托财产区别于其他财产的重要特征包括(　　)。

A. 所有权与收益权统一　　B. 信托财产的独立性
C. 信托的有限责任　　D. 信托管理的连续性

2. [单选] 信托的功能不包括(　　)。

A. 融资功能　　B. 投资功能　　C. 风险统一功能　　D. 资产管理功能

3. [单选] 一份完整的租赁合约包含的要素不包括(　　)。

A. 租赁当事人　　B. 租赁标的　　C. 租赁期限　　D. 租赁利息

查一查

1. 登录一家信托公司网站,查看和了解它的主要业务。
2. 登录一家租赁公司网站,查看和了解它的主要业务。

第六章

中国金融市场体系

阅读提示

第二章至第五章我们分别介绍了银行体系、证券体系、保险体系和信托租赁体系，并对这些体系的代表性机构和主要业务作了简要介绍。俗话说“好戏连台”，有了各种角色，如果没有表演的舞台，就无法呈现“戏”的精彩。而各种金融市场就是金融体系中的舞台，主要包括货币市场、资本市场、保险市场、外汇市场、衍生金融交易市场等。

开篇提问

什么是金融市场？它与金融机构和金融业务有什么关系？

第一节
中国金融市场概述

一、金融市场的概念

金融市场是指货币资金借贷和金融商品交易的场所。狭义的金融市场是指直接金融市场，即货币资金直接借贷和金融商品直接交易的场所。广义的金融市场包括直接金融市场和间接金融市场，是一切资金融通场所的总称。本章我们所讲的金融市场是广义的范畴，我们将选择金融市场中几个主要的子市场展开介绍，包括货币市场、资本市场、保险市场、外汇交易市场和衍生金融交易市场。

金融市场与其他市场相比有其特殊性，主要体现在以下几个方面：

第一，市场主体的特殊性。无论哪一种市场，市场参与者都是市场交易对象（商品）的供给方或需求方。金融市场也一样，但金融市场主体参与交易的目的有其特殊性，或进行资金融通，或进行投资。另外，金融市场主体有企业、个人、政府等，但最主要的交易主体是金融机构。同时，政府部门也作为活跃的交易主体，以实现其调控市场的目的。

第二，市场客体的特殊性。金融市场的交易对象不是普通商品，而是货币资金，或者是内含某种收益的金融商品，如股票、债券、基金等。

第三，交易价格的特殊性。普通商品市场的商品交易价格是商品内在价值的外在表现；金融市场的商品交易价格主要表现为资金借贷的利率，部分表现为金融商品的未来收益，如股票的价格。

第四，交易场所的特殊性。普通商品市场一般都有其固定的交易场所，是有形市场；而金融市场大多表现为通过计算机信息处理而撮合成交的无形市场，有些金融市场是固定的，如股票市场，有些金融市场是不固定的，如许多的直接借贷市场。

二、金融市场的功能

（一）资金融通的功能

资金融通是金融市场最基本的功能。金融市场可以有效地将资金从富余者手中融通到需求者手中，从而使资金富余者获取收益，使资金需求者得到满足。在经济活动中，资金富余者与资金需求者总是存在的，金融市场为双方实现各自的目标创造了条件、提供了媒介。在金融市场中，资金供给方可以通过购买金融工具获得投资收益，资金需求方可以通过发行股票、债券等金融工具筹措资金。各类经济主体以金融市场为媒介实现了资金融通及合理配置。

（二）资源配置的功能

资源配置功能是指金融市场可以合理引导资金的流向，实现资源的优化配置，提高资金的使用效率。金融市场上金融商品交易的实质是资金的流动，在市场信息渠道比较通畅的前提下，社会资金会朝着效益好、风险低的行业或企业流动，而资金的流动最终代表着社会经济资源的流动。社会资源是有限的，金融市场通过引导资金的合理流动，从而实现社会资源的优化配置。

（三）价格发现的功能

金融市场的价格发现功能是指通过市场上交易双方的大量、持续交易而形成目标金融资产的市场价格。金融资产的价格不是固定不变的，它是随着时间的变化而连续变化的。对于某一特定时点而言，金融商品的价格都是该时点上金融商品供求双方共同达成的均衡价格。例如：股票的价值由其未来收益决定，而未来收益难以准确测算，通过股票市场上供求双方自由交易形成股票价格，就能反映该时点上社会对该股票价值的均衡评价。

（四）风险转移与分散的功能

通过金融市场交易，可实现风险的转移和防范。

第一，金融市场作为一种有组织的市场，有完善的法规和制度，有良好的法律保障，市场交易行为规范，可在一定程度上降低信用和交易风险；

第二，金融市场为金融商品提供了流动性，增强了金融商品的交易转让能力，有利于金融风险的及时转移；

第三，金融市场提供了众多的金融商品，投资者可以根据自己的风险承受力择优选择，或对金融商品进行组合投资，以降低和分散风险；

第四，金融市场提供了保值机会，投资者可以通过对冲保值，或通过现货、期货市场的套期保值等实现保值目的。

（五）宏观调控的功能

金融市场是一国金融活动集中的地方，是国家进行宏观调控必须选择的场所和渠道，如同业拆借市场、回购市场、外汇市场等，都在国家的宏观调控中发挥着极其重要且不可替代的作用。在国家对金融市场的调控中，实施者主要是中央银行，调控对象主要是货币供求关系或利率、汇率水平，调控目的是通过金融市场上利率、汇率的变化引起金融市场主体的行为变化，进而引起整个社会经济主体的行为变化，从而调节国民经济的运行。

（六）信息传递的功能

金融市场上的价格变化反映了资金市场的供求关系以及金融商品的未来价格预期，因此，金融市场被称为国民经济的“晴雨表”，也被称为企业价值的“晴雨表”，是国民经济及企业的信号系统。一方面，金融市场交易规则要求交易信息公开，这些公开的信息对社会经济主体的活动产生重大影响；另一方面，金融市场本身具有价格发现功能，其形成的价格是市场各交易主体的共同选择，是对金融商品内在价值的均衡体现，因此价格发现本身就是一种价值信号。

三、金融市场的构成要素

金融市场有三个构成要素：金融市场参与主体、金融市场交易对象和金融市场的交易组织方式。

（一）金融市场参与主体

金融市场参与主体是指在金融市场上从事货币资金借贷或金融商品交易的活动者，包括金融机构、企业、个人、中央银行、政府等。不同的金融市场参与者在市场上扮演不同的角色，实现不同的活动目的。

1. 金融机构

金融机构是金融市场的主导力量，尤其是商业银行。在金融市场上，金融机构既是资金的供给者，通过同业拆放、逆回购、买入金融商品、买入外汇等提供大量资金，又是资金的需求者，通过同业拆入、回购、卖出金融商品、卖出外汇等融入资金。需要提醒的是，金融机构在金融市场上经常会充当中介人角色，如证券公司。中介人本身不进行资金融通，它只是促成市场交易双方成交，从中赚取佣金。中介人不是金融市场交易双方的主体，但它是金融市场运行不可缺少的活动者。

2. 企业

企业在金融市场上既可能是资金需求方，也可能是资金供给方。需要筹集资金的企业，可以通过在金融市场上发行股票、债券，开展票据贴现等方式融入资金。而对于有闲置资金的企业，它们就成了金融市场上的贷款者或投资者，通过购买金融商品实现利息收益或投资收益。

3. 个人

个人在金融市场上主要扮演投资者的角色，是资金供给者。个人可以根据自身的风险承受能力，选择相应的金融商品进行投资。例如：风险承受能力弱的个人，应选择政府债券、高信用级别的企业债券等进行投资；风险承受能力强的个人，可考虑进行股票投资，来实现其收益的最大化。

4. 中央银行

中央银行以金融市场管理者和调节者的身份进入金融市场，既是金融市场上的资金供给者，又是金融市场上的资金需求者，且其供给者与需求者的角色依据不同时期的经济、金融形势而经常转换。中央银行有时需要通过回购等方式吸纳资金，有时又需要通过逆回购等方式提供资金；有时需要抛出外汇，有时又需要购入外汇。不管中央银行如何操作，其目的只有一个：稳定金融市场，实现经济调控目标。

5. 政府

政府在金融市场上主要是以资金需求者的身份出现，其在金融市场上主要是实现筹措资金的目的。政府为了弥补财政赤字或筹措建设资金，在金融市场上发行政府债券，既筹集到了资金，又为金融市场上的投资者提供了安全性高的投资产品。

（二）金融市场交易对象

金融市场交易对象又可称作金融市场客体，即金融市场参与者进行交易的标的物——金融工具。例如：股票市场上交易的股票，债券市场上交易的债券，外汇市场上交易的各种外汇及外汇金融产品，黄金市场上交易的黄金现货、期货和期权等，都是金融市场的客体。金融市场有众多的金融工具，金融工具种类和数量的多少及其交易的活跃度在一定程度上反映了金融市场的发展水平。

（三）金融市场的交易组织方式

金融市场的交易组织方式主要有三种：

1. 场内交易方式

场内交易方式是指在特定的交易所内进行金融工具交易的组织方式。交易所有固定的场所，有明确的交易制度，有严格的交易管理或监管。场内交易组织方式经常采用公开竞价、交易系统撮合来完成交易过程。

2. 场外交易方式

场外交易方式是指通过金融机构的柜台进行金融工具交易的组织方式，又称柜台交易方式。场外交易有自己的场所，但场所一般不固定，也不像交易所那样有严格的交易组织机制，一般也不实行集合竞价，场外交易的价格通过交易双方自由协商而定。

3. 无形、分散交易方式

该市场没有有形的场所，交易双方借助电子计算机网络或其他通信手段完成交易，市场交易价格由交易双方自由商定。

四、金融市场分类

依据不同的标准可以对金融市场进行不同的分类。

(一) 按交易期限划分

1. 货币市场

货币市场是指期限在1年以内的短期货币资金借贷或短期金融商品交易的市场。货币市场主要有同业拆借市场、债券回购市场、国库券市场、票据市场、大额可转让定期存单市场等子市场。货币市场上交易的金融产品具有期限短、流动性强、风险低、收益低的特点。

2. 资本市场

资本市场是指期限在1年以上的长期货币资金借贷或长期金融商品交易的市场。资本市场主要有股票市场、长期债券市场等子市场。资本市场一般具有期限长、风险大、收益高的特点，市场主体参与资本市场的目的主要是进行投资，赚取投资收益，或者是实现控股。

(二) 按交易性质划分

1. 一级市场

一级市场又称发行市场或初级市场，是指金融商品的发行者将金融商品转让给投资者并获得资金的交易市场。因此一级市场至少有两个主体：金融商品发行者与投资者。而在实际发行中，金融商品的发行往往存在中介人，即承销商，其在金融商品发行中提供包销或承销服务。

2. 二级市场

二级市场又称流通市场或次级市场，是指已发行的金融商品流通转让的市场。流通市场的类型包括交易所交易市场、柜台交易市场和自由分散交易市场三类，其中交易所交易市场尤为典型。

一级市场和二级市场是相互促进的，一级市场是二级市场存在的前提，二级市场是一级市场顺利交易和发展的必要条件。

(三) 按交割方式划分

1. 现货市场

现货市场是即期交割的市场，是指金融商品成交后在比较短的时间内（一般为3个交易日以内）进行交割的市场。“成交”是指达成交易协议的行为；“交割”是指兑现成交协议的行为，即按照成交协议办理手续、支付款项、款货两清的行为。在现货市场上，成交与交割的时间间隔短，其间金融商品的价格波动小，交割的市场风险也比较小。

2. 远期市场

远期市场是指金融商品成交后，交易双方约定在未来某一特定时间进行交割的交易市场。在远期市场上，成交与交割的时间间隔长，交易双方在成交时先约定交割的价格和交割方式，到了交割时间，因市场价格的经常性波动，使得双方成交约定价格与实际的市场价格产生了偏差，于是就产生了投资或投机机会。远期市场可以分为远期协议市场、期货市场和期权市场三种。

（四）按交易范围划分

1. 国内金融市场

国内金融市场是指市场交易范围限于一国国内的市场，包括全国性金融市场和地方性金融市场。

2. 国际金融市场

国际金融市场是指市场交易范围突破一国的界限，金融商品在不同国家进行交易的市场。国际金融市场主要集中于一些主要的国际金融中心，如纽约、伦敦、香港、新加坡等。随着经济、金融全球化的进一步发展，许多国内金融市场也正朝着国际金融市场的方向发展。

第二节
中国货币市场

货币市场是指期限在一年以内、以短期金融工具为媒介进行资金融通和借贷的市场，由于在该市场中交易的金融工具具有期限短、流动性强、风险小的特点，而且具有较强的变现能力，近似于货币，因此称为货币市场。

货币市场是典型的以机构投资者为主体的市场。该市场的主要特征有：融资期限短，即融资期限一般小于一年；流动性强，由于融资期限较短，因而变现能力很强；风险较小，这主要是相对于股票和债券而言；可控性强，其主要表现为中央银行、财政部门和商业银行对该市场具有较大的影响和控制力。货币市场是金融市场的重要组成部分，主要包括同业拆借市场、票据市场、债券回购市场、大额存单市场以及同业存单市场等。

一、同业拆借市场

（一）概念及特点

同业拆借是指经中国人民银行批准进入全国银行间同业拆借市场的金融机构之间，通过全国统一的同业拆借网络进行的无担保资金融通行为。同业拆借市场又叫同业拆放市场，是金融机构进行流动性管理的重要场所，主要满足金融机构日常资金的支付清算和短期融通需要。同业拆借市场形成的资金价格信号，反映了整个金融体系的资金供求状况和流动性状况，对货币政策传导和中央银行宏观调控发挥着重要作用。

同业拆借市场具有以下特点：

（1）对融资主体资格的限制。能进入同业拆借市场进行资金融通的双方必须是具有准入资格的金融机构。金融机构从最初的商业银行扩展到其他所有的经批准的有资格的金融机构。

（2）融资期限较短。目前，同业拆借交易期限有 1 天、7 天、14 天、21 天、1 个月、2 个月、3 个月、4 个月、6 个月、9 个月以及 1 年共 11 个品种。

（3）交易额较大。同业拆借市场是为了满足金融机构之间的需要而建立的，每笔交易数额通常较大，而且大多不需要抵押或担保。

（4）利率由供求双方议定。同业拆借市场上的利率由双方经过讨价还价后协商议定，能够较客观地反映市场资金的供求变化。

（5）参与拆借的机构在中央银行开立有存款账户，同时拆借交易的资金主要是金融机构存放在该账户上的多余资金。

（二）我国同业拆借市场发展现状

目前，我国同业拆借市场的参与者主要包括各类银行、证券公司和基金公司、保险公司和企业年金、城市信用社、农村信用社、财务公司、信托投资公司、金融租赁公司、资产管理公司、社保基金、理财产品、信托计划以及其他投资产品等。2016 年 3 月 10 日起，同业拆借市场准入行政许可取消，停止实施“进入全国银行间同业拆借市场审批”行政许可。2016 年 8 月，金融机构进入同业拆借市场新流程开始实施，金融机构直接向同业拆借中心提交材料办理联网手续即可。我国同业拆借市场发展迅速，2016 年，同业拆借累计成交 95.9 万亿元，日均成交 3 821 亿元。

二、票据市场

（一）基本概念

票据是指出票人依法签发的、约定自己或委托付款人在见票时或指定日期向收款人或持票人无条件支付一定金额并可以流通转让的有价证券。票据市场是指票据发行和流通的市场，是货币市场的重要组成部分，主要包括票据承兑和票据贴现两大内容。承兑即“承诺兑现”，指汇票付票人按照票据载明事项，对汇票的金额，在票面上作出表示承认付款的文字记载及签章的一种业务，即在汇票上签名并写上“承兑”字样的手续。支票和本票不需要承兑。汇票必须有一个承兑的过程，只有经过承兑才能在法律上明确票据的债权债务关系。贴现是指远期票据的持有人将未到期的票据转让给银行或其他金融机构以提前取得现款的一种短期资金融通方式。商业银行或其他金融机构将其贴进的未到期票据向中央银行再次贴现的票据转让行为称为再贴现。办理贴现业务的银行将贴进的未到期票据再向其他银行或贴现机构进行贴现的票据转让行为称为转贴现。在我国票据市场，票据主要是指商业汇票，其中银行承兑汇票最为广泛。

票据的流通与融资作用已为各金融机构和企业普遍接受和应用，通过票据的签发、承兑、贴现、转贴现和再贴现等业务把企业、商业银行和中央银行有机地联系在一起。再贴现是中央银行的重要货币政策工具，在推动货币政策传导和调控宏观金融方面发挥了重要作用。

（二）我国票据市场发展现状

2015 年以来，中国人民银行加强了票据市场制度建设和基础设施建设，规范票据业务发展。2016 年 12 月 6 日，中国人民银行印发《票据交易管理办法》，为商业银行规范票据业务发展提供了契机，将打破目前的市场格局，逐步形成以法人为参与主体的集约化市场组织形式，提升市场参与者风险防控水平。同年 12 月 8 日，全国统一的票据交易平台上线运行，上海票据交易所正式开业运营。全国统一票据交易平台的上线运行，改变了我国票据市场 20 多年来纸质流转、线下交易、信息不透明的状态，将实现所有纸质票据和电子票据的信息集中以及集中交易、登记托管、清算结算，标志着票据交易迈入电子化集中交易新阶段，有效提升了市场透明度和交易效率，降低了操作风险。2016 年，企业累计签发商业汇票 18.1 万亿元，期末商业汇票未到期金额为 9.0 万亿元。从行业结构看，企业签发的银行承兑汇票余额仍集中在制造业、批发和零售业；从企业结构看，由中小型企业签发的银行承兑汇票约占 2/3。2016 年，金融机构累计贴现 84.5 万亿元。

三、债券回购市场

（一）基本概念

债券回购是指债券的持有方将持有的债券卖出，并在未来约定的日期以约定的价格买回的交易行为，其期限通常在一年以内。债券回购是资金短缺者在货币市场上以出售债券再协议购回的方式融通短期资金的一种操作行为和买卖方式，其实质是一种短期质押融资行为，质押品即债券。债券回购是金融机构之间以债券为抵押的短期资金的融通，风险较低，其标的物一般是信用等级高的政府债券和政策性金融债券。由于回购利率低，对少量资金而言，交易成本高，因此债券回购以大宗交易为主，通常以大额资金或各种资金的集合形式进行。

（二）我国债券回购市场发展现状

一是债券回购市场发展迅速，银行间债券市场成为债券回购市场的主体。银行间市场债券回购交易量从 1997 年的 307 亿元增加到 2016 年的 601.3 万亿元，日均成交 2.4 万亿元。

二是交易期限结构以隔夜和 7 天期品种为主。2016 年，公开市场累计开展逆回购操作 24.8 万亿元，其中 7 天期操作 17.9 万亿元，14 天期操作 3.9 万亿元，28 天期操作 3 万亿元；开展 SLO（短期流动性调节工具）操作累计投放流动性 2 050 亿元。

三是回购标的以国债、中央银行票据和政策性金融债为主。

四、大额存单市场

可转让大额存单，简称 CD，于 1961 年由花旗银行首创，是指商业银行发行的记载固定的面额、固定的期限、固定的利率并可以流通转让的大额存款凭证。可转让大额存单是一种定期存单，是商业银行为主动吸收存款创设的一种新的金融工具。

我国可转让大额存单市场产生于1986年，当时发行的可转让大额存单由于金额小、利率高，投资者购买后多数不流通转让，成为银行高息揽存的手段。由于我国的可转让大额存单和普通存单相比除了面额较大以外没有什么其他特点，加上其管理上的种种原因，中国人民银行在1998年叫停了此项业务。

为了拓宽存款类金融机构负债产品市场化定价范围，有序推进利率市场化改革，中国人民银行于2015年6月15日推出大额存单产品。首批发行机构包括中国工商银行、中国农业银行、中国银行、中国建设银行、交通银行、浦发银行、中信银行、招商银行、兴业银行9家银行，均为市场利率定价自律机制核心成员。首批大额存单期限以1年以内（含）为主，其中，个人大额存单起点金额为30万元，机构为1 000万元，利率为按照对应期限央行基准利率上浮40%。

为进一步推动大额存单市场发展，逐步扩大金融机构负债产品市场化定价范围，有序推进利率市场化改革，大额存单发行主体范围不断扩大，截至2017年1月，大额存单发行主体范围新增至445家。

为了进一步扩大大额存单投资主体范围、增强商业银行主动负债能力、推进大额存单业务发展，2016年6月，中国人民银行公告将个人投资人认购大额存单起点金额由不低于30万元调整为不低于20万元。

同时，中国人民银行正在积极推进大额存单二级市场转让交易。大额存单发行交易的有序推进，进一步扩大了金融机构负债产品市场化定价范围，有利于培养金融机构的自主定价能力，健全市场化利率形成和传导机制。

五、同业存单市场

同业存单是指由银行业存款类金融机构法人在全国银行间市场上发行的记账式定期存款凭证，是一种货币市场工具。2013年12月7日，中国人民银行公布《同业存单管理暂行办法》，并决定于同年12月9日起实施。发行主体包括政策性银行、商业银行、农村合作金融机构以及中国人民银行许可的其他金融机构。投资和交易主体为全国银行间同业拆借市场成员、基金管理公司及基金类产品。同业存单的发行利率、发行价格以市场化方式确定。

2013年12月12日，首批5家存款类金融机构（国家开发银行、中国工商银行、中国农业银行、中国银行、中国建设银行）通过全国银行间同业拆借中心发行平台各成功发行一只同业存单。之后，同业存单发行主体和规模显著增加。截至2016年11月末，已有465家金融机构披露年度发行计划。2016年银行间市场陆续发行同业存单17 643只，发行总量为13.04万亿元，二级市场交易总量为70.12万亿元，同业存单发行交易全部参照Shibor（上海银行间同业拆放利率）定价。2016年全年，3个月期同业存单发行加权平均利率为3.06%。金融机构陆续发行大额存单16 896期，发行总量为5.3万亿元，同比增加3万亿元。

第三节
中国资本市场

资本市场是指以中长期投资（期限在一年以上）为特征的金融市场。按照融资工具不同，资本市场可划分为股票市场和债券市场两个子市场。

一、股票市场

（一）基本概念

股票是指股份有限公司发行的、表示持有人（股东）按其持有的份额享有相应权益和承担相应义务的可转让的书面凭证，是一种代表其所有权的证券。股票具有以下几个特性。一是不可偿还性。投资者认购股票后，不能要求退股，只能到二级市场卖给其他投资者。二是参与性。股票持有者就是公司的股东，有权出席股东大会，决定公司经营方针，选举和更换董事和监事，审议和批准公司的年度财务预算和决算方案等。三是流通性。股票可在不同投资者之间交易。四是收益性。买入股票意味着向公司投资，投资者凭所持有的股票，有权按公司章程从公司领取股息并分享公司经营红利。五是风险性。股票投资者面临着股价下跌可能带来的投资损失。

股票市场包括股票发行市场和股票流通市场。股票发行市场又称一级市场，是股份有限公司通过发行股票向社会公众筹集资金的市场。股票流通市场又称二级市场，是已经公开发行的各种股票流通、转让、交易的场所。

（二）我国股票市场发展现状

20 世纪 80 年代初，我国最初的股票开始出现。1984 年，中共十二届三中全会通过了《中共中央关于经济体制改革的决定》，一些大型国企纷纷进行股份制试点，股票一级市场开始出现。1986 年，中国工商银行上海市信托投资公司静安证券营业部开展股票柜台挂牌交易，是股票二级市场的雏形。1987 年 9 月，中国第一家专业证券公司——深圳特区证券公司成立。1990 年，国家允许上海、深圳试点公开发行股票。1990 年 11 月 26 日上海证券交易所成立，1990 年 12 月 1 日深圳证券交易所成立。我国股票市场从无到有、从小到大、从区域到全国，经过30多年的发展，已初步形成了多层次的股票市场体系。

我国股票市场分为场内市场和场外市场：场内市场包括沪深主板市场、中小企业板市场和创业板市场；场外市场包括全国中小企业股份转让系统、区域股权交易市场以及已试点的券商柜台交易市场。

1. 沪深主板市场

主板市场主要接纳国民经济中的支柱企业、占据行业龙头地位的企业、具有较大资产规模和经营规模的企业上市。在主板上市的企业在发行股票前三年的累计净利润须超过3 000万元，累计经营现金流超过5 000万元或累计营业收入超过3亿元，上市股本总额不低于5 000万元。

2. 中小企业板市场

中小企业板是主要服务于中小型企业和高科技企业的市场。该板块内公司普遍具有收入增长快、盈利能力强、科技含量高的特点，而且其股票的流动性较好，交易也较为活跃。在中小板上市的企业在发行股票前三年累计净利润须超过3 000万元，累计经营现金流超过5 000万元或累计营业收入超过3亿元，上市股本总额不低于3 000万元。2004年5月，经国务院批准，中国证监会批复同意深圳证券交易所在主板市场内设立中小企业板块，其从资本市场架构上也从属于一级市场。

3. 创业板市场

在创业板上市的公司大多从事高科技行业，往往成立时间较短、规模较小，业绩也不突出，但具有很大的成长空间。在创业板上市的企业须为依法设立且持续经营三年以上的股份有限公司，最近两年净利润累计不少于1 000万元且持续增长，或最近一年盈利且净利润不少于500万元；最近一年营业收入不少于5 000万元，最近两年营业收入增长率均不低于30%；上市股本总额不低于3 000万元。

4. 全国中小企业股份转让系统

全国中小企业股份转让系统成立于2012年，属于场外市场，主要针对国家级高科技园区的中小微企业。这类企业普遍规模较小，尚未形成稳定的盈利模式。申请公司只要股权结构清晰、经营合法规范、公司治理健全、业务明确并履行信息披露义务，即便尚未盈利，均可以经主办券商推荐申请在全国股份转让系统挂牌。

5. 区域股权交易市场

区域股权交易市场是为特定区域企业提供股权、债权转让和融资服务的私募市场，也属于场外市场。区域股权交易市场服务的企业多处于创业阶段，规模较小、产品成熟度不够、风险性较大。目前，各区域股权市场存在差异，对挂牌企业的标准尚未形成统一的口径。

二、债券市场

（一）基本概念和市场功能

债券是政府、金融机构、工商企业等向投资者发行并承诺按约定利率和期限还本付息的债务凭证。根据不同的分类方法，债券可以分为不同类型。按照发行主体不同，债券可分为国债、金融债、企业债等。按照付息方式不同，债券可分为贴现债券、附息债券、一次性还本付息债券。按照利率是否浮动，债券可分为固定利率债券和浮动利率债券。按照到期期限不同，债券可分为短期债券、中期债券、长期债券和永久债券。

债券市场包括债券发行市场和流通市场，是金融市场的重要组成部分，具有几项重要功能。一是融资功能。债券市场作为金融市场的一个重要组成部分，具有使资金从资金剩余者流向资金需求者，为资金不足者筹集资金的功能。我国政府和企业先后发行多次债券，为弥补国家财政赤字和国家的许多重点建设项目（如能源、交通、重要原材料等重点建设项目以及城市公用设施建设）筹集了大量资金。二是资金流动导向功能。效益好的企业发行的债券通常较受投资者欢迎，因而发行时利率低，筹资成本小；相反，效益差的企业发行的债券风险相对较大，受投资者欢迎的程度较低，筹资成本较大。因此，通过债券市场，资金得以向优势企业集中，从而有利于资源的优化配置。三是宏观调控功能。公开市场业务是央行的一项重要的货币政策工具，是政府实施宏观调控的重要手段。我国公开市场业务就是中央银行通过在银行间债券市场上买卖债券，从而达到调节货币供应量的目的。

（二）我国债券市场发展现状

我国债券市场分为银行间市场和交易所市场。银行间债券市场是定位于合格机构投资者，通过“一对一”询价方式进行交易的场外批发市场。交易所债券市场是定位于个人和中小机构投资者，通过集中撮合方式进行交易的场内零售市场。商业银行柜台交易市场为场外市场的延伸。

我国债券管理分属 5 个部门：国家发展改革委主管企业债券的审批和发行，财政部负责国债和地方政府债的审批和发行，中国人民银行通过其下属的中国银行间市场交易商协会管理发行中期票据和短期融资产品，中国证监会主管公司债的审批和发行，中国银监会在涉及金融债发行时发挥审批作用。

1997 年 6 月，根据国务院部署，商业银行全部退出证券交易所并组建银行间债券市场，这是在总结国内外债券市场发展经验教训的基础上，对债券市场基本架构进行的一次影响深远的系统规划。这一改革举措明确了我国债券市场以场外市场为主体的发展方向，奠定了我国债券市场发展的重要制度基础。

新闻摘录

银行间债券市场在改革创新中快速健康发展

20 年来，银行间债券市场借鉴国际经验并结合中国实际，坚持市场化的改革方向，迅速发展成为功能齐全、开放包容、富有活力的市场体系。目前，中国银行间债券市场发行主体和机构投资者类型多元，债券创新产品丰富，市场交易活跃，债券托管、结算、清算等基础设施运行高效，市场化约束机制健全。2017 年 7 月末，银行间市场债券托管量达到 69.87 万亿元，涵盖国债、地方债、金融债、公司信用债、熊猫债等多个品种，债券托管量占全国债券市场总托管量的近90%，不仅是国内债券市场的绝对主体，而且市场规模跃升至世界第三，实现了跨越式发展和历史性飞跃。与此同时，银行间债券市场制度规则和运行机制不断完善，深度、广度不断拓展，对外开放力度不断加大，吸引了越来越多的境外主体参与，银行间市场的国际化属性因此不断增强，国际影响力不断提升。

资料来源：中国债券信息网（http：//www.chinabond.com.cn/cb/cn/yjfx/ztyj/20170831/148119756.shtml）

第四节
中国保险市场

一、基本概念

保险是指投保人根据合同约定，向保险人支付保险费，保险人对于合同约定的可能发生的事故因其发生而造成的财产损失承担赔偿保险金责任，或者当被保险人死亡、伤残和达到合同约定的年龄、期限时承担给付保险金责任的行为。保险具有分散风险、组织经济补偿两个基本功能，在现代社会中还具有融通资金的功能。

保险市场是买卖保险即双方签订保险合同的场所。它可以是集中的有形市场，也可以是分散的无形市场。保险市场一般由保险主体、保险商品和保险价格三个要素组成。保险主体由保险人、投保人和保险中介机构构成。保险人是指与投保人订立保险合同，并承担赔偿或者给付保险金责任的保险公司，是保险产品的供给方。保险中介是服务于保险人和投保人之间，为促成保险交易提供中介服务活动并从中依法获取佣金或手续费的组织或个人，包括保险代理人、保险经纪人和保险公估人等。保险商品是保险人向被保险人提供的在保险事故发生时予以经济保障的承诺。保险价格是被保险人为取得保险保障而由投保人向保险人支付的价金。

二、我国保险市场发展现状

我国自1980年开始逐步恢复国内保险业务，目前已基本建立现代保险企业制度和现代保险市场体系。2016年，我国保险业累计实现保费收入3.1万亿元，同比增长27.5%；累计赔款、给付1.1万亿元，同比增长21.2%，其中，财产险赔付同比增长12.7%，人身险赔付同比增长29.2%。

（一）市场经营主体

保险机构专业化、多元化发展，国有控股（集团）公司、股份制公司、政策性公司、专业性公司、外资保险公司等多种组织形式、多种所有制成分并存，公平竞争、共同发展的市场格局初步形成。截至 2016 年上半年，全国保险机构有 200 余家。其中，保险集团公司 11 家，产险公司 78 家，寿险公司 76 家，再保险公司 9 家，保险资产管理公司 22 家，其他公司 4 家。

（二）保险市场产品

保险产品品种不断丰富。人身险方面，除了普通型人寿保险（死亡保险、生存保险、两全保险）外，分红保险、投资连结保险、万能险等收益直接与保险公司投资绩效挂钩、客户与保险人共同承担投资风险的新型险种发展较快，分红保险保费收入在寿险中占比达 80%。财产险方面，主要产品包括车险、企财险、货运险、意外险和责任险，其中车险保费占财产险保费收入的 70%以上。保险业务平稳增长，原保费收入从 1980 年的 4.6 亿元提高至 2016 年的 30 959 亿元。

（三）保险资金运用

保险业资产规模增长较快，全国保险总资产从 1980 年末的不足 4 亿元增至 2016 年末的 15.1 万亿元。保险资金运用渠道多元化，截至 2016 年末，保险资金运用余额 133 910.67 亿元。其中，银行存款 24 844.21 亿元，占比 18.55%；债券 43 050.33 亿元，占比 32.15%；股票和证券投资基金 17 788.05 亿元，占比 13.28%；其他投资 48 228.08 亿元，占比 36.02%。

第五节
中国外汇市场

一、基本概念和历史沿革

外汇市场是外汇交易的场所，是外汇供求关系的总和。外汇市场按照交易方式可以划分为场内市场（交易所）和场外市场（OTC），按照交易主体可以划分为零售市场和银行间市场（交易商市场或批发市场），按照交易品种可以划分为即期市场和衍生产品市场。

1978 年以前，我国对外汇收支实行高度集中的指令性计划管理，没有外汇市场的概念。1979 年开始实行的外汇留成制度，产生了调剂外汇的需要，外汇调剂市场成为我国外汇市场的雏形。1993 年 11 月，中共十四届三中全会提出改革外汇管理体制、建立统一规范的外汇市场。从 1994 年 1 月 1 日起，实行银行结售汇制度，企业、个人符合规定的外汇收支按照市场汇率在银行办理兑换，形成了银行与客户之间的零售外汇市场。为满足银行对客户办理结售汇业务后平补头寸和中央银行汇率调控的需要，1994 年 4 月全国统一的银行间外汇市场——中国外汇交易中心在上海成立运行，交易双方通过外汇交易系统自主匿名报价，交易系统按照“价格优先、时间优先”的原则撮合成交和集中清算。以中国外汇交易中心为平台的银行间外汇市场，不同于以往的外汇调剂中心和外汇调剂市场，它通过计算机系统实现全国联网、统一交易，打破了地区分割。至此，我国建立起由银行结售汇制度为基础的银行零售外汇市场和全国统一的银行间外汇市场构成的双层外汇市场体系。

二、我国外汇市场发展现状

我国外汇市场发展迅速，2016 年上半年，人民币外汇市场累计成交 8.90 万亿美元（日均 742 亿美元），同比增长 21%。其中，银行零售外汇市场和银行间外汇市场分别成交 1.71 万亿美元和 7.20 万亿美元。银行在我国外汇市场参与者中占主导地位，2016 年上半年银行间交易占整个外汇市场的比重为 80.2%。

（一）银行零售外汇市场

企业、个人在银行从事人民币与外汇之间的兑换，即结售汇业务，形成了银行零售外汇市场。银行零售外汇市场的交易品种包括人民币外汇即期/远期、外汇掉期、货币掉期、期权及期权组合，挂牌货币超过 20 种，基本涵盖了我国跨境收支的结算货币。实需交易是银行零售外汇市场的基本规定，即企业、个人（不含年度限额内的结售汇）买卖外汇必须具有真实交易需求背景，符合套期保值原则。

（二）银行间外汇市场

以中国外汇交易中心为主平台的银行间交易，形成了银行间外汇市场，交易需求包括银行对客户办理结售汇业务后相互平补结售汇头寸、银行自营外汇交易以及中央银行汇率调控。银行间外汇市场的交易品种包括人民币外汇即期/远期、外汇掉期、货币掉期和期权，可交易的币种包括人民币对美元交易，人民币对欧元、日元、英镑、澳元、新西兰元、新加坡元、马来西亚林吉特、俄罗斯卢布等的直接交易和人民币对港元、加元交易以及人民币对泰铢的区域交易等共 12 种。

市场参与主体由单一的银行类参与者逐步扩大，符合条件的境内非银行金融机构和境外人民币清算行可以入市交易，还有更多的境外金融机构在跨境贸易人民币结算业务项下与境内银行开展场外外汇交易。

银行间外汇市场采用竞价交易与询价交易并存、声讯经纪与电子平台互补、做市商为主的多元化交易模式。电子竞价交易采用做市商报价驱动与做市商-普通银行撮合相结合、以做市商为主导的竞价机制。在电子询价交易中，具有双边授信关系的交易双方通过外汇交易系统双边直接协商交易要素达成交易，并由具有实力的银行持续提供买、卖双边报价承担做市职能。同时，货币经纪公司为银行间外汇衍生产品交易提供声讯经纪。银行间外汇市场竞价交易采用集中净额清算，询价交易同时采用双边清算与集中净额清算。

金融视野

中国外汇交易中心暨全国银行间同业拆借中心

中国外汇交易中心暨全国银行间同业拆借中心（简称交易中心）于 1994 年 4 月 18 日成立，是中国人民银行总行直属事业单位。主要职能是：为银行间货币市场、债券市场、外汇市场的现货及衍生产品提供交易、交易后处理、信息、基准、培训等服务；承担市场交易的日常监测工作；为中央银行货币政策操作、传导提供服务；根据中国人民银行的授权，发布人民币汇率中间价、上海银行间同业拆放利率（Shibor）、贷款基础利率（LPR）、人民币参考汇率、CFETS 人民币汇率指数等；提供业务相关的信息、查询、咨询、培训服务；办理经中国人民银行批准的其他业务。

第六节
中国衍生金融交易市场

一、基本概念和市场功能

按照1994年7月巴塞尔银行监管委员会发布的《衍生证券风险管理指导条文》的定义，金融衍生产品（也称衍生证券）是一种金融合约，包括远期合约、期货合约、掉期（也称互换）合约以及期权合约，其价值取决于作为基础标的物的资产或指数。尽管某些金融衍生产品的结构极其复杂，但所有金融衍生产品都可划分为期权和远期合约这类基本构件或它们的某种组合。金融衍生产品的使用，可以使金融风险转移给那些更愿意或者更适合承担与管理这些风险的机构。金融衍生产品市场的主要功能是防范风险和投机获利。

金融衍生产品一般具有以下三个较为显著的特征。一是跨期性。金融衍生产品是交易双方约定，在未来某个时间按照一定条件进行交易或选择是否交易的合约。二是杠杆性。金融衍生产品交易往往只需要支付少量保证金或权利金，在放大收益的同时可能放大风险，具有一定的杠杆性。三是联动性。金融衍生产品的价值与基础产品或基础变量紧密联系。基础工具的价格变动及其他相关因素的变化决定了金融衍生产品交易盈亏具有较强的波动性和不确定性。

二、我国金融衍生产品市场发展历程

1992年6月1日上海外汇调剂中心率先推出外汇期货，标志着我国金融衍生产品市场开始起步。此后，我国金融衍生产品市场先后出现了国债期货、股指期货及认股权证等场内交易的衍生产品。但由于当时市场需求严重不足、市场发展不规范，此后陆续暂停。

进入21世纪，随着经济金融的发展以及对外开放进程的加快，在利率市场化改革、人民币汇率形成机制改革不断深化的大背景下，工商企业、金融机构等经济主体面临的利率、汇率波动有所加大，对风险管理和对冲工具的需求日益增加，从而为金融衍生产品的发展创造了客观条件。

2005年以来，银行间市场陆续推出了债券远期和人民币外汇远期等金融衍生产品。

与此同时，伴随着股权分置改革的开展，认股权证等股权类衍生产品开始进入普通投资者的视野。此后，我国金融衍生产品市场特别是场外衍生产品市场取得了较快发展，陆续引入了人民币外汇掉期、人民币外汇期权、远期利率协议、人民币利率互换、信用风险缓释工具等交易品种。这标志着我国的金融衍生产品市场初步建立。

目前，我国初步形成了场内衍生产品市场与场外衍生产品市场相结合的金融衍生产品市场体系。金融衍生产品种类也日益丰富，主要包括利率、汇率、信用、股权、黄金等类别的衍生产品。利率衍生产品包括国债期货、利率互换、债券远期、远期利率协议等；汇率衍生产品包括人民币外汇远期、人民币外汇掉期、人民币外汇期权、外币对衍生产品等；信用衍生产品包括信用风险缓释合约、信用风险缓释凭证及其他用于管理信用风险的简单的基础性信用衍生产品；黄金衍生产品包括黄金期货、黄金远期、黄金掉期等；股权类衍生产品主要是股指期货合约。

思考与实践

想一想

1. 金融市场有哪些功能？
2. 金融市场有哪些构成要素？
3. 货币市场与资本市场有哪些区别和联系？

练一练

1. ［多选］金融市场中几个主要的子市场包括（　　）。

A. 货币市场　　B. 资本市场　　C. 保险市场　　D. 外汇市场

2. ［多选］金融市场与其他市场相比有其特殊性，主要体现在哪些方面？（　　）

A. 市场主体的特殊性　　B. 市场客体的特殊性

C. 交易目的的特殊性　　D. 交易时间的特殊性

3. ［单选］金融机构进行流动性管理的重要场所，主要满足金融机构日常资金的支付清算和短期融通需要的市场是（　　）。

A. 同业拆借市场　　B. 票据市场　　C. 债券回购市场　　D. 大额存单市场

查一查

1. 登录中国债券信息网，查一查它的主要业务有哪些。

2. 登录中国货币网（中国外汇交易中心、全国银行间同业拆借中心）网站，查一查它的主要业务有哪些。

第七章

中国宏观金融调控体系

阅读提示

在前面的章节中，我们已经对金融体系中的金融主体，即金融机构、金融业务和金融市场有了初步的了解。从这一章开始，我们将介绍金融体系中的另一个主要方面：金融生态。如果说对于金融主体，我们主要侧重激发活力、鼓励创新、提高效率，那么从金融生态的角度看，主要是宏观引导、制定规则、提供保障。首先我们从金融调控体系开始。由于这种调控的主体是政府，是站在国家这样的宏观层面开展的，因此通常又称之为“宏观调控”。

开篇提问

什么是宏观调控？金融体系需要宏观调控吗？

第一节
中国宏观金融调控体系概述

1984年，党中央、国务院决定中国人民银行专门行使中央银行职能，中国人民银行从此肩负起金融宏观调控的重大使命。党的十四届三中全会通过的《中共中央关于建立社会主义市场经济体制若干问题的决定》明确提出，“社会主义市场经济必须有健全的宏观调控体系。中央银行以稳定币值为首要目标，调节货币供应总量，并保持国际收支平衡”。党的十六届三中全会通过的《中共中央关于完善社会主义市场经济体制若干问题的决定》进一步提出，“要进一步健全国家计划和财政政策、货币政策等相互配合的宏观调控体系。货币政策要在保持币值稳定和总量平衡方面发挥重要作用，健全货币政策的传导机制”。我国已经初步形成健全稳定的金融宏观调控体系，这对我国宏观经济的长期稳定健康发展发挥了不可或缺的关键作用。

完整的宏观金融调控体系一般包括货币政策目标、货币政策工具、货币政策传导机制三大部分。

货币政策的目标是指中央银行采取各种货币措施所要达到的目的。货币政策目标又可分为最终目标、中介目标和操作目标。货币政策的最终目标，是中央银行组织和调节货币流通的出发点和归宿点，必须服务于国家宏观经济政策的总体目标。操作目标也可称为近期中介目标，是指中央银行的货币政策工具可以直接控制并影响的中介目标变量。货币政策中介目标处于最终目标和操作目标之间，是中央银行通过货币政策操作和传导后能够以一定的精确度达到的政策变量。中央银行根据宏观经济状况制定货币政策策略，通过货币政策工具影响操作目标，操作目标进而影响中介目标，在此过程中，中央银行能够获取操作目标和中介目标的数据，预测货币政策实施效果，实时对货币政策工具操作进行调整，实现货币政策的最终目标。

中央银行为达到货币政策目标，需要一套行之有效的调控工具来保证其实现。货币政策工具是中央银行为达到货币政策目标而采取的货币手段、措施和方法。目前，可供中央银行运用的调控政策主要有三类：一般性工具、选择性工具和其他工具。

货币政策传导机制是指货币管理当局确定货币政策之后，从选用一定的货币政策工具进行操作开始到实现最终目标，所经过的各种中间环节和相互之间的有机联系及因果关系的总和。也就是说，中央银行运用货币政策工具，首先对金融机构和金融市场产生影响，最终传导到企业和居民，影响经济的生产、投资、消费等行为，通过以上一系列传导过程最终达到货币政策目标。

第二节
中国货币政策目标体系

一、货币政策的最终目标

宏观经济调控目标一般为价格稳定、经济增长、充分就业和国际收支平衡。在具体政策实施中，这些目标短期内往往存在一定矛盾。

对于任何一个国家，上述各种目标往往不能同时兼顾。最明显的是稳定物价与充分就业之间、经济增长与平衡国际收支之间存在相当严重的矛盾。如何在这些相互冲突的目标中作出适当的选择，是各国中央银行制定货币政策时的两难选择。许多人认为，中央银行必须对通货膨胀的上升负责，因此，中央银行业应把稳定物价作为其主要目标。也有的学者认为，应该以经济增长目标为先，可以容忍一定程度的通货膨胀或者失业。现实中，各国中央银行在确定货币政策目标时，通常是采取相机抉择的办法，即不是按照一个固定不变的模式，而是根据当时的社会经济状况，选择重点目标或优先实现的目标，进行适应当时情况的目标组合，甚至为达到重点目标以暂时牺牲另一些目标为代价。因此，不同的国家货币政策目标间存在差异，并且在不同的发展阶段也有所变化。

1995 年 3 月 18 日第八届全国人民代表大会第三次会议通过的《中国人民银行法》规定，我国的货币政策目标应该是：保持货币币值的稳定，并以此促进经济增长。这从法律上确立了币值稳定在货币政策目标中的首要地位。但是由于我国经济现实的复杂性，中央银行在货币政策的具体实践中，需要兼顾经济增长、充分就业、国际收支平衡等多个目标，在不同时期和阶段会及时调整政策方向。

二、货币政策的操作目标

货币政策的操作目标是指中央银行的货币政策工具可以直接控制并影响的目标变量。具体有以下几种：

（一）存款准备金

由商业银行的库存现金和在中央银行的准备金存款构成的存款准备金，可以作为货币政策的近期中介目标。存款准备金具有可控性和可测性较强的优势。存款准备金中的法定存款准备金部分体现在中央银行的资产负债表上，超额存款准备金也较容易测算。但是存款准备金在距离最终目标的传导过程中，存在较大的不确定性，作为中介目标的预测功能较弱。

（二）基础货币

基础货币又称高能货币，是指处于流通界公众持有的现金及金融机构持有的存款准备金的总和。它能创造数倍于自身货币的货币供应量。以基础货币作为近期中介指标，能较好地满足可测性、可控性和相关性的要求。首先，基础货币的可测性高。一方面，基础货币有着明显的内涵和外延，在性质上是一种高能货币，其范围就是流通中现金和金融机构的存款准备金；另一方面，在统计资料的获取上，由于基础货币表现为中央银行的负债，这样可以从中央银行的统计表中及时、准确地获取它的数据。其次，基础货币的可控性强。一是流通中的现金，其发行都集中统一在中央银行，并且其发行渠道由中央银行贷款直接控制；二是金融机构存款准备金直接接受中央银行“三大法宝”的控制。可见，控制货币作为近期中介指标，中央银行可以按其政策意愿能动而有效地进行控制。但是，由于决定货币供应量的因素，除了基础货币还有货币乘数，当货币乘数发生不可预测的变动时，基础货币对于预测最终目标是否能够实现的功能将大大受到影响。

（三）短期利率

短期利率的代表是银行间同业拆借利率。同业拆借市场是货币市场的基础，其利率是整个货币市场的基准利率。同业拆借利率的变动情况中央银行可以较方便地获得，具有较强的可测性。同时，同业拆借利率可以被中央银行通过公开市场业务操作、贴现窗口借款量的规定等手段作用和影响，以贯彻中央银行货币政策意图。

作为操作目标，短期利率的优点在于：一是受货币供应量和中央银行再贴现率的影响，可以影响货币供求和投资行为，进而影响社会经济活动；二是短期利率与货币供求关系有较高的相关程度，能较好地传递货币政策的意愿。许多发达国家都把短期利率作为货币政策的操作目标。

虽然中国人民银行并没有正式确立和公开货币政策的操作目标，但在货币政策操作中，会重点监测两项指标：一是商业银行的超额准备金率，二是货币市场同业拆借利率或债券回购利率。

三、货币政策的中介目标

（一）货币供应量

货币供应量是指一定时点上的货币存量，按其流动性差异，可以分为 M0（现金）、M1（现金加活期存款）和 M2（现金加活期存款及定期存款）等层次的供应量。货币供应量作为中介指标，首先，各层次的货币供应量指标分别反映在中央银行和商业银行及其他金融机构的资产负债表内，每一层次都有明确的内涵和范围界定，可以及时进行量的测算和分析，具有满足选择中介指标可测性要求的特点。其次，就三个层次货币供应量指标的可控性而言，M0 是直接由中央银行发行并注入流通，其可控性最强，M1 和 M2 尽管并不是由中央银行直接控制，但商业银行负债要靠中央银行负债支撑，只要中央银行控制住基础货币的投入量，就能影响商业银行的信用派生能力，进而间接地控制 M1 和 M2 的货币供应量。因此，各层次货币供应量都能为中央银行所直接或间接地控制，能满足可控性的要求。最后，各层次货币供应量同调控政策和最终目标具有密切相关的关系，只要中央银行将各层次的货币供应量控制在适度水平，也就控制住了一定时期的社会总需求，从而促进物价的基本稳定。1975 年，国际货币基金组织（IMF）建议各成员国（主要是发展中国家）以货币供应量为货币政策的中介目标，并提出该项指标应由货币当局每年预先公布，严格执行。

金融视野

货币政策中介目标的演进

自从 1984 年中国人民银行成立，货币政策中介目标的演进经历了三个阶段。第一阶段是 1984—1993 年。信贷规模和现金供应量一直是我国采用的主要的中介目标。但是，随着经济、金融体制的改革，信贷规模已不宜再作为我国货币政策的中介目标。1993 年，我国中央银行首次向社会公布货币供应量指标，但当时还存在严格的信贷规模控制，货币供应量目标还未正式确定为货币政策中介目标。第二阶段是 1994—1997 年。央行逐渐将货币供应量确立为中介目标，减弱对人民币信贷规模的控制，且不再将现金发行作为中介指标。到 1996 年，正式确定控制 M1 和 M2 为货币政策的中介目标。1998 年，商业银行资产负债比例管理取代信贷规模管理，货币供应量作为中介目标的地位最终确立。第三阶段是 1998 年至今。中央银行继续采取货币供应量为货币政策的中介目标，并将人民币信贷规模作为经常性的监测指标。货币供应量与新增人民币贷款及我国融资结构特点和金融宏观调控方式、水平相适应，因此有效调节了经济运行，较好地支持了货币政策最终目标的实现。

（二）利率

尽管货币供应量作为中介对于通货膨胀曾经在各国都发挥了巨大的作用，但是随着一些发达国家金融创新不断深化，货币供应量与最终目标的联系越来越弱。美国和一些西方国家为实现反通胀目标，逐步放弃了数量型中介目标，转向价格型中介目标。M2 银行贷款和社会融资规模都是数量型中介目标，随着央行的政策方向逐渐从数量型工具转移到价格型工具，它们作为货币政策参考目标的重要性都将逐渐下降。长期来看，我国将完善以利率为中介目标的货币政策传导机制，以货币市场利率、中期借贷便利利率、常备借贷便利利率为目标建立利率走廊。

（三）社会融资总量

近年来，随着我国金融市场的快速发展，新的融资工具大量出现，直接融资占比不断提高，融资渠道日益多样化，金融机构资产端种类越发多元化，新增人民币贷款已经不能准确反映实体经济的融资规模。如果只控制贷款规模，其他方式的融资就可能较快增长，出现“按下葫芦浮起瓢”的现象，削弱金融宏观调控的效果。2010 年 12 月召开的中央经济工作会议明确提出，要保持合理的社会融资规模。社会融资规模衡量的是一定时期内实体经济以金融为媒介获得的全部资金总额。由四部分组成：一是银行新增贷款，二是银行表外信用，三是直接融资，四是以其他方式向实体经济提供的资金支持。相较于新增贷款指标。社会融资规模增量指标涵盖了更广泛的融资渠道，包括间接融资和直接融资、表内融资和表外融资、传统业务和创新业务等。2016 年的《政府工作报告》首次提出了社会融资规模的调控目标，即“今年广义货币 M2 预期增长 13%左右，社会融资规模余额增长 13%左右”。2016 年年中召开的中共中央政治局会议，也首次提出“要引导货币信贷和社会融资合理增长”。

社会融资规模指标是货币供应量的有益补充。我国金融市场发展程度尚不充分，货币政策的传导依然较大程度依赖于信贷渠道，因此既要关注 M2，也要关注社会融资规模指标。社会融资规模存量是 M2 的有益补充，有助于我国更充分地掌握货币政策调控效果，促进金融宏观调控更加科学合理。

第三节
中国货币政策工具

一、公开市场业务

公开市场业务是指中央银行在金融市场上公开买卖有价证券，借以控制和影响货币供应量的一项政策措施。按照《中华人民共和国中国人民银行法》的规定，我国中央银行公开市场业务的主要范围是指在公开市场上买卖国债及其他政府债券和外汇。我国中央银行的公开市场业务开展较晚，这主要是因为过去我国的金融市场不发达，金融产品单一，规模较小，缺乏公开市场业务的基础。

在多数发达国家，公开市场操作是中央银行吞吐基础货币、调节市场流动性的主要货币政策工具，通过中央银行与市场交易对手进行有价证券和外汇交易，实现货币政策调控目标。中国公开市场操作包括人民币操作和外汇操作两部分。外汇公开市场操作于 1994 年 3 月启动，人民币公开市场操作于 1998 年 5 月 26 日恢复交易，规模逐步扩大。1999 年以来，公开市场操作发展较快，目前已成为中国人民银行货币政策日常操作的主要工具之一，对于调节银行体系流动性水平、引导货币市场利率走势、促进货币供应量合理增长发挥了积极的作用。

中国人民银行从 1998 年开始建立公开市场业务一级交易商制度，选择了一批能够承担大额债券交易的商业银行作为公开市场业务的交易对象。近年来，公开市场业务一级交易商制度不断完善，先后建立了一级交易商考评调整机制、信息报告制度等相关管理制度，一级交易商的机构类别也从商业银行扩展至证券公司等其他金融机构。

从交易品种看，中国人民银行公开市场业务债券交易主要包括回购交易、现券交易和发行中央银行票据。其中回购交易分为正回购和逆回购两种：正回购为中国人民银行向一级交易商卖出有价证券，并约定在未来特定日期买回有价证券的交易行为，正回购为央行从市场收回流动性的操作，正回购到期则为央行向市场投放流动性的操作；逆回购为中国人民银行向一级交易商购买有价证券，并约定在未来特定日期将有价证券卖给一级交易商的交易行为，逆回购为央行向市场上投放流动性的操作，逆回购到期则为央行从市场收回流动性的操作。现券交易分为现券买断和现券卖断两种：前者为央行直接从二级市场买入债券，一次性地投放基础货币；后者为央行直接卖出持有债券，一次性地回笼基础货币。中央银行票据即中国人民银行发行的短期债券，央行通过发行央行票据可以回笼基础货币，央行票据到期则体现为投放基础货币。

根据货币调控需要，近年来中国人民银行不断开展公开市场业务工具创新。2013 年 1 月，立足现有货币政策操作框架并借鉴国际经验，中国人民银行创设了“短期流动性调节工具”（Short-term Liquidity Operations，SLO），作为公开市场常规操作的必要补充，在银行体系流动性出现临时性波动时相机使用。这一工具的及时创设，既有利于央行有效调节市场短期资金供给，熨平突发性、临时性因素导致的市场资金供求大幅波动，促进金融市场平稳运行，也有助于稳定市场预期和有效防范金融风险。

二、存款准备金

存款准备金是指金融机构为保证客户提取存款和资金清算需要而准备的资金。金融机构按规定向中央银行缴纳的存款准备金占其存款总额的比例就是存款准备金率。存款准备金政策是指中央银行在法律赋予的权力范围内，通过规定或调整商业银行缴存中央银行的存款准备金比率，以影响商业银行的超额准备金，影响金融机构的信贷资金供应能力，间接地控制社会货币供应量，从而间接调控货币供应量。中国人民银行规定，所有在中华人民共和国境内吸收存款并发放贷款的金融机构应向中央银行交存存款准备金。目前，交存存款准备金的金融机构包括中国农业发展银行、国有控股商业银行、全国性股份制商业银行、城市商业银行、农村商业银行、农村合作银行、城市信用社、农村信用社、村镇银行、企业集团财务公司和金融租赁公司以及有关外资金融机构。

我国从 1984 年开始建立存款准备金制度，最初对不同金融机构实施不同的存款准备金率。1985 年开始对所有金融机构实施统一的存款准备金率。一直到 20 世纪 90 年代末，我国存款准备金制度的主要功能不是调控货币总量，而是集中资金用于央行再贷款。因此，长期以来，我国一直维持着较高的准备金利率和超额准备金（又称备付金）利率。2003 年以来，金融机构贷款进度较快，部分银行扩张倾向明显。一些贷款扩张较快的银行，资本充足率及资产质量等指标有所下降。因此，借鉴国际上依据金融机构风险状况区别对待和及时校正措施的做法，中国人民银行从 2004 年 4 月 25 日起对金融机构实行差别存款准备金率制度，有利于抑制资本充足率较低且资产质量较差的金融机构盲目扩张贷款，防止金融宏观调控中出现“一刀切”。差别存款准备金率制度的总体思路是：金融机构适用的存款准备金率与其资本充足率、资产质量状况等指标挂钩。金融机构资本充足率越低、不良贷款比率越高，适用的存款准备金率就越高；金融机构资本充足率越高、不良贷款比率越低，适用的存款准备金率就越低。2011 年，在差别存款准备金制度的基础上，实施差别存款准备金动态调整机制。它通过控制资本总量和结构来加大风险监控力度，实现抑制顺周期系统性风险积累的目的。

理论上，存款准备金率不适宜经常调控，大多数发达国家都不经常调整存款准备金率。但由于我国经济的特殊性以及复杂性，我国央行对存款准备金率使用频率高于许多发达国家。尤其是2003年以来，我国国际收支持续顺差，外汇占款导致的货币供应量持续放大，进而导致流动性过剩，存款准备金率适应货币政策实际操作需求，发展为常规的、与公开市场操作互为搭配的流动性管理工具，对控制流动性过快增长发挥了重要作用。

三、再贴现和再贷款

（一）再贴现

再贴现是中央银行对金融机构持有的未到期已贴现商业汇票予以贴现的行为。在我国，中央银行通过适时调整再贴现总量及利率，明确再贴现票据选择，达到吞吐基础货币和实施金融宏观调控的目的，同时发挥调整信贷结构的功能。

1986年，针对当时经济运行中企业之间严重的货款拖欠问题，中国人民银行下发了《中国人民银行再贴现试行办法》，决定在北京、上海等十个城市对专业银行试办再贴现业务。1995年末，中国人民银行规范再贴现业务操作，开始把再贴现作为货币政策工具体系的组成部分，并注重通过再贴现传递货币政策信号。1998年以来，为适应金融宏观调控由直接调控转向间接调控，加强再贴现传导货币政策的效果、规范票据市场的发展，中国人民银行出台了一系列完善商业汇票和再贴现管理的政策。改革再贴现、贴现利率生成机制，使再贴现利率成为中央银行独立的基准利率，扩大再贴现的对象和范围，把再贴现作为缓解部分中小金融机构短期流动性不足的政策措施。2008年以来，为有效发挥再贴现促进结构调整、引导资金流向的作用，中国人民银行进一步完善再贴现管理：适当增加再贴现转授权窗口，以便于金融机构尤其是地方中小金融机构法人申请办理再贴现；通过票据选择明确再贴现支持的重点，对涉农票据、县域企业和金融机构及中小金融机构签发、承兑、持有的票据优先办理再贴现；进一步明确再贴现可采取回购和买断两种方式，提高业务效率。

我国再贴现政策设立之初，仅仅是为了解决商业银行流动性不足的难题，中央银行将商业银行持有的未到期的商业票据进行贴现，从而为其提供融资支持。随着业务的不断拓展，它已演变成一种常用的货币政策工具，目的是影响商业银行的融资成本和起到告示作用。中央银行通过限额管理的方式向金融机构投放基础货币、注入流动性，降低再贴现率以刺激经济增长，提高再贴现率以抑制经济增长。

再贴现作为中央银行的重要货币政策工具，在完善货币政策传导机制、促进信贷结构调整、引导扩大中小企业融资、推动票据市场发展等方面发挥了重要作用。但是2001年下半年以来，我国再贴现业务明显萎缩，而且从功能发挥的状况来看，再贴现政策并没有存款准备金率、公开市场业务等工具常用。

（二）中央银行贷款

中央银行贷款是指中央银行对金融机构的贷款，简称再贷款，是中央银行调控基础货币的渠道之一。中央银行通过适时调整再贷款的总量及利率，吞吐基础货币，促进实现货币信贷总量调控目标，合理引导资金流向和信贷投向。

我国中央银行规定，凡经中央银行批准，持有《经营金融业务许可证》，在中国人民银行单独开立账户的商业银行及其他金融机构，在信贷资金营运基本正常、还款资金来源有保证的条件下，均可向中央银行申请办理再贷款。

自 1984 年中国人民银行专门行使中央银行职能以来，再贷款一直是我国中央银行的重要货币政策工具。近年来，为适应社会经济的发展，金融宏观调控方式由直接调控转向间接调控，再贷款所占基础货币的比重逐步下降，结构和投向发生重要变化。新增再贷款主要用于促进信贷结构调整，引导扩大县域和“三农”信贷投放。

再贷款政策的实质是中央银行通过限额管理的方式对各类金融机构进行基础货币发放的一种有效渠道，通过控制再贷款利率以及再贷款总量来控制货币供应量，从而实现宏观调控的目标。再贷款政策与再贴现政策的实施比较相似，最近这几年，随着我国宏观调控的方式逐渐转变为间接调控，再贷款已较少被提及。

四、利率政策

我国中央银行利率政策发挥作用的途径同西方国家有一定的区别。西方国家通过设定目标利率，在公开市场上增加或者减少准备金的供给进而影响市场利率。这个机制是在金融市场较发达的情况下发生的。我国金融市场不发达，对利率的管理处于国家管理与市场调节相结合的阶段，而且在市场不发达的条件下，国家也需要通过利率管理对利率进行直接控制。我国利率主要有三个层次：第一个层次是中央银行对商业银行的存贷款利率；第二个层次是商业银行对客户的存贷款利率；第三个层次是金融市场的利率。其中第一个层次的利率就是作为货币政策调控工具的基准利率。

目前，中国人民银行采用的利率工具主要有：(1) 调整中央银行基准利率，包括：再贷款利率，指中国人民银行向金融机构发放再贷款所采用的利率；再贴现利率，指金融机构将所持有的已贴现票据向中国人民银行办理再贴现所采用的利率；存款准备金利率，指中国人民银行对金融机构交存的法定存款准备金支付的利率；超额存款准备金利率，指中央银行对金融机构交存的准备金中超过法定存款准备金水平的部分支付的利率。(2) 调整金融机构法定存贷款利率。(3) 制定金融机构存贷款利率的浮动范围。(4) 制定相关政策对各类利率结构和档次进行调整等。

近年来，中国人民银行加强了对利率工具的运用。利率调整逐年频繁，利率调控方式更为灵活，调控机制日趋完善。随着利率市场化改革的逐步推进，作为货币政策主要手段之一的利率政策将逐步从对利率的直接调控向间接调控转化。利率作为重要的经济杠杆，在国家宏观调控体系中将发挥更加重要的作用。

五、窗口指导

窗口指导是指中央银行对主要金融机构的指导，要求其把贷款增加额限制在适当的范围之内。窗口指导在不同时期有不同的内容，有时称“贷款增加额限制”，有时又称“资金运用平衡量指导”，其直接限制效果快速、有效，其目的是调节银行信用的总量。在金融紧缩期或市场机制不能完全起作用的条件下，窗口指导作为一种调控政策有着重要的作用。从实施效果来看，窗口指导对于促进货币信贷总量平稳增长和贷款结构优化发挥了积极作用。

金融视野

货币政策新型工具

由于我国金融体制正处于深刻变革当中，国际金融市场也常常发生预期外的变化，因此中央银行的货币政策工具不能仅限于以上几种类型，还需要设定灵活机动的条款，以便于及时采取多种货币政策工具，确保货币政策目标的实现。根据近来实际情况，比较常用的新型货币政策工具有常备借贷便利、中期借贷便利、抵押补充贷款、临时流动性便利等。

1. 常备借贷便利

从国际经验看，中央银行通常综合运用常备借贷便利和公开市场操作两大类货币政策工具管理流动性。借鉴国际经验，中国人民银行于2013年初创设了常备借贷便利(Standing Lending Facility，SLF)。它是中国人民银行正常的流动性供给渠道，主要功能是满足金融机构期限较长的大额流动性需求，对象主要为政策性银行和全国性商业银行，期限为1～3个月，利率水平根据货币政策调控、引导市场利率的需要等综合确定。常备借贷便利以抵押方式发放，合格抵押品包括高信用评级的债券类资产及优质信贷资产等。

常备借贷便利的主要特点：一是由金融机构主动发起，金融机构可根据自身流动性需求申请常备借贷便利；二是常备借贷便利是中央银行与金融机构“一对一”交易，针对性强；三是常备借贷便利的交易对手覆盖面广，通常覆盖所有存款金融机构。

2. 中期借贷便利

2014年9月，中央银行创设了中期借贷便利（Medium-term Lending Facility，MLF)。MLF是中央银行提供中期基础货币的工具，操作对象是符合要求的商业银行以及政策性银行，可通过招标方式开展；它采取质押方式发放，质押品为国债、央行票据、政策性金融债、高等级信用债等优质债券。MLF的申请流程类似于SLF，其实质是可展期的中期SLF，操作期限通常为3个月，到期之前可以重新约定利率展期。中央银行对MLF对应的贷款发放对象有一定要求，要向“三农”和小微贷款投放。

3. 抵押补充贷款

我国中央银行于2014年4月首次创设新型货币政策工具——抵押补充贷款（Pledged Supplementary Lending，PSL）。PSL是指中央银行向商业银行提供货币供应量的时候采取抵押的方式发放贷款，高信用评级的债券以及优质信贷等资产都可以被用于抵押。它是一种基础货币投放工具，和再贷款政策非常类似。但PSL比再贷款具备更多优势：第一，再贷款是信用贷款，PSL有抵押物，有稳定的还款来源，利率较低，操作方式符合国际惯例；第二，再贷款对市场利率没有引导作用，PSL的交易利率则可以作为利率走廊的上限。

中央银行推出PSL的目的如下：第一，在外汇占款降低的背景下，开发出新的基础货币投放方式，增加相关领域的流动性；第二，引导市场上中长期利率的形成，以便降低融资成本；第三，我国一些基础设施和民生类的信贷项目获利能力有限，需要一定的信贷政策倾斜，PSL能够提供低成本资金，引导商业银行向这些领域投入，降低基础设施和民生类项目的融资成本。

4. 临时流动性便利

2017年1月20日中国人民银行推出临时流动性便利工具（Temporary Liquidity Facilities，TLF），通过“临时流动性便利”为在现金投放中占比高的几家大型商业银行提供临时流动性支持。推出TLF的目的是保障春节前现金投放的集中性需求，促进银行体系流动性和货币市场平稳运行。TLF操作期限为28天，不需要抵押物，属于信用融资，资金成本与同期限公开市场操作利率大致相同，操作利率接近于同业拆借市场利率。这一操作可通过市场机制更有效地实现流动性的传导。TLF类似于临时降准，强调的是对金融机构的临时流动性支持，并且对于中央银行而言成本高于降准，强调提供临时流动性支持。如果市场并不是临时需要流动性，降准工具的运用则优于TLF。

第四节
中国货币政策传导体系

一、信贷传导机制

信贷传导机制理论是指货币政策工具作用于商业银行的信贷供应量，从而影响货币政策最终目标的传导机制。例如：存款准备金率提高，或者控制信贷总量，将降低商业银行的流动性，减少商业银行对企业和个人的贷款，进而影响投资和消费需求。以扩张性货币政策为例，货币政策的银行信贷传导途径是：扩张性货币政策→货币供应量上涨→贷款规模扩大→投资和消费上涨→产出增加。在金融市场发达程度不高的条件下，信贷传导机制是货币政策的主要传导渠道。

近年来，金融创新迅速发展，金融市场规模也不断扩大，货币政策变动之后，商业银行通过各类证券投资类业务的方式来减弱政策工具的作用效应，资金的需求方也能够通过直接金融市场获取融资，这些都弱化了信贷传导机制的作用效果。此外，金融机构和国有企业改革不断推进。国有商业银行已经成为具有现代化管理制度框架的金融企业，并且建立了多层次的金融机构体系；国有企业也改革成为具有现代公司治理结构的企业。微观主体对货币政策信贷渠道传导的敏感度增强，使得货币政策信贷渠道的有效性有所提高。

二、利率传导机制

利率传导机制是指中央银行通过影响利率进一步影响实体经济，最终达到货币政策目标的传导机制。以紧缩性货币政策为例，中央银行通过一系列政策工具使利率上升，进而减少企业和个人的投资和消费行为，达到货币政策最终目标。其作用机制可以归结为：紧缩性货币政策→利率上涨→投资或消费减少→产出减少。

利率渠道通常在金融市场较为发达的环境中能够发挥较为显著的作用。我国在利率政策的执行当中，一方面可以直接调整存贷款基准利率，另一方面可以通过存款准备金制度和公开市场业务等政策工具影响市场利率。随着我国利率市场化进程的加快和金融市场的发展，利率渠道在我国发挥着越来越重要的作用。

经过多年的努力，我国已经全面实现了货币市场和债券市场利率的市场化，存贷款利率浮动已经不设限制。利率市场化目标初步实现，金融机构自主定价空间明显拓宽，微观主体对利率的敏感性不断增强。这些都有效地提高了利率传导机制的作用效率。

三、资产价格传导机制

资产价格传导渠道的理论依据主要来自托宾的Q理论和财富效应。托宾的Q理论认为，货币政策会影响资产价格，进一步影响企业的投资决策。Q值被定义为企业的市场价值与资本重置成本之比，当Q值较大时，企业的市场价值相对于资本重置成本而言就较高，企业就会通过发行少量股票的方式筹集合意规模的资金用于购置厂房和设备，企业的投资就会增加。以扩张性货币政策为例，货币政策Q效应传导途径是：扩张性货币政策→股价上涨→Q增加→投资增加→产出增加。财富效应认为，受货币政策影响，消费者持有的资产会发生增值或者贬值，消费者可能因此调整消费决策，进而影响实体经济。以扩张性货币政策为例，货币政策的财富效应传导途径如下：扩张性货币政策→股价上涨→财富增加→消费增加→产出增加。

随着我国股票市场、债券市场等金融市场的发展，企业通过股票市场和债券市场进行直接融资的渠道越来越多，货币政策传导的资产价格效应也越来越显著。在居民的财富构成中，金融资产的比重越来越大，当货币政策发生变动时，拥有大量金融资产的居民将会改变消费决策，进而对国民经济产生影响。根据财富效应理论，货币政策在我国的资产价格渠道中通过居民产生的作用也越来越显著。

四、汇率传导机制

汇率传导渠道指的是货币政策通过影响汇率水平，进而影响净出口和总产出水平。以扩张性货币政策为例，货币政策的汇率传导途径是：扩张性货币政策→利率下降→本币贬值、外币升值→净出口增加→产出增加。在经济全球化的趋势下，汇率传导渠道在货币政策传导过程中将会发挥越来越重要的作用。

近年来，我国人民币汇率市场化进程不断加快，外汇市场交易主体范围不断扩大，外汇市场交易机制不断健全，跨境资本流动日益频繁，汇率对货币政策作用的反应程度越来越敏感，货币政策的汇率传导渠道也越来越顺畅。

思考与实践

想一想

1. 我国货币政策有哪些目标？它们之间是什么关系？
2. 我国货币政策有哪些工具？分别在什么场合下适用？
3. 我国主要的货币政策传导机制有哪些？

练一练

1. ［多选］完整的宏观金融调控体系一般包括（　　）。

A. 货币政策战略　　B. 货币政策目标
C. 货币政策工具　　D. 货币政策传导机制

2. ［多选］下列不属于可供中央银行运用的调控政策是（　　）。

A. 正向性工具　　B. 反向性工具
C. 一般性工具　　D. 选择性工具

3. ［单选］货币政策的操作目标不包括（　　）。

A. 存款准备金　　B. 基础货币　　C. 长期利率　　D. 短期利率

查一查

登录中国人民银行网站，点击“货币政策”栏目，浏览该栏目下的最新内容。

第八章

中国金融监管体系

阅读提示

一场精彩的比赛离不开高水平的运动员，同样也离不开高水平的裁判员。金融监管就是金融体系中的裁判员。与宏观调控主要侧重引导、调控不同，金融监管的主要手段是维护金融运行秩序，保证金融主体遵守法律法规，并依法依规对违反者进行处罚、惩戒。

开篇提问

什么是金融监管？金融监管的目的是什么？

第一节
中国金融监管体系概述

一、我国金融监管体系概述

（一）金融监管

金融监管是金融监督与金融管理的合称。金融监督是指金融监管当局对金融机构实施全面的、经常性的检查和督促，并以此促使金融机构依法稳健地经营、安全可靠和健康地发展。它是金融监管当局依法对金融机构及其经营活动实行领导、组织、协调和控制等一系列的活动。金融业高度发达的国家和地区十分重视金融监管信息系统的建设，以提高金融监管的效率和质量。

目前，我国实行的是以中国人民银行、银监会、证监会、保监会（“一行三会”）为主的金融业分立监管体制，并建立了银、证、保三方的“监管联席会议机制”，同时通过金融稳定发展委员会加强“一行三会”之间的监管协调。

（二）我国金融监管体系发展历史

从 1949 年到 1978 年，我国实行的是高度集中的计划经济体制。在这一体制下，金融的运行主要靠国家编制计划，通过金融机构的严格执行来实现，信贷的数量和投向、利率等都由国家计划确定，政府支配银行全部剩余并承担全部经济风险。因此这一阶段几乎不存在金融监管，虽然也要检查计划执行情况，但绝非现代意义上的金融监管。

我国的现代金融宏观调控体系是在改革开放后逐渐形成和建立起来的，这一过程学界普遍认为可分为两个阶段。

第一阶段是中国人民银行统一监管时期（1978—1991 年）。在这一时期，中国的经济体制改革以农村为突破口，并慢慢转向宏观经济领域。金融领域的改革，使我国的金融体制发生了结构性的变化。中、农、工、建四大国有商业银行恢复营业，以招商银行和华夏银行为代表的一批商业银行相继成立，实现了金融机构的多元化，中国人民银行开始作为中央银行行使各个方面的职能。1986 年 1 月国务院颁布了《中华人民共和国银行管理暂行条例》，确定中国人民银行是国务院领导和管理全国金融事业的国家机关，是国家中央银行。在专门行使中央银行职能初期，中国人民银行以货币政策为工作核心，以调节货币供应量作为货币政策的主要中介目标，依靠行政手段管理金融以保证货币政策目标的实现。应当说，在这一阶段中国人民银行对金融业的管理，对加强宏观经济调控和促进国民经济发展都起到了积极的作用。

第二阶段是分业监管时期（1992 年至今）。在这一时期我国金融业分业监管体制逐步建立和完善。随着金融机构种类多样化和金融业务品种的多元化，证券市场、保险市场快速发展，以及分业经营格局的基本形成，原有的监管体制已经不适应新的金融格局和加强金融管理的要求了。

1992 年中国证券监督管理委员会成立，专门负责对证券业的监管。1998 年中国保险监督管理委员会成立，专门负责对保险业的监管。同时，中国人民银行将证券机构和保险业的监管工作分别移交给中国证券监督管理委员会和中国保险监督管理委员会。

2003 年 4 月 28 日，中国银行业监督管理委员会挂牌。随着银监会第一号公告的发布，中国人民银行多年来集货币政策制定和银行监管于一身的“大一统”时代宣告结束。

至此，我国初步形成了中国人民银行、证监会、银监会、保监会四机构分工负责，相互协作的金融监管体系。其中，银监会负责监管商业银行、政策性银行、信托投资公司、资产管理公司、农村信用社等存款类金融机构；证监会负责监管证券公司；保监会负责监管政策性保险公司和商业性保险公司。各监管机构都在各省市设有派出机构。这一改革进一步增强了中央银行的独立性，同时明晰了银行、保险、证券分业监管的框架，有利于各监管部门提高专业监管水平和监管效率，从而提高我国金融监管的整体水平。

2017 年 7 月 14—15 日召开的中央金融工作会议，在金融监管层面，强调加强金融监管协调、补齐监管短板，将设立国务院金融稳定发展委员会，强化央行宏观审慎管理和系统性风险防范职责，落实金融监管部门的监管职责，并强化监管问责。

二、我国金融监管体系发展现状

（一）现阶段面临的主要问题

现阶段，我国实行的分业监管模式专业化优势较为突出，便于分散风险，而这一点亦导致了监管协调中的深层次问题。中国加入 WTO 以后，面对来自混业经营、金融创新、网络金融的挑战，这一问题更加突出。

1. 监管机构协调性差

从金融监管机构的设置来看，我国基本上属于分业监管模式。但是，这些部门的职责缺乏严格的界定，相互间缺乏协调。在实际操作中，常常导致监管过程脱节、多头、分散，使监管环节出现诸多漏洞，不能很好地发挥作用，从而导致无效监管。

2. 监管法律体系不完善

我国现行的金融监管体系与市场经济体制、金融改革和发展、现代金融监管理念的要求还有相当大的差距。

3. 监管的有效性不强

金融机构在进行自律监管和内部控制时，看似比较完善，但实际上受各种因素影响过多，并且监管机构的机制也很不健全，难以保证金融体系的稳定和健康发展，一定程度上浪费了有限的监管资源，影响了监管的效果和质量。

4. 监管独立性不够

在有效的银行监管体系下，参与银行监管的各个机构要有明确的责任和目标，并应享有操作上的自主权和充分的资源。我国银监会作为国务院下属机构，在业务操作、制定和执行政策、履行职责时，较多地服从政府甚至财政部的指令，银监会分支机构在实际监管中很难不受地方政府的制约。当监管机构的监管行为触动地方政府的利益时，地方政府往往会对监管机构施加压力，从而弱化了监管作用。

5. 分业监管模式存在弊端

第一，分业监管难以对金融业做到统一监管。目前，我国由于各个监管机构的监管目标和指标体系不同，相应的操作方式也不相同，造成信息不对称，由此得出的监管结论也不同。第二，我国目前虽然实行的是分业监管体制，但金融机构、金融市场、金融业务的综合经营是将来金融业发展的趋势。第三，分业监管通常成本很高，效率却不高，在一定程度上造成了浪费，这种监管部门不从全局考虑的监管方式限制了金融领域的创新活力，大大影响了金融市场的效率。

6. 金融机构自律监管不足

金融机构自律监管是抗御金融风险的基础和关键，我国的金融监管是以监管当局的外部监管为主，而忽视了金融机构自身的内部控制。因此，促成建立和维护一个稳定、健全和高效的内部监管机制势在必行。

（二）完善金融监管体系的对策

1. 建立和完善金融稳定协调机构

通过立法使金融监管向法制化发展，使各部门工作做到统一、协调，对银监会、证监会、保监会三个监管机构进行整合，建立定期磋商制度，及时交流监管信息，做到协调统一，解决政策协调和配合问题。加强对监管机构的监督，建立监管机构的联动协调机制，促使其正常监管、有效监管。

2. 建立和完善金融监管法律体系

国家应尽快出台能够涵盖各类金融业务，具有严密性、配套性和协调性的监管法律体系，增强其可操作性。针对我国金融监管法律体系不健全问题，明确监管的具体程序及具体措施，以及金融机构内部控制的监管，可从两个方面入手：第一，完善金融立法，使法律有效地运用于监管体系中；第二，严格金融执法，加强执法人员的道德素质，加大执法力度，消除一切不合理因素，推动经济和金融健康有序地发展。

3. 充分发挥银监会的监督作用

只有充分利用银监会的力量进行监管，才能取得较好的效果，从而进行有效监管。第一，加强风险管理，完善风险防范法律制度。第二，加强监管，完善监管协调机制。第三，谨防国际金融风险，加强金融监管国际合作。第四，由对金融违法的事后管制，向事前防范、正确引导金融机构的创新活动、将金融监管和金融创新有机结合的方向发展。第五，维护金融监管机构的统一性并制定科学的监管原则。第六，维持金融企业的健全性。第七，维护金融市场的公平竞争秩序，提高监管人员的业务和道德素质。

4. 改进监管方式

发达国家均建立了完善的风险目标监管，其核心是运用先进的技术手段、专业知识和信息，在保证安全的前提下力求收益最大化。我国的金融监管方式也应借鉴发达国家的模式，由分业粗放式监管，向风险目标监管转变；由单纯的监管模式，向先进的技术手段与专业知识信息相结合的模式转变；由单一的现场检查，向现场检查和非现场监督相结合转变；由传统的手工检查，向手工检查和现代化的计算机检查互补转变。维护整个金融体系的稳定与健康发展，形成良好的金融秩序，为金融机构的公平竞争提供良好的制度环境。

5. 强化金融监管主体及各金融机构的自身建设

一是建立健全内部管理机制，塑造具有独立性的监管主体，避免其他部门的干预。二是加强监管机构的队伍建设，提高监管的专业水平。三是明确内部监督管理职能，制约和防范法定监管主体权力的滥用，规范业务操作，提高内部监督的权威和效力。四是把内部监督与行业自律落实到实处，以充分发挥监管人员的积极性、主动性、创新性，真正领悟行业内涵，把自律监管作为一种精神动力与追求，在实践中体现出来。五是注重规范操作，加强对监管人员的业务培训，提高监管人员的业务素质，进一步促进自律监管工作的全面发展。

6. 加强国际合作，强化金融监管

按照新资本协议的要求，监管当局必须在强化合规性监管的同时重视安全性监管，逐步强化对商业银行的资本充足率约束。首先，按照新资本协议要求制定相应的规章，强化对商业银行以及金融控股公司的风险管理及资本金的要求；其次，对银行风险评估体系的合理性、准确性及信息披露的可信性进行监督，推动商业银行风险管理的科学化；再次，推动国有商业资本充足率尽快达到《巴塞尔协议》的要求；最后，强化监管当局对银行安全性监管的独立性和权威性，使其具有处罚的自主权。

第二节
中国银行业的监管

一、监管机构

中国银行业监督管理委员会（China Banking Regulatory Commission，CBRC）简称中国银监会，根据国务院授权，统一监督管理银行、金融资产管理公司、信托投资公司以及其他存款类金融机构，维护银行业的合法、稳健运行。

二、历史沿革

1984年起，中国形成了中央银行、专业银行的二元银行体制。中国人民银行履行对银行业、证券业、保险业、信托业的综合监管。

2003年，根据第十届全国人民代表大会第一次会议审议批准的国务院机构改革方案和《国务院关于机构设置的通知》（国发〔2003〕8号），设立中国银行业监督管理委员会，为国务院直属正部级事业单位。

2003年4月25日，中国银行业监督管理委员会成立，2003年4月28日起正式履行职责。

中国银行业监督管理委员会划入中国人民银行对银行业金融机构的监管职责和原中共中央金融工作委员会的相关职责。根据中共中央决定，中国银行业监督管理委员会成立党委，履行中共中央规定的职责。

中国人民银行原来的银行监管一司、二司、非银司、合作司和银行管理司进行了重新整合。整合后的中国银行业监督管理委员会新部门分别是：监管一部负责国有商业银行，监管二部负责股份制商业银行，监管三部负责外资和政策性银行，非银行金融机构监管部和合作金融机构监管部负责信托公司、租赁公司、资产管理公司等金融机构。

三、主要职责

（1）依照法律、行政法规制定并发布对银行业金融机构及其业务活动监督管理的规章、规则；

（2）依照法律、行政法规规定的条件和程序，审查批准银行业金融机构的设立、变更、终止以及业务范围；

（3）对银行业金融机构的董事和高级管理人员实行任职资格管理；

（4）依照法律、行政法规制定银行业金融机构的审慎经营规则；

（5）对银行业金融机构的业务活动及其风险状况进行非现场监管，建立银行业金融机构监督管理信息系统，分析、评价银行业金融机构的风险状况；

（6）对银行业金融机构的业务活动及其风险状况进行现场检查，制定现场检查程序，规范现场检查行为；

（7）对银行业金融机构实行并表监督管理；

（8）会同有关部门建立银行业突发事件处置制度，制定银行业突发事件处置预案，明确处置机构和人员及其职责、处置措施和处置程序，及时、有效地处置银行业突发事件；

（9）负责统一编制全国银行业金融机构的统计数据、报表，并按照国家有关规定予以公布，对银行业自律组织的活动进行指导和监督；

（10）开展与银行业监督管理有关的国际交流、合作活动；

（11）对已经或者可能发生信用危机，严重影响存款人和其他客户合法权益的银行业金融机构实行接管或者促成机构重组；

（12）对有违法经营、经营管理不善等情形的银行业金融机构予以撤销；

（13）对涉嫌金融违法的银行业金融机构及其工作人员以及关联行为人的账户予以查询，对涉嫌转移或者隐匿违法资金的申请司法机关予以冻结；

（14）对擅自设立银行业金融机构或非法从事银行业金融机构业务活动予以取缔；

（15）负责国有重点银行业金融机构监事会的日常管理工作；

（16）承办国务院交办的其他事项。

第三节
中国证券业的监管

一、监管机构

证券监管机构是指依法设置的对证券发行与交易实施监督管理的机构。我国证券业的监管机构是中国证券监督管理委员会，简称中国证监会。

中国证监会为国务院直属正部级事业单位，依照法律、法规和国务院授权，统一监督管理全国证券期货市场，维护证券期货市场秩序，保障其合法运行。

二、发展阶段

我国的证券监管体制经历了从多头到统一、从分散到集中的过程，大体上可以分为三个阶段。

第一阶段：从 1980 年到 1992 年 5 月，在国务院的部署下，主要由上海、深圳两市地方政府管理的阶段。

1981 年 7 月，财政部重新发行国债，中国证券市场开始起步。接着，上海、深圳、北京等地的企业开始以股票、债券的形式集资，如深圳宝安、北京天桥、上海飞乐等。1986 年，沈阳市信托投资公司开办窗口交易，代客买卖股票和企业债券，中国工商银行上海市分行静安区营业部开始证券柜台交易，有价证券转让市场恢复。1988 年，国务院决定在上海、深圳等七个城市进行国库券上市交易试点，国库券交易市场形成。1990 年，上海、深圳证券交易所成立，分散的柜台交易迅速转变为场内集中竞价交易。

在这一阶段，我国对证券市场没有集中统一的管理，而是在中国人民银行和中国经济体制改革委员会等部门决策下，主要由上海、深圳两市地方政府管理。首先，证券发行与交易限于上海和深圳两市试点，是经国务院同意，由中国人民银行和中国经济体制改革委员会等部门共同决策的。其次，在实际的运作过程中，上海、深圳地方政府充当了主要管理者的角色，两地中国人民银行分行相继出台了一些有关法规，对证券发行与交易行为进行规范。

第二阶段：从 1992 年 5 月到 1997 年底，是由中央与地方、中央各部门共同参与管理向集中统一管理的过渡阶段。

1992 年 5 月，中国人民银行成立证券管理办公室。7 月，国务院建立证券管理办公会议制度，代表国务院行使对证券业的日常管理职能。中央政府参与证券市场的管理，是证券发行与交易规模日益扩大，要求建立全国统一市场的必然结果，但这种由中央银行代管证券市场的格局没有持续多久。与此同时，国务院赋予中央有关部门部分证券监管的职责，形成了各部门共管的局面。国家计委根据证券委的计划建议编制证券发行计划；中国人民银行负责审批和归口管理证券机构，报证券委备案；财政部归口管理注册会计师和会计师事务所，对其从事与证券业有关的会计事务的资格由证监会审定；国家经济体制改革委员会（简称国家体改委）负责拟订股份制试点的法规，组织协调有关试点工作，同企业主管部门负责审批中央企业的试点。

另外，地方政府仍在证券管理中发挥重要作用。上海、深圳证券交易所由当地政府归口管理，由证监会实施监督；地方企业的股份制试点，由省级或计划单列市人民政府授权的部门会同企业主管部门审批。为了把对证券和期货市场监管工作落到实处，中国证监会向隶属于地方政府的地方证券期货监管部门授权，让它们行使部分监管职责。

第三阶段：从 1997 年底到现在，初步建立了集中统一的证券监管体制。

1997 年底，中共中央、国务院鉴于亚洲金融危机的严重形势，召开了全国金融工作会议，强调防范与化解金融风险。这次会议决定对证券监管体制进行改革，完善监管体系，实行垂直领导，加强对全国证券、期货业的统一监管。1999 年 7 月 1 日生效的《中华人民共和国证券法》第 7 条规定，国务院证券监督管理机构依法对全国证券市场实行集中统一监督管理，从而以证券市场基本大法的形式，肯定了国务院证券监督管理机构的法律地位。总体上看，这项工作主要从以下几个方面进行。

首先，将证券交易所由地方政府管理转为中国证监会管理。证券交易所肩负着一线监管的重任，对交易所的监管是政府证券监管体制中的重要环节。我国证券交易所是由地方政府建立起来并管理的，因此，初期的证券交易所总经理由地方政府直接任命，“证券交易所由所在地的市人民政府管理，中国证券监督管理委员会监管”，“总经理由证券交易场所所在地人民政府会同证监会提名，理事会聘任，报证券委备案”。随着沪、深证券市场由地方性市场发展为全国性市场，这种以地方政府为主对交易所管理的体制，越来越不适应证券市场的发展。1997 年 8 月 15 日，国务院正式作出决定，沪、深证券交易所划归中国证监会直接管理。1997 年 11 月，国务院批准了经修改的《证券交易所管理办法》（以下简称《管理办法》），明确规定“证券交易所由中国证券监督管理委员会监督管理”，同时“证券交易所设立的证券登记结算机构，应当接受证监会的监督管理”，交易所“总经理、副总经理由证监会任免”，“证券交易所中层干部的任免报证监会备案，财务、人事部门负责人的任免报证监会批准”；同时增加了“对会员的监管”“对上市公司的监管”“证券登记结算机构”等内容，对其他内容也进行了修改。《管理办法》的颁布实施，朝着建立全国统一的监管体制迈出了重要一步。

其次，将原国务院证券委员会的职能、中国人民银行履行的证券业监管职能划入中国证监会。在证券市场初期，法律曾确定了双重管理的证券监管体制，即国务院证券委员会为“全国证券市场的主管机构”，中国证券监督管理委员会为“证券委的监督管理执行机构”，并规定“证券公司由中国人民银行归口管理，业务活动接受中国证监会监督管理”。1998年4月，随着机构改革的逐步到位，中国证监会作为国务院正部级直属事业单位，成为全国证券期货市场的主管部门；国务院证券委被撤销，其职能归入中国证监会；中国人民银行对证券经营机构的归口管理也划转到中国证监会，中国证监会的职能得到了加强。

再次，1998年8月，国务院正式批转《证监会证券监管机构体制改革方案》，中国证监会作为全国证券期货市场的主管部门，可根据各地区证券、期货业发展的实际情况，在部分中心城市设立证监会派出机构。证券市场监管体系由证监会和派出机构——证券监管办公室组成。中国证监会接收全国各省市的证管办，并在全国中心城市设有9个证券监管办公室（天津、沈阳、上海、济南、武汉、广州、深圳、成都、西安）、2个直属于中国证监会的办事处（北京、重庆），在25个省、自治区、计划单列市设证券监管特派员办事处。1999年7月1日，证监会36个派出机构统一挂牌，从而逐步建立了由中国证监会集中统一的证券监管模式。

最后，在集中统一领导下，发挥证券业协会的自律功能。《中华人民共和国证券法》第8条规定，在国家对证券发行、交易活动实行集中统一监督管理的前提下，依法设立证券业协会，实行自律性管理。以法律的形式肯定证券业协会是证券业的自律性组织，是社会团体法人。

三、监管职能

当前，中国证监会的基本职能包括：

（1）研究和拟订证券期货市场的方针政策、发展规划；起草证券期货市场的有关法律、法规，提出制定和修改的建议；制定有关证券期货市场监管的规章、规则和办法。

（2）垂直领导全国证券期货监管机构，对证券期货市场实行集中统一监管；管理有关证券公司的领导班子和领导成员。

（3）监管股票、可转换债券、证券公司债券和国务院确定由证监会负责的债券及其他证券的发行、上市、交易、托管和结算；监管证券投资基金活动；批准企业债券的上市；监管上市国债和企业债券的交易活动。

（4）监管上市公司及其按法律、法规必须履行有关义务的股东的证券市场行为。

（5）监管境内期货合约的上市、交易和结算；按规定监管境内机构从事境外期货业务。

（6）管理证券期货交易所；按规定管理证券期货交易所的高级管理人员；归口管理证券业、期货业协会。

（7）监管证券期货经营机构、证券投资基金管理公司、证券登记结算公司、期货结算机构、证券期货投资咨询机构、证券资信评级机构；审批基金托管机构的资格并监管其基金托管业务；制定有关机构高级管理人员任职资格的管理办法并组织实施；指导中国证券业、期货业协会开展证券期货从业人员资格管理工作。

(8) 监管境内企业直接或间接到境外发行股票、上市以及在境外上市的公司到境外发行可转换债券；监管境内证券、期货经营机构到境外设立证券、期货机构；监管境外机构到境内设立证券、期货机构，从事证券、期货业务。

(9) 监管证券期货信息传播活动，负责证券期货市场的统计与信息资源管理。

(10) 会同有关部门审批会计师事务所、资产评估机构及其成员从事证券期货中介业务的资格，并监管律师事务所、律师及有资格的会计师事务所、资产评估机构及其成员从事证券期货相关业务的活动。

(11) 依法对证券期货违法违规行为进行调查、处罚。

(12) 归口管理证券期货行业的对外交往和国际合作事务。

(13) 承办国务院交办的其他事项。

第四节
中国保险业的监管

一、监管机构

保险监管是指一个国家对本国保险业的监督管理。一个国家的保险监管制度通常由两大部分构成：一是国家通过制定保险法律、法规，对本国保险业进行宏观指导与管理；二是国家专门的保险监管职能机构依据法律或行政授权对保险业进行行政管理，以保证保险法律、法规的贯彻执行。

中国保险监督管理委员会（简称中国保监会）成立于1998年11月18日，是国务院直属事业单位。根据国务院授权履行行政管理职能，依照法律、法规统一监督管理全国保险市场，维护保险业的合法、稳健运行。

二、发展阶段

20世纪50年代初，中国人民银行是保险业的主管机关。后模仿苏联做法，于1952年将保险业监管工作交由财政部负责。1959年国内保险业务停办，中国人民保险公司只办理涉外保险业务，在行政上成为中国人民银行国外业务局的一个处。随着国内保险业务的恢复，中国人民保险公司于1984年从中国人民银行分设出来，成为国务院直属局级经济实体。因此，在1959年到1984年之间，中国人民银行既经营保险业务，又负责对保险业的领导和管理。从1984年开始，中国人民银行专门行使中央银行职能，保险监管是其中一项重要工作。1985年颁布的《保险企业管理暂行条例》、1995年颁布的《中华人民共和国中国人民银行法》和《中华人民共和国保险法》，均明确中国人民银行是保险业的监管机关。

随着金融体制改革的逐步深入和保险业的不断发展，保险监管不断强化。1998年，为加强保险监管，落实银行、保险、证券分业经营、分业管理的方针，党中央、国务院决定成立中国保险监督管理委员会。中国保险监督管理委员会的成立，是我国保险发展史上的一个重要里程碑，从此，中国保险业进入一个新的历史发展时期。

三、监管职能

（1）拟订保险业发展的方针和政策，制定行业发展战略和规划；起草保险业监管的法律、法规；制定业内规章。

（2）审批保险公司及其分支机构、保险集团公司、保险控股公司的设立；会同有关部门审批保险资产管理公司的设立；审批境外保险机构代表处的设立；审批保险代理公司、保险经纪公司、保险公估公司等保险中介机构及其分支机构的设立；审批境内保险机构和非保险机构在境外设立保险机构；审批保险机构的合并、分立、变更、解散，决定接管和指定接受；参与、组织保险公司的破产、清算。

（3）审查、认定各类保险机构高级管理人员的任职资格；制定保险从业人员的基本资格标准。

（4）审批关系社会公众利益的保险险种、依法实行强制保险的险种和新开发的人寿保险险种等的保险条款和保险费率，对其他保险险种的保险条款和保险费率实施备案管理。

（5）依法监管保险公司的偿付能力和市场行为；负责保险保障基金的管理，监管保险保证金；根据法律和国家对保险资金的运用政策，制定有关规章制度，依法对保险公司的资金运用进行监管。

（6）对政策性保险和强制保险进行业务监管；对专属自保、相互保险等组织形式和业务活动进行监管。归口管理保险行业协会、保险学会等行业社团组织。

（7）依法对保险机构和保险从业人员的不正当竞争等违法、违规行为以及对非保险机构经营或变相经营保险业务进行调查、处罚。

（8）依法对境内保险及非保险机构在境外设立的保险机构进行监管。

（9）制定保险行业信息化标准；建立保险风险评价、预警和监控体系，跟踪分析、监测、预测保险市场运行状况，负责统一编制全国保险业的数据、报表，并按照国家有关规定予以发布。

（10）承办国务院交办的其他事项。

第五节
中国监管协调机制

一、国内外金融监管协调机制探索

（一）国外金融监管协调机制现状

从国外的情况看，在有多个金融监管机构的国家，法律一般都会对监管机构之间的协调合作作出规定。归纳起来，加强协调合作的法律机制主要有三种：

第一种是建立一个法定的协调机构，由法律直接规定协调与合作的框架和相关制度安排，由协调机构专门行使协调职能。如美国 1978 年的《金融机构监管和利率控制法》规定成立联邦金融机构检查委员会，由该委员会协调美联储、货币监理署（OCC）、联邦存款保险公司（FDIC）、国家信用社管理局和储贷监理署五家联邦银行业监管机构的监管，建立统一的监管原则、标准和报表格式，统一各监管机构的政策和监督检查活动。

第二种是由专门的法律规定监管机构之间的协调合作事项。如韩国 1997 年通过的《设立金融监管机构法》对负有金融监管职能的韩国银行、财政部、金融监管委员会（FSC）、证券与期货委员会（SFC）、存款保险公司和金融监管服务局（FSS）相互之间的职责分工、监管合作和信息共享等方面都作出了具体规定。

第三种是由法律对监管机构之间的协调合作提出原则性要求，具体的协调合作框架由监管机构之间的监管协调合作安排确定，如在监管机构之间签订谅解备忘录。如英国《2000 年金融服务与市场法》要求金融服务局（FSA）与国内外有关机构进行适当的合作。

从国外的经验看，监管协调机制主要有以下几个层面：第一个层面是通过立法手段，直接规定各监管机构的协调合作框架，对它们的职能作出明确的规定，使监管的协调合作有法可依；第二个层面是通过签署监管各方的谅解备忘录，规定监管协调的实施细则和相应的制度安排；第三个层面是依法成立协调委员会或类似的机构，进行多边合作及负责具体的协调运作。

（二）国内金融监管协调机制情况

目前我国金融监管部门间的协调机制主要有以下几种：

1. 由“三会”联合组成的监管联席会议机制

会议成员由银监会、保监会和证监会的主席组成，每季度召开一次例会，并邀请央行等部门参加讨论和协调有关金融监管的重要事项、已出台政策的市场反应和效果评估，以及其他需要协商、通报和交流的事项。

2. 由银监会召集成立的处置非法集资部际联席会议制度

联席会议不定期召开，由召集人负责召集。根据工作需要，可以召集全体会议或部分成员单位会议。各成员单位按照职责分工，主动研究处置非法集资工作，切实履行本部门职责；积极参加联席会议，认真落实联席会议议定事项；互通信息，互相配合，齐抓共管，形成合力，充分发挥联席会议的作用。

3. 反洗钱工作部际联席会议制度

该会议由中国人民银行牵头，23 个部门为成员单位。反洗钱工作部际联席会议在党中央、国务院领导下，指导全国反洗钱工作，制定国家反洗钱的重要方针、政策，制定国家反洗钱国际合作的政策措施，协调各部门、动员全社会开展反洗钱工作。反洗钱工作部际联席会议原则上每年召开一至两次全体会议，如有需要，经成员单位提议，可随时召开全体会议或部分成员会议。

4. 国务院反假货币工作联席会议

国务院反假货币工作联席会议成立于 1994 年，由中国人民银行行长担任联席会议召集人。目前联席会议的成员单位已扩大为 28 家，是我国反假货币工作的最高组织形式，主要负责组织和协调各有关部门做好打击、防范假币犯罪活动工作，开展反假货币宣传、教育、管理等工作。

二、完善我国金融监管协调机制的建议

（一）主要问题

当前金融监管联席会议的机制不够健全，制度软约束。《中国银行业监督管理委员会、中国证券监督管理委员会、中国保险监督管理委员会在金融监管方面分工合作的备忘录》第十八条规定：银监会、证监会、保监会召开“联席会议机制”和“经常联系机制”会议时，可邀请中国人民银行、财政部或其他部委参加。“一行三会”当然可以根据各自履行职责的需要进行沟通与协商，但这种沟通与协商是平等的、自愿的，没有任何强制约束力，这个联席会议的效果有限，难以发挥事先预警的作用。

现行的协调机制难以适应国际国内经济金融发展趋势。在目前分业监管制度下，对部分国内外金融机构的监管明显滞后于市场的发展。如由于缺乏实质性的监管协调，金融控股公司常有机会利用管制差异进行监管套利，规避管制以实现监管套利最大化。

货币政策与金融监管协调有待加强。尽管央行不负责金融监管，但它仍承担“最后贷款人”的责任；另外央行还将通过货币政策和流动性方面的及时反应，防范金融系统性风

险，因此就不可避免地遇到货币政策和金融监管的协调问题。货币政策目标和银行监管目标冲突外部化，在一定程度上降低了决策的效率。

（二）对策建议

1. 建立监管协调组织体系

以法律的形式确定金融稳定发展委员会的组成部门、职责、内部分工等，明确权利与义务。建立健全金融防范金融风险处置预案，确保在非常时期各监管部门之间的目标一致、协调配合、有序监管；尽快出台金融监管协调工作方面的法律和行政规章，使金融监管协调工作真正走上正规化、法制化的轨道。

2. 明确以中国人民银行为主体的监管协调机制

现行的《中华人民共和国中国人民银行法》立足国际国内金融发展的长远考虑，基于目前分业经营和分业监管的现实，对建立金融监管协调机制预留了法律空间。中国人民银行在我国金融宏观调控和维护金融稳定中处于主导核心地位。中国人民银行作为金融业改革发展规划和金融资源配置战略的主要承担者，决定了其在金融改革中的地位，也决定了其在协调机制中的主导作用。

3. 加强内外协调以维护金融安全

对内协调机制建设，一是金融监管机构自身的协调；二是建立信息交流制度，并在此基础上构建一个为各金融监管机构共享的金融信息平台；三是建立主监管和联合行动制度。对外协调机制建设，一方面是与国际金融组织的协调，另一方面是与外国金融监管机构的协调。

新闻摘录

中央金融工作会议强调加强金融监管协调

要加强金融监管协调、补齐监管短板。设立国务院金融稳定发展委员会，强化中国人民银行宏观审慎管理和系统性风险防范职责。地方政府要在坚持金融管理主要是中央事权的前提下，按照中央统一规则，强化属地风险处置责任。金融管理部门要努力培育恪尽职守、敢于监管、精于监管、严格问责的监管精神，形成有风险没有及时发现就是失职、发现风险没有及时提示和处置就是渎职的严肃监管氛围。要健全风险监测预警和早期干预机制，加强金融基础设施的统筹监管和互联互通，推进金融业综合统计和监管信息共享。

资料来源：新华社（http：//news. xinhuanet. com/fortune/2017－07/15/c _ 1121324747. htm）

第六节
中国金融稳定机制

一、发展中国家建立金融稳定协调机制的必要性

(一) 发展中国家金融监管的脆弱性

金融业在国民经济中处于核心地位，与国民经济的方方面面有着千丝万缕的联系，又是经营货币的高风险行业。发展中国家对金融开放后爆发金融危机可能性的认识以及对金融危机的防范、应对能力都显得十分脆弱。

(二) 金融监管中存在严重的道德风险

金融监管中存在的严重道德风险也是发展中国家的致命缺点。根据信息经济学理论，交易发生之后的信息不对称产生道德风险。在发展中国家，银行信贷中普遍存在道德风险，包括银行对广大存款人的道德风险。银行因经营高风险贷款项目失败会使存款遭受损失。

(三) 金融市场资产价格的互动性

通货膨胀率、利率、汇率和股价联动效应与相互影响，分别反映货币、资本、外汇和股票等金融资产价格相互作用的关系。

二、金融协调稳定机制的框架

(一) 金融协调的层次

(1) 金融内部协调，包括金融组织、金融市场、金融监管当局、金融工具、金融制度等；

(2) 金融外部协调，包括金融与经济（宏观经济各要素、微观金融要素或全体）的协调以及金融与社会的协调。

（二）金融协调的内容

金融协调的内容是非常广泛的，在宏观方面包括：总量协调、结构协调、区域协调、内外协调、货币政策、金融监管、金融机构间的协调、金融监管与金融创新、直接金融与间接金融、货币供应量与货币创造、金融衍生工具与金融风险控制等问题。在微观方面包括：证券业与银行业的协调、资产结构、银企关系、收益与风险等问题。其研究的重点是在分析金融构成要素运行机制的基础上，解决金融的所有权结构协调、金融与技术效率协调、金融与社会环境制度协调、金融宏观效率和微观效率协调、动态效率和静态效率的协调等问题，从而形成比较完整的金融协调政策调控体系。

（三）金融协调的方式

市场机制协调主要是指经济运行行为主体根据市场的价格信息（资本市场中的利率），遵循利润最大化原则，在相互竞争的市场中形成的一种协调发展。它也可以称为“看不见的手”的协调。

计划和行政制度协调作为市场机制协调的替代，包括企业内部的各层组织机构的协调和政府计划手段的协调，这种协调主要依靠行政权威来进行。它也可以称为“看得见的手”的协调。

（四）金融协调的原则

（1）要坚持数量发展和质量发展的统一。即在注重金融相关比率、金融资产规模、金融机构扩张等数量型金融发展指标的同时，更要关注金融对经济发展促进作用的各项功能的有效发挥，注重金融的功能效应及其发展。

（2）要坚持宏观效率与微观效率的统一。由于现代经济所普遍存在的互补性关系，研究金融时不能只研究宏、微观效率的统一问题。

（3）要坚持金融动态效率与静态效率的统一。金融作为现期货币购买力与远期货币购买力的交易，是一项包括时间过程的经济活动，本身就要求考虑未来的各项因素，而成为动态决策过程。金融协调作为一个动态过程，就是要在动态的变化中追求效率，它是一种协调中的效率。

思考与实践

想一想

1. 目前我国的金融监管体制是什么？
2. 什么是金融监管协调机制？为什么要加强金融监管协调？
3. 金融监管与金融稳定机制之间有什么关联？

练一练

1. [多选] 下列有关金融监管的表述正确的有（　　）。

A. 金融监管是金融监督与金融管理的合称

B. 金融监督是指金融监管当局对金融机构实施全面的、经常性的检查和督促，以此促使金融机构依法稳健地经营、安全可靠和健康地发展

C. 金融业欠发达的国家和地区十分重视金融监管信息系统的建设，以提高金融监管的效率和质量

D. 金融监管是金融监管当局依法对金融机构及其经营活动实行领导、组织、协调和控制等一系列的活动

2. [单选] 下列不属于中国银监会职责的是（　　）。

A. 依照法律、行政法规制定并发布对银行业金融机构及其业务活动监督管理的规章、规则

B. 依照法律、行政法规规定的条件和程序，审查批准银行业金融机构的设立、变更、终止以及业务范围

C. 对银行业金融机构的董事和高级管理人员实行任职资格管理

D. 完善金融宏观调控体系，负责防范、化解系统性金融风险，维护国家金融稳定与安全

3. ［单选］下列不属于中国保监会职责的是（　　）。

A. 监管上市公司及其按法律、法规必须履行有关义务的股东的证券市场行为

B. 组织制定金融业信息化发展规划，负责金融标准化的组织管理协调工作，指导金融业信息安全工作

C. 监管境内期货合约的上市、交易和结算，按规定监管境内机构从事境外期货业务

D. 管理证券期货交易所，按规定管理证券期货交易所的高级管理人员，归口管理证券业、期货业协会

查一查

登录中国银监会、证监会、保监会网站，了解它们的主要职责。

第九章

中国支付体系

阅读提示

前面两章分别介绍了金融生态的两个方面：金融调控与金融监管。从这一章开始，我们将介绍金融生态的最后一项内容：金融基础设施。具体分为支付体系、征信体系和法律体系三部分，分三章介绍。本章介绍第一部分即支付体系。要想汽车跑得快、跑得安全，就需要宽阔、平整、信号指示明确的道路。好的支付体系就像这样便捷、安全的道路网络，可以让资金便捷、安全地流转。

开篇提问

什么是支付体系？银行卡、支付宝属于支付体系吗？

第一节
中国支付体系概述

一、支付体系的架构

支付体系是一个国家的金融基础设施，由央行主导，大体可以分为“结算-清算”二级制的支付体系。银行与商户、消费者之间为结算关系，由银行、非金融支付公司等向客户提供服务，也就是支付业务。银行之间构成清算关系，其实就是对跨行交易产生的银行间债务债权进行定期净轧（例如每日），从而结清债务债权。两个层次交易都完成后，支付才算完成。清算银行自身接入清算系统，非金融支付公司则以自己开户的备付金托管行代理，接入清算系统。

《中国支付体系发展报告（2006）》将支付体系界定为实现资金转移的制度和技术的有机组合。我国的支付体系主要由支付服务组织、支付系统、支付工具及支付体系监督管理等要素组成。支付工具、支付系统和支付服务组织属于支付体系中的基础设施安排，而支付系统监管则属于对支付系统前三个要素的整体制度性保障。中央银行承担着对支付体系的监督管理职能。支付体系的四个组成部分是密不可分、相辅相成的有机整体。支付工具是支付的载体，支付工具的交换和传递贯穿支付系统处理的全过程，其清算与结算通过支付系统进行；支付服务组织是支付工具和支付系统的提供者；支付体系监管是防范风险、保障支付过程的安全和效率、维护整个金融体系安全稳定之必需。

二、支付体系对中央银行的意义

（一）安全、高效的支付体系是实施货币政策的需要

支付体系的平稳运行是中央银行追求货币稳定、实施有效货币供给的必要条件。支付体系是货币政策执行过程中使用银行间货币市场和其他短期借贷市场的基础。中央银行通过这些市场发行央行票据、买卖政府债券，从而调整货币供应量，影响短期利率，加强货币政策对整个经济活动的影响；同时，支付体系的发展状况会影响货币周转速度以及货币

乘数，进而影响货币供给量。

（二）安全、高效的支付体系是维护金融稳定的需要

由于支付体系将金融机构联系在一起，进行资金和证券的转账，并结算付款义务，因此成为金融机构和金融市场之间传递金融风险的渠道。支付体系与金融体系的稳定密切相关。如果支付体系中一个参与者破产，会引起其他参与者无法按期履行结算义务，从而可能引起更大范围的金融与经济的不稳定。因此，支付体系的设计和运行应将参与者之间传递风险的可能性降至最低。另外，当金融风险发生时，中央银行或市场参与者要向陷入困境的参与者提供紧急流动性支持，维持支付结算的有序进行，而安全和高效的支付体系能在必要时提供流动性支持。

（三）安全、高效的支付体系是提供支付结算的需要

货币的基本功能之一即交换媒介，如果支付体系失败，则货币将不能有效实现其交换功能，整个社会的支付结算服务将陷入停顿。中央银行与商业银行不同，它不面向公众提供存款、贷款和支付服务，而是向商业银行等金融机构提供以本币为单位的银行间支付结算服务。由于中央银行货币是最安全的结算资产，中央银行成为银行间支付结算服务的天然提供者，商业银行都愿意采用中央银行货币进行结算。所以，安全、高效的支付体系是中央银行提供支付结算服务的需要。

三、中国支付体系的构成

我国支付清算体系的格局是由中央银行主导的。当前，我国已经初步建成了以中国人民银行现代化支付系统为核心，银行业金融机构行内支付系统为基础，票据支付系统、银行卡支付系统、同城票据交换系统为重要组成部分的支付清算网络体系，支撑多种支付工具的应用并满足社会各种经济活动支付需要的结构。中国支付体系对于加快社会资金周转、提高支付清算效率、促进国民经济健康平稳的发展发挥着重要作用。

第二节
中国人民银行支付清算系统

中国现代化支付系统（China National Advanced Payment System，CNAPS）是按照我国支付清算需要，利用现代化计算机技术和通信网络开发建设的，能够高效、安全处理各银行办理的异地、同城各种支付业务及其资金清算和货币市场交易资金清算的应用系统。

中国人民银行作为中央银行，支付结算的管理和服务是一项重要职责。中国现代化支付系统是集金融支付、支付资金清算、金融经营管理和货币职能于一体的现代化支付清算系统，主要提供商业银行之间跨行的支付清算服务，是为商业银行之间和商业银行与中国人民银行之间的支付业务提供最终资金清算的系统，是各商业银行电子汇兑系统资金清算的枢纽系统，是连接国内外银行重要的桥梁，也是金融市场的核心支持系统。中国现代化支付系统将商业银行为客户提供金融服务的下层支付服务系统与中央银行为商业银行提供支付资金清算服务的上层服务系统通过中国国家金融网络CNFN（China National Financial Network）有机地结合在一起。中国现代化支付系统是适合我国国情的、综合的、安全的金融服务系统，是我国全面实现金融电子化的奠基石。

中国现代化支付系统包括大额实时支付系统（HVPS）、小额批量支付系统（BEPS）、全国支票影像交换系统（CIS）、网上支付跨行清算系统（IBPS）、电子商业汇票系统（ECDS）、境内外币支付系统（CFEPS）六个业务应用系统（见图9-1）。

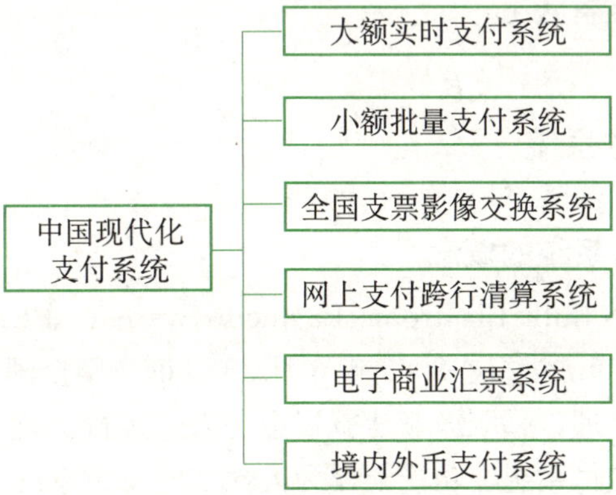

图9-1　中国现代化支付系统

一、大额实时支付系统

（一）大额实时支付系统的概念

大额实时支付系统（High Value Payment System，HVPS）由中国人民银行拥有和运行，是所有其他支付应用系统的核心，也为小额支付系统、同城清算所、银行卡网络以及商业银行电子汇兑系统提供日终净额结算。大额实时支付系统实行逐笔实时处理，全额清算资金，功能和效率达到国际先进水平。大额实时支付系统于 2005 年中完成全国推广，连接着境内办理人民币结算业务的中、外资银行业金融机构，香港、澳门人民币清算行等，其建设的目的就是给各银行和广大企业单位以及金融市场提供快速、高效、安全、可靠的支付清算服务，防范支付风险。

（二）大额实时支付系统的业务种类

大额实时支付系统主要处理的业务包括：规定金额起点以上的跨行贷记支付业务；规定金额起点以下的紧急跨行贷记支付业务；各银行行内需要通过大额实时支付系统处理的贷记支付业务；特许参与者发起的即时转账业务；城市商业银行银行汇票资金的移存和兑付资金的汇划业务；中国人民银行会计营业部门和国库部门发起的贷记业务及内部转账业务；中国人民银行规定的其他支付清算业务。

（三）大额实时支付系统的运行时间

大额实时支付系统按法定工作日运行。对每一工作日，系统依次分为日间运行、业务截止、清算窗口、日终处理和营业准备五个运行时段。各运行时段的起始和结束由国家处理中心统一控制，并确保支付系统各节点运行状态的协调一致。工作日及运行时间段根据管理的需要可以调整，由中国人民银行提前公布。目前，大额实时支付系统日间业务处理时间为 8:30—17:00，17:00 后为业务截止、清算窗口和日终处理时间。日终处理完成后进入下一个工作日营业准备状态。

二、小额批量支付系统

（一）小额批量支付系统的概念

小额批量支付系统（Bulk Electronic Payment System，BEPS）简称小额支付系统，于 2005 年 11 月 28 日投产试运行，2006 年 6 月 26 日推广至全国。它通过在一定时间内对多笔支付业务进行轧差处理，采取净额清算资金的方式运行，是中国现代化支付系统的重要组成部分。小额批量支付系统在功能上作为大额实时支付系统的补充，其目的是为社会提供低成本、大业务量的支付清算服务，支撑各种支付业务的使用，满足社会各种经济活动的需要。

（二）小额支付系统的业务种类

小额支付系统主要服务于日常消费性支付，批量或实时发送支付指令，轧差净额清算资金，能够支撑多种支付工具的应用。小额支付系统主要处理同城跨行、异地纸质凭证截留的借记支付业务以及金额在规定起点以下的小额贷记支付业务。目前，小额支付系统处理贷记业务的金额上限为5万元，即只有金额小于或等于5万元的贷记支付业务可以通过小额支付系统处理，对金额大于5万元的业务应通过大额实时支付系统处理。此外，小额支付系统还支持汇兑、委托收款，托收承付，网银支付，代付工资、养老金、保险金，代收水、电费等公用事业费用，国库批量扣税，个人储蓄通存通兑，对公通兑等业务。根据支付业务的发起和接收参与者是否属于同一城市处理中心，小额支付系统处理的业务还可以分为同城业务和异地业务。

（三）小额支付系统的运行时间

小额支付系统支持7×24小时连续不间断运行，批量轧差清算场次分为全国场次和各省场次，前者由中国人民银行总行设置，后者由中国人民银行各省分行设置，是不完全统一的。全国场次目前是一天三场，分别为11:00、14:30和16:00。小额支付系统的处理特点是系统实时轧差转发、跨行定时清算。各行入账时间不完全一致，有些是收到业务即可实时入账，有些是一场清算完成以后再入账，还有一些是日终才入账。

三、全国支票影像交换系统

（一）全国支票影像交换系统的概念

全国支票影像交换系统（Cheque Image System，CIS）是指运用影像和支付密码等技术，将实物支票转换为支票影像信息，通过计算机及网络将影像信息传递至出票人开户银行提示付款的业务处理系统，它是中国人民银行继大、小额支付系统建成后的又一重要金融基础设施。全国支票影像交换系统定位于处理银行机构跨行和行内的支票影像信息交换，其资金清算通过中国人民银行覆盖全国的小额支付系统处理。

（二）全国支票影像交换系统的运行

全国支票影像业务的处理分为影像信息交换和业务回执处理两个阶段：支票提出银行通过影像交换系统将支票影像信息发送至提入行提示付款；提入行通过小额支付系统向提出行发送回执完成付款。支票影像交换系统处理的支票业务分为区域业务和全国业务：区域业务是指支票的提出行和提入行属同一分中心并由分中心转发的业务；全国业务是指支票的提出行和提入行分属不同分中心并由总中心负责转发的业务。

支票影像交换系统支持支票全国通用，异地使用支票的提示付款期一般为10天，金额不超过50万元。从付款时间上讲，中国人民银行规定，在支票影像交换系统将支票信息转发后的2个工作日内，出票人开户银行必须按规定支付支票款项，并通知持票人的开户银行。所以，根据收、付款银行的处理方式不同，持票人最早可在2～3小时之内收到款项，一般最长在银行受理支票之日起3个工作日内可以收到异地支票款项。

四、网上支付跨行清算系统

（一）网上支付跨行清算系统的概念

网上支付跨行清算系统（Internet Banking Payment System，IBPS）是中国人民银行建设的人民币跨行支付清算基础设施，是中国现代化支付系统的重要组成部分，已于2010年8月30日先期投产运行，并于2011年1月24日推广至全国。网上支付跨行清算系统支持商业银行以及经中国人民银行批准的非金融支付服务机构接入，采取实时传输及回应机制，主要支持网上跨行支付、跨行账户信息查询以及在线签约等业务的处理，业务指令逐笔发送、实时轧差、定时清算。客户通过商业银行的网上银行可以足不出户办理多项跨行业务，并可及时了解业务的最终处理结果。

（二）网上支付跨行清算系统的运行

网上支付跨行清算系统具有以下业务功能：处理网银贷记业务、网银借记业务、第三方贷记业务、跨行账户信息查询业务。其业务运行模式与小额支付系统相似：运行时序为7×24小时连续运行，采取定场次清算的模式，设置贷记业务金额上限，与大额实时支付系统共享同一个清算账户等。从业务管理方面来讲，网上支付跨行清算系统是小额支付系统在网上支付方面的延伸；从系统管理方面来讲，网上支付跨行清算系统是与大、小额支付系统并行的人民币跨行清算系统。网上支付跨行清算系统投入使用后，将实现网银跨行支付的直通式处理，满足网银用户全天候的支付需求，有效支持电子商务的发展。网上支付跨行清算系统支持符合条件的非银行支付服务组织接入，为其业务发展和创新提供公共清算平台。

五、电子商业汇票系统

（一）电子商业汇票系统的概念

电子商业汇票系统（Electronic Commercial Draft System，ECDS）于2010年6月28日在全国推广。该系统依托网络和计算机技术接收、登记、转发电子商业汇票数据电文，是提供与电子商业汇票货币给付、资金清算行为相关服务并提供纸质商业汇票登记、查询、公开报价服务的综合性业务处理平台。

（二）电子商业汇票系统的功能

目前，电子商业汇票系统开通了电子商业汇票业务处理功能和纸质商业汇票登记查询功能。电子商业汇票的出票、承兑、背书、保证、提示付款和追索等业务，必须通过电子商业汇票系统办理。纸质商业汇票登记查询和商业汇票转贴现公开报价也通过电子商业汇票系统办理。电子商业汇票系统的建立大大降低了票据操作风险，同时为金融机构统一管理票据业务提供了基础平台和技术手段。目前，电子商业汇票系统各类业务的运行时间均与大额支付系统运行时间相同。

电子商业汇票系统使商业银行传统的商业汇票业务处理流程产生了质的变化，提升了商业银行的盈利能力。与此同时，电子商业汇票系统的建成也促使中央银行成为电子商业汇票市场的一个经常性交易主体，未来可能成为中央银行公开市场操作的一个主要手段。通过电子商业汇票系统，中央银行能够全面检测商业汇票及各种票据行为，准确了解资金流量流向，为宏观经济决策提供重要参考依据。

六、境内外币支付系统

（一）境内外币支付系统的概念

境内外币支付系统（China Foreign Exchange Payment System，CFEPS）是为我国境内银行业机构和外币清算机构提供外币支付服务的实时全额支付系统，由中国人民银行牵头建设，由清算总中心集中运营，由直接参与机构等单一法人集中接入，采用“Y”型信息流结构，由外币清算处理中心负责对支付指令进行接收、清算和转发，由代理结算银行负责对支付指令进行结算。

（二）境内外币支付系统的运行

境内外币支付系统于 2008 年 4 月 28 日投产，包括外币清算处理中心和相关业务系统，并连接参与者的相关系统。清算处理中心负责外币支付指令的接收、存储、清分、转发，并将参与者支付指令逐笔实时清算后，分币种、分场次将结算指令提交结算银行结算。结算银行是中国人民银行指定或授权的商业银行，为直接参与机构开立外币结算账户，负责直接参与机构之间的外币资金结算。目前，该系统开通了港币、英镑、欧元、日元、加拿大元、澳大利亚元、瑞士法郎和美元 8 种货币支付业务，覆盖主要国际结算币种，满足国内对多种币种支付的需求，提高了结算效率和信息安全性。

境内外币支付系统主要处理支付类业务和信息服务业务，其中支付类业务主要包括境内跨行贷记业务和轧差净额业务。境内外币支付系统对支付指令逐笔实时全额结算，从发起清算行发出到接收清算行收到通常在 1 分钟以内。境内外币支付系统运行按时序划分为营业准备、日间运行、业务截止、清算窗口和日终处理五个阶段。日间运行开始时间为 9:00，业务截止时间为 17:00。

第三节 银行业金融机构行内支付系统

一、系统内资金汇划清算系统

系统内资金汇划清算是指商业银行内部各行处之间由于办理结算、款项缴拨、内部资金调拨等业务引起的资金账务往来，是在系统内电子汇划资金的基础上，通过各级行处在上级管辖行开立的备付金存款账户，由上级管辖行逐级清算当天电子汇划汇差资金的一种做法。其业务范围包括：系统内行际的异地划收、划付款业务。划收款业务主要包括汇兑、异地委托收款、托收承付、银行承兑汇票等款项的划转、系统内资金划拨等；划付款业务主要包括解付本系统银行汇票、系统内按规定扣划款项、贷款账户转移，以及办理按规定允许扣收的款项和特定的直接借记业务等。系统内资金汇划清算的业务往来通过由计算机网络组成的资金汇划清算系统进行办理。

商业银行内部的资金汇划清算系统又称电子汇划系统，是指同一银行系统内各行处之间，由于办理支付结算、资金调拨等业务，相互代收、代付而发生的资金和账务往来使用系统内电子汇划进行处理。各单位发生的货币资金的结算、货币的发行与回笼、财政预算款项的上缴与下拨、商业银行系统内部资金的调拨与结算等，许多需要通过这一行际间核算的工具来完成。电子汇划系统由汇划业务经办行、清算行、总行清算中心以及计算机网络组成（见图 9-2）。

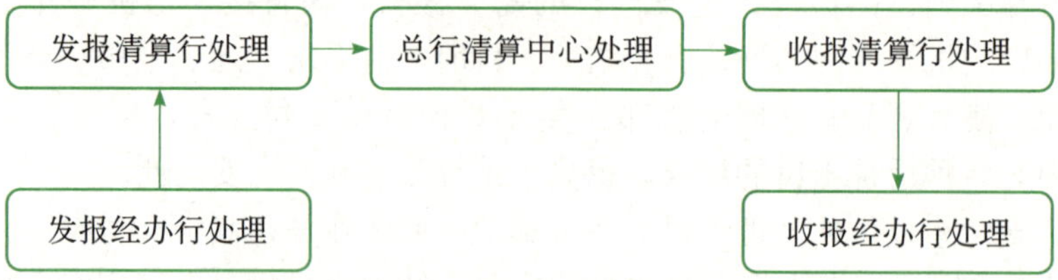

图 9-2　系统内资金汇划与清算业务流程图

（1）经办行是具体办理结算资金和内部资金汇划业务的支行（或分理处）。汇划业务的发生行是发报经办行，汇划业务的接收行是收报经办行。

（2）清算行是在总行清算中心开立备付金存款账户，办理其辖属行处汇划款项清算的分行，包括直辖市分行、总行直属分行及二级分行（含省分行营业部）。省分行在总行开立备付金存款账户，只办理系统内资金调拨和内部资金利息汇划。

（3）总行清算中心是办理系统内各经办行之间的资金汇划、各清算行之间的资金清算及资金拆借、账户对账等账务的核算和管理的部门。

二、资金汇划清算系统的基本规定和基本做法

（一）资金汇划清算系统的基本规定

（1）电子汇划业务全部采取无纸化电子信息传递。汇划业务始于汇出行发出的汇划信息，终于汇入行对汇划信息的确认核收。电子汇划业务主要包括汇出、汇入、事务类业务。

（2）电子汇划信息与纸质汇划凭证具有同等效力。汇出行、汇入行均以电子汇划信息为依据进行账务处理。记账所需的汇划凭证、清单、清算日报表等，由各行处按核算手续各自打印所需联次，并加盖相应转讫章或附件章。

（3）各营业机构必须指定专人负责。电子汇划来账的查询、接收工作，当天的来账业务必须在规定时间内处理完毕。

（4）坚持信息查询、查复原则。对查询、查复等事务类信息，必须坚持“有疑必查、有查必复、复必详尽、切实处理”的原则。

（5）加强保密工作。加强对密押器、电子汇划专用章、电子汇划收（付）款补充报单等物品及单证的管理，保证岗位制约等制度的落实。

（二）资金汇划清算系统的基本做法

资金汇划清算系统的基本做法是实存资金、同步清算、头寸控制、集中监督。

（1）实存资金是指以清算行为单位在总行清算中心开立备付金存款账户，用于汇划款项时资金清算。经办行与清算行之间的资金清算比照处理。

（2）同步清算是指发报经办行通过其清算行经总行清算中心将款项汇划至收报经办行，同时，总行清算中心办理清算行之间的资金清算，清算行办理经办行之间的资金清算。

（3）头寸控制是指各清算行在总行清算中心行开立的备付金存款账户，必须保证有足够的存款，总行清算中心对各行汇划资金实行逐笔即时清算。清算行备付金存款不足，可向总行借款。

（4）集中监督是指总行清算中心对汇划往来数据发送、资金清算、备付金存款账户资信情况和行际查询查复情况进行管理和监督。

三、系统内电子汇划业务的特点

由于系统内电子汇划发生在两个行处之间，往来的双方银行各以与自己对应的另一方行处作为往来的前提，因此在某一笔电子汇划往来中，一方收入一定金额的资金，另一方必定付出相等金额的资金，在该笔电子汇划往来账务中，双方的会计分录也必定是相互对应的，一方记在借方，另一方必定记在贷方。所以，系统内电子汇划业务会计核算的特点是：有往有来、有收有付、有借有贷、金额相等。体现了银行各行处之间相互配合、相互制约的对应关系，任何一方的错误都会直接影响系统内电子汇划的账务平衡。

目前，中国工商银行、中国农业银行、中国银行、中国建设银行 4 家国有控股商业银行各自建立了独立的系统内电子汇划清算系统，中国人民银行建立了中国现代化支付系统，其他商业银行有的开通了电子汇兑。未建立系统内电子汇划清算系统的商业银行与非银行金融机构的资金划拨，通过中国人民银行或有关商业银行的系统内电子汇划清算系统办理。

第四节
银行卡跨行支付系统

一、中国银联支付系统的发展概况

中国银联支付系统（China Union Pay System，CUPS）是由银行卡跨行支付系统以及发卡行内银行卡支付系统组成的专门处理银行卡跨行的信息转接和交易清算业务的信息系统，由中国银联建设、运营和管理，具有借记卡和信用卡、密码方式和签名方式共享等特点。2004 年，中国银联支付系统成功接入中国人民银行大额实时支付系统，实现了银行卡跨行支付的实时清算。

金融视野

我国银行卡支付系统

中国银联支付系统是由中国银联统一进行运营和管理的。2004 年 12 月，中国银联自主研发的中国第一代银行卡信息交换系统正式投入运行。该系统以“集中交换，统一清算”为目标，旨在通过建成一个覆盖区域广泛、业务品种齐全、处理功能强大、稳定高效的一体化银行卡跨行信息交换平台，最终实现国内银行卡信息的跨行交换集中处理，以及全国银行卡业务联网联合通用。

2010 年银联推出其第二代跨行交易清算系统。该系统仍由中国银联自主研发设计，拥有自主知识产权，交易处理能力和安全性、稳定性均达到国际同业领先水平，实现了系统集中运营、资金集中清算和风险集中管理。较之第一代清算系统，第二代清算系统在实现性能超越的同时，还完成了服务范围、灵活性、安全性和可靠性的超越。第一代清算系统包括一次清分和二次清分系统。一次清分主要负责跨行清算，二次清分主要负责分公司辖内机构的跨行清算和收单清算。第二代清算系统合并一、二次清分系统，分设跨行清算系统和收单清算系统。

二、银联的清算模式

银联的银行卡跨行交易清算系统的清算方式包括跨行清算和收单清算，二者的对象不同：跨行清算是针对收单机构和发卡机构的清算；收单清算是代替收单机构针对商户和收单专业化服务机构的清算。境内的跨行清算和收单清算均采用自主清算，相应的对账方式是先以银联清分结果为准，先行办理资金划拨，然后成员机构、第三方机构或商户再根据银联的对账文件，对比本身的交易明细，如果有错误就通过差错方式处置；外卡收单清算及部分跨境业务均采用非自主清算。

银联的支付清算包括清分和资金划拨两个重要环节。清分是指对交易日志中记录的成功交易，逐笔计算交易本金及交易费用，然后按清算对象汇总轧差形成应收或应付金额。简而言之，就是搞清楚今天应该向谁要多少钱，应该给谁多少钱。资金划拨是指通过特定的渠道和方式，完成应收应付资金的转移。简而言之，就是明确通过何种渠道，拿回应收款、付出应付款。清分是在银联清分系统内部完成的，而资金划拨是银联通过中央银行的大小额支付清算系统或同城票据交换系统完成的。

三、银行卡跨行交易清算系统的特点

（1）服务范围广。我国银行卡跨行清算业务的服务范围包括 ATM 取现、POS 消费等传统支付渠道以及基于银行卡的水、电、气交费，航空、铁路售票，缴税等行业渠道，网上支付、移动支付等新兴支付领域。

（2）分级清算。银行卡跨行交易清算系统分为两级，一级清算完成发卡行和收单行之间的同业清算，二级清算完成收单行/结算行与商户之间的结算。

（3）参与者众多。银行卡跨行交易清算系统的参与者包括全国性商业银行总行和各地分行、城市商业银行和农村商业银行、第三方机构以及商户等。

（4）创新业务不断涌现。人们对零售支付的多样化需求以及技术创新促进了新型支付渠道和支付领域不断涌现，收费方式和分配方法呈现多样化。

金融视野

银行卡支付系统与大小额支付系统的关系

无论是跨行清算还是收单清算，银联都是作为一个特许参与者，加入大小额支付清算系统，完成银行卡交换业务的资金划拨。银联通过大额支付系统，实现境内成员机构清算账户之间的双向资金转移，此部分对应银联清算方式的跨行清算。银联通过小额支付系统和当地票据交换系统，实现与境内第三方机构和商户之间的单向资金转移，此部分对应银联清算方式的收单清算。

银联系统可以说是大额支付系统的一个子系统。在大额支付清算系统中，银联享有比商业银行更大的特权，因为银联可以借记或贷记对方的账户，商业银行只能贷记对方的账户。

第五节
同城票据交换系统

一、同城票据交换的相关概念

同城票据交换，亦称票据清算，一般是指同一城市（或区域）各商业银行之间将相互代收、代付的票据，按照规定时间和要求通过票据交换所集中进行交换并清算资金的一种经济活动，是商业银行的一项传统业务（见图 9-3）。同城票据交换业务不仅涉及银行间票据的交换与清算，而且牵涉社会资金的使用效益等。不同国家的票据交换所运作方式有所不同，有的是各银行联合举办的，有的是中央银行直接主办的，但无论如何，票据交换之后的应收款、应付款总额最终都必须通过中央银行集中清算交换才能实现轧差，也由中央银行集中监督。

票据交换行是指参加同城票据交换业务的机构，票据清算行是指代理本级和其他票据交换行跟中国人民银行进行同城票据交换资金清算的机构。票据清算行本身也有可能为票据交换行。

票据交换所是指实施票据交换及清算职能的当地人民银行的执行机构，是各家商业银行完成实物票据交换的处理平台。

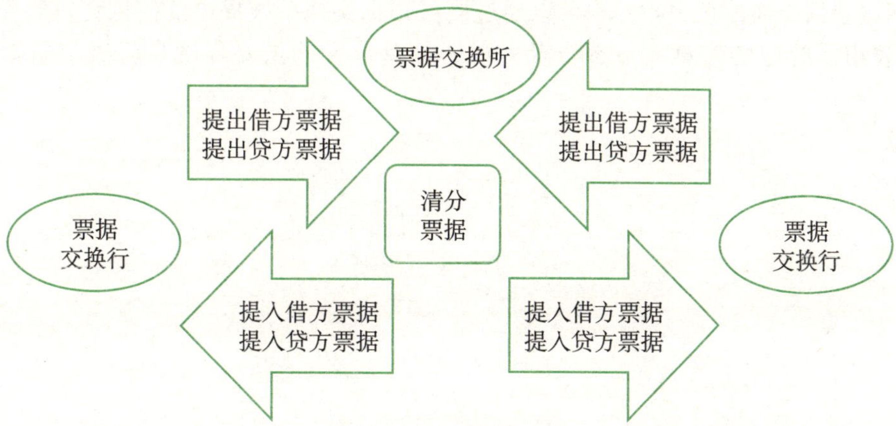

图 9-3 同城票据交换

同城票据交换系统是中国人民银行支付系统的重要组成部分，它与同城票据交换管理模式、操作流程等息息相关，即同一座城市（包括该市下辖的县市等）各家银行开户的企业，在使用转账票据时，中国人民银行通过同城票据交换系统把付款企业开户银行的资金划给收款企业开户银行。同城票据交换系统的功能是接收各行提出的交换业务信息，传递至提入行，并对交换资金进行自动清算。

二、同城票据交换的业务种类

同城票据交换系统可受理各种同城跨行结算凭证及票据，包括支票、汇票、本票、进账单、委托收款、托收承付、同城特约委托收款及其他有关结算凭证。交换票据分为借方票据和贷方票据，其中借方票据包括支票、本票、汇票、特种转账借方凭证、财政拨款专用凭证、一般缴款单、托收凭证等，贷方票据包括进账单、电汇凭证、财政拨款凭证、财政直接支付凭证、特种转账贷方凭证等。

同城票据交换的借记业务是指银行受理客户提交的付款人在他行开户的业务。借记业务一般不实行票据截留，即由提出行预先进行票据要素的初步审验后，将票据信息向同城票据交换信息中心发送交换信息，纳入银行间进行轧差和清算，并在规定时点前将提出的票据集中到同城票据交换所进行清分，由提入行统一进行票据确认。同城委托收款等借记业务可以实行票据截留，其轧差、清算办法不变，截留处理比照贷记业务。

同城票据交换的贷记业务是指银行受理客户提交的收款人在他行开户的业务。贷记业务全部实行票据截留，即由提出行进行票据要素的审核、确认，并向同城票据交换信息中心发送交换信息后，不需要将原始票据凭证传递至提入行，提入行根据管理需要打印接收到的交换信息清单或根据客户要求打印补充凭证信息。

同城票据交换的信息服务类业务是指同城票据交换系统可以提供查询查复的跟单信息等服务。查询查复的发起、接收必须有一个完整的应答过程，并登记配对。各参与者之间（包括同城票据交换信息中心）均可以通过同城票据交换系统提供的信息转发服务功能发起和接收相互约定的信息。各参与者可根据信息业务的重要程度自行决定是否加密押发送。

思考与实践

想一想

1. 我国支付体系由哪些部分构成？中央银行在支付体系中承担什么职能？
2. 为什么说安全、高效的支付体系是维护金融稳定的需要？
3. 中国人民银行支付系统主要包括哪几类应用系统？

练一练

1. ［多选］中国人民银行支付系统包括（　　）。

A. 大额实时支付系统（HVPS）　　B. 小额批量支付系统（BEPS）
C. 全国支票影像交换系统（CIS）　　D. 网上支付跨行清算系统（IBPS）

2. ［单选］依托网络和计算机技术接收、登记、转发电子商业汇票数据电文，提供与电子商业汇票货币给付、资金清算行为相关服务并提供纸质商业汇票登记、查询、公开报价服务的综合性业务处理平台的是（　　）。

A. 大额实时支付系统　　B. 小额批量支付系统
C. 电子商业汇票系统　　D. 境内外币支付系统

3. ［单选］银联的银行卡跨行交易清算系统的清算方式包括（　　）。

A. 跨行清算和收单清算　　B. 大额清算和小额清算
C. 实时清算和延时清算　　D. 同城清算和异地清算

查一查

登录中国人民银行网站，点击“支付体系”栏目，浏览该栏目下的最新内容。

第十章

中国征信体系

阅读提示

“有借有还、再借不难”，这句俗语体现了“信用”的朴素思想。可以说，信用是现代金融赖以生存的基石。在金融活动中，如何客观、有效地评价、展示各类主体的信用程度和水平并加以应用是一个难题。为了有效地解决这个专业问题，现代征信体系应运而生。

开篇提问

什么是征信体系？如何判断一个金融主体的信用水平？

第一节
中国征信体系沿革

一、征信的概念与分类

（一）征信的概念

征信是指征信机构作为信用交易双方之外的独立第三方，收集、保存、整理、加工和分析信息主体信用信息，并主要为信用交易中的授信方提供信用信息服务的活动。

征信机构是指依法设立，主要经营征信业务的机构。设立经营企业征信业务和个人征信业务的征信机构，应当符合《中华人民共和国公司法》和《征信业管理条例》中所规定的条件，并经国务院征信业监督管理部门批准。中国人民银行及其派出机构依法对征信业进行监督管理，县级以上地方人民政府和国务院有关部门依法推进本地区、本行业的社会信用体系建设，培育征信市场，推动征信业发展。

征信体系是指在相关牵头部门的推动和组织下，按照一定的数据采集标准，对信用主体的信用信息进行采集、加工、核实和更新，以实现信用信息在体系内互联互通的一种信用管理运行机制。

金融视野

中国古代“信”的出现

“信”在中国传统文化中占有重要的意义，最早记载于《礼记·祭统》：“是故贤者之祭也，致其诚信，与其忠敬。”孔子在《论语·颜渊》中提及“民无信不立”。“信”已经开始深入中国的社会生活和经济行为。孔子《论语·子路》中的“言必信，行必果，硁硁然小人哉！抑亦可以为次矣”，将“信”与人的行为进行了有机结合，通过“信”来规范人的行为，完成对人的社会礼教控制。朱熹认为：“信者，言之实也”“诚是自然的实，信是人做的实”。在儒释道统治的中国传统文化中，将“信”作为“五常”

的重要内涵，构筑了“仁、义、礼、智、信”的中国传统“礼治”社会治理结构。

“信”与“用”在社会经济中相辅相成。“用”最早记载于《左传·宣公二十年》：“其君能下人，必能信用其民矣。”也就是说“取信于民，并使用它”。“信”可以当做一种价值，通过“信”来实践自身的政治诉求，即遵守承诺，实践成约。可见，“信”已经被当做一种评价政治统治者社会影响力的重要评判标准。虽然在社会治理过程中，讲求政治的统治架构，也从人性的角度通过“信”制度的构建以确保政局的稳定，但是“信”本身所带有的模糊界定，也为中国古代“信用”评价标准的出现提出了难题。

（二）征信的分类

我国征信活动虽然发展时间较短，但是到目前为止，国际上的一些基本征信活动，在我国市场都已出现。随着我国市场经济的快速发展和日渐成熟，征信活动也日益活跃，市场正在被深化、细分，格局逐渐明朗，主要征信活动业务类型已经逐渐清晰。可以按照不同的分类标准对征信进行划分：

1. 按征信对象可分为企业征信和个人征信

中国人民银行于 2004 年开始组织商业银行启动金融信用信息基础数据库建设工作，基本上为国内每一个有信用活动的企业和个人建立了信用档案。截至 2012 年底，企业信用信息基础数据库为 1 859.6 万户企业和其他组织建立了信用档案，个人信用信息基础数据库为 8.2 亿自然人建立了信用档案。

2. 按应用与服务领域可分为金融征信、商业征信和监管征信

金融征信主要是指全国性的国有信贷征信机构的征信，如中国人民银行设立的征信中心。商业征信包括两种形式：一种是专业机构征信，主要是指民间资本投资设立的企业法人征信机构，如新华信商业风险管理有限公司等；另一种是行业协会等组织机构开展的征信，主要是指行业协会、同业联盟、俱乐部、商会等自发、自律的组织。监管征信主要是指政府相关机构的征信，一般由政府的相关信用或者信息中心实施归集和使用。

3. 按征信活动的地理范围可分为区域征信、国内征信和跨国征信

区域征信一般在某一特定区域内提供征信服务，这种模式通常在征信业刚起步的国家存在较多。国内征信是目前世界范围内最多的征信机构形式之一，尤其是近年来开设征信机构的国家普遍采取这种形式。跨国征信这几年正在迅速崛起，由于世界经济一体化进程的加快，各国经济互相渗透和融合，跨国经济实体越来越多，再加上征信市场的开放，为了适应这种发展趋势，跨国征信也就应运而生。

4. 按征信产品与服务的性质可分为公共征信、准公共征信和私营征信

公共征信主要是指由政府机关以及具有管理公共事务职能的组织进行的非竞争、非排他性的征信活动，目前我国上述第二种分类中的监管征信就具有这一性质。准公共征信主要是指具有有限的非竞争性或有限的非排他性的征信活动，它介于纯公共征信和私营征信之间，金融征信以及商业征信中的行业协会等组织机构开展的征信具有这一性质。私营征

信主要是指具有竞争性和排他性的征信活动，一般是由市场提供，商业征信中由专业机构提供的征信就具有这一性质。

二、中国征信业的发展沿革

新中国成立初到改革开放前，中国的经济体制主要为计划经济。征信业的发展缺乏市场经济土壤，因此受到了较大的制约。新中国征信业的开始与发展，主要始于 20 世纪 80 年代改革开放之后。从改革开放至今，中国的征信业主要经历了三个发展阶段。

（一）第一阶段：起步阶段（20 世纪 80 年代后期到 1993 年 6 月宏观调控之前）

1990 年 8 月，中国人民银行下发了《关于设立信誉评级委员会有关问题的通知》，并批准成立了第一家信用评级公司——上海远东资信评级有限公司。同时，在一些大中城市，经中国人民银行批准并颁发许可证，成立了一批以银行为发起人的资信评估公司。这些公司主要从事企业债券、内部股票和借款企业的资信评估工作。20 世纪 90 年代初，由于经济过热，中国资信评估公司发展较快。其中 1992 年中国人民银行深圳分行为了防范、化解信贷风险推出了贷款证制度，以此来了解企业概况、财务状况以及借还款状况等，并对其进行征信评估。这一时期征信业的主要特点为：(1) 客户相对单一；(2) 业务主要集中在企业债券，以市场调查为主，兼做信用调查。这项制度为之后征信业的兴起打下了良好的发展基础。1993 年，专门从事企业征信的新华信国际信息咨询有限公司开始正式对外提供服务。随着这些专业信用调查中介机构的相继出现，征信业的雏形初步显现。

（二）第二阶段：发展阶段（1993 年下半年到亚洲金融危机爆发之前）

这一阶段的主要特征是民营征信业的发展和外资征信公司的进入。由于外资大举进入中国市场，其对企业征信又较为重视，这从一定程度上促进了外资资信公司进入中国。其中最为有名的是美国邓白氏征信公司，该公司在上海、台湾都设立了相应的子公司，开展企业信用调查服务。

外资资信评级公司的进入，也促进了中国征信体系的发展。1996 年，中国人民银行在全国推行企业贷款证制度。1997 年，上海资信有限公司在上海市政府和中国人民银行上海分行的支持下，由上海市信息投资股份有限公司、上海市信息中心、上海中汇金融外汇咨询有限公司、上海隶平实业有限公司等联合投资组建，是一家政府主导、垄断经营的区域性个人征信机构。其把分散的银行内部评级业务进行了整合，并成立了个人信用数据库。这极大地促进了中国征信体系的完善。1999 年，中国人民银行将贷款证升级为电子化的贷款卡，建立起网络化的银行信贷登记咨询系统，并出台了《银行信贷登记咨询制度实施意见》。2002 年，银行信贷登记咨询系统建成地、省、总行三级数据库，实现了全国联网查询。

（三）第三阶段：政府探索和推动阶段（亚洲金融危机爆发以后至今）

亚洲金融危机的影响是深远的，从金融领域看，它使信用链条因信心问题而变得脆弱。这个时期，中国经济一方面承受着加强金融监管、降低银行不良资产率、防范和化解信用风险的压力，另一方面面临着改善金融服务、增加贷款、扩大内需、缓解通货紧缩的挑战。为了有效解决银行增加贷款与防范信用风险的矛盾，中国政府积极探索征信发展对防范信用风险和促进经济发展的积极作用，各地政府不同程度地开展了本地区诚信建设的相关活动。这一时期，上海市个人信用征信开始试点，颁布了《上海市个人信用联合征信试点办法》。在这个发展阶段，征信业发展出现了行业制度不断完善、信息数据库开始运行等特征。

1. 征信制度不断完善

2001 年 4 月，国务院下发了信用管理指导意见。之后在 2002 年建立了企业和个人征信体系专题工作小组，开展相关征信法规、征信行业技术标准的研究工作。2003 年，中国人民银行为完善征信监管制度和组织架构，成立了征信管理局，各地设立了征信管理处，构建了完善的征信监督和管理组织体系。2007 年，国务院办公厅颁布实施了《关于社会信用体系建设的若干意见》。2008 年，国务院将中国人民银行征信管理职责调整为“管理征信业”并牵头社会信用体系建设部际联席会议，2011 年，牵头单位中增加了国家发展和改革委员会。2010 年，国家发展和改革委员会针对企业和个人征信系统对外服务批复《关于中国人民银行征信中心服务收费试行标准等有关问题的复函》（发改委价格〔2010〕2071 号）。2013 年，我国首部征信业法规——《征信业管理条例》正式实施，明确中国人民银行为征信业监督管理部门，征信业步入了有法可依的轨道。2014 年 6 月，国务院发布《社会信用体系建设规划纲要（2014—2020 年）》。

2. 信息数据库开始运行

2003 年，国家工商行政管理局启动了“金信工程”，开始试运行企业信用信息基础数据库（企业征信系统）。2004 年，个人信用信息基础数据库（个人征信系统）也成功上线，并实现了个人征信系统联网查询。2005 年，银行信贷登记咨询系统升级为全国集中统一的企业信用信息基础数据库。2006 年，个人信用信息基础数据库（个人征信系统）全面建成，企业信用信息基础数据库（企业征信系统）全国联网运行。同年，中国人民银行成立了征信中心，不断强化对全国征信业的监管。征信数据库子系统也不断出现，其中 2009 年 7 月 20 日，融资租赁登记系统正式上线运行。2015 年 1 月 5 日，中国人民银行印发《关于做好个人征信业务准备工作的通知》，要求八家机构做好个人征信业务准备，准备时间为 6 个月，试点单位有芝麻信用、腾讯征信、深圳前海征信等。

金融视野

中国近代征信业发展

中国近代最早的征信机构出现在上海，由美国人和日本人开设。1912 年中华民国建立后，北洋政府财政部颁布了《银行公会章程》："银行公会应办理征信机构，为各银行提供信用咨询服务。"对征信机构设置和服务提出了明确的要求。上海《银行周报》总编辑徐沧水在对日本征信机构考察的基础上，提出："征信所的业务，应该包括'调查探访各种工商事项'，以编制和刊行各种统计或报告，'考察一般经济状况'，'俾应委托者之咨询'，随时研究有关公共事业之重要事件等诸项。"并于1921年全国银行公会第二届联合会上，提出设立征信所的建议。

随着中国近代工商业的发展和银行业的崛起，征信咨询服务越来越受重视。20世纪30年代，上海出现了5家信用调查机构，但均为美国和日本公司所开设。以钱庄形式存在的中国银行业自有一套征信机制，其中主要为"钱庄跑街"，其助手称"跟跑"。其兼有两个主要工作职责：(1)"专在外面招揽生意，接洽存款放款，为钱庄与顾客借贷往来中间人"；(2)"探询顾客的身家是否可靠，营业是否发达，财产是否殷实"。

中国近代第一家专职征信机构是中国征信所，其为1932年6月6日，由中国兴信社出面，章乃器先生创办，标志着中国近代征信业的真正开始。其主要职责为："报告市场实况；受会员或外界委托，调查工厂商店及个人身家事业之财产信用状况，于最短时间内将调查结果报告给委托者。"中国征信所既承担会员内部的征信咨询服务，也为外部公司和银行提供征信服务，既有个人业务也有公司业务。

第二节
中国征信体系现状

一、中国征信体系的特征

（一）个人信用和企业信用相结合

征信系统主要包括个人信用和企业信用，其主要为信用信息呈现。我国征信凭证从原先的纸质信用档案（20世纪90年代初的贷款证），演变为中国人民银行推广的贷款证制度，并建立起全国统一的个人信息和企业信息系统。社会征信系统主要记录的是个人和企业的信用信息，这些信息主要包括：（1）名称、身份证件及其代码、住址、年龄、性别等基本信息；（2）经济行为，如贷款信息、还款信息等。征信信息与一般信息存在较大差异，征信信息作为社会信息的一部分，主要反映个人或者企业的经济诚信行为，并作为其进行信用评级的重要依据。

（二）信用评级信息带有私密性

征信行业为特殊的信息服务业，一般通过第三方信用评级机构开展各类信用评级工作，较少受政府行政干预。其主要为反映信息主体（企业或个人）信用状况的信息，这类信息带有一定的个人或者企业的微观私密性。从信用系统的收集过程看，征信系统将信息主体在各行业接受授信服务、消费时和从事投资活动中留下的信用记录及其他能间接反映其信用状况的信息进行了有效的整合，形成了相应的信用评级报告。这种信息收集活动需要进行个人或者企业对资信评级机构进行信用授权，因此这些征信数据的正确客观性就显得尤为重要，也可以说数据质量是征信工作的生命线，关系着征信系统的公信力。

（三）信用评价机制的功能性

企业或者个人的征信信息是投融资经济行为决策的重要依据和参考。其主要目的是通过授信机构的信用信息，来预测该经济行为的风险，以此帮助授信机构改善风险管理。个人或者企业征信不能等同于个人或者企业的诚信道德。诚信道德虽然在一定程度上能制约受信人的社会行为，但是征信只针对其经济行为收集信息，不完全涵盖其社会道德范畴。

对受信人的基础征信、信用调查、信用评级，也不能完全反映个人或者企业的社会道德。

（四）授信机构和授信活动的独立性

这种独立性表现在征信机构行为相对独立，征信的交易行为相对独立。授信机构以独立于信用交易当事人的第三方身份提供服务。目前在我国主要是指商业银行，但除银行以外，还有很多其他的机构，如小额贷款公司、公积金中心、电信公司等授信机构。从信用交易和授信行为看，授信并不是银行的特权，随着我国征信行业的发展，各种征信机构也将不断涌现。征信机构在进行信用评价时相对保持独立，不受政府和市场的影响。授信活动中的信用交易也相对独立。征信信息相对小范围的分享交易，根据不同的交易对象，提供分层共享（信息敏感程度不同，分享范围不同）。

（五）征信系统集成的完整性

2006 年 3 月中国人民银行设立的法人事业单位——中国人民银行征信中心实现了全国联网运行，建立起我国较为完善的个人征信系统和企业征信系统——金融信用信息基础数据库。企业征信系统由中国人民银行于 2005 年 12 月在天津、上海、浙江、福建四个省（市）开通查询用户试运行，实现主要商业银行的全国联网运行。个人征信系统于 2004 年底开始试运行。全国 15 家商业银行和 8 家城市商业银行在北京、重庆、西安、南宁、深圳、绵阳和湖州 7 个城市实现了成功联网。金融信用信息基础数据库集成了个人征信系统和企业征信系统，为个人和企业用户提供完整的征信产品和服务。

二、中国征信体系的现状

目前，我国多元化的征信市场格局已初步形成，征信服务产品日益丰富，征信机构快速发展，市场功能日趋深化，服务于经济和社会的能力不断增强。

（一）征信服务业务体系不断完善

征信机构是征信活动的组织载体，是征信市场的参与主体。截至 2015 年 11 月初，全国共有 104 家企业征信机构在中国人民银行各分支行完成备案，主要包括市场监管征信机构、国企或政府背景征信机构、消费金融＋数据体系征信机构、征信服务机构和八家个人征信机构等市场行为主体。

市场监管征信机构：中华人民共和国国家发展和改革委员会、中国证券监督管理委员会、中华人民共和国财政部、中国人民银行、中国保险监督管理委员会等。

国企征信机构：浙江省经济信息中心、中国人民银行征信中心、中国商务信用平台、上海资信有限公司等。

消费金融＋数据体系征信机构：蚂蚁金服、京东金融等。

全牌照征信机构：大公国际资信评估有限公司、东方金诚国际信用评估有限公司、上海新世纪资信评估投资服务有限公司、中诚信公司（中诚信国际信用评级有限公司和中诚信证券评估有限公司)、联合公司(联合资信评估有限公司和联合信用评级有限公司)等。

征信服务机构:蚂蚁花呗、招联金融等。

第三方数据来源:支付宝、财付通等。

八大个人征信机构:芝麻信用管理有限公司、腾讯征信有限公司、深圳前海征信中心股份有限公司、鹏元征信有限公司、中诚信征信有限公司、中智诚征信有限公司、拉卡拉信用管理有限公司、北京华道征信有限公司等。

中国人民银行金融信用信息基础数据库作为典型的征信机构,银行信贷信息的覆盖面最为广泛,在我国征信体系中居于核心与主导地位。截至 2014 年底,企业和个人征信系统分别为 1 969 万户企业及其他组织、8.57 亿自然人建立了信用档案。其中,有中征码的企业和其他组织 1 008.7 万户,有信贷记录的自然人 3.5 亿多人。个人征信系统已成为世界上收录人数最多的征信系统,企业征信系统收录的企业和其他组织数也在全球众多企业征信系统中位居前列。

(二)征信产品和服务不断丰富

征信产品和服务不断丰富,涵盖企业信用报告、个人信用报告、信用调查报告、债券主体评级报告、债券债项评级报告、借款企业评级报告、担保机构评级报告和持续跟踪评级报告等。征信产品的服务范围涵盖信贷市场、债券市场、个人消费信用市场、商业信用市场等市场,个人、企业、银行、非银行金融机构、专业服务机构和政府部门等多类市场主体。少数机构走出国门,向海外市场提供服务。下面以中国人民银行征信中心金融信用信息基础数据库为例进行说明。

1. 企业征信产品

中国人民银行征信中心金融信用信息基础数据库的基础产品体系已经相对成熟,增值服务体系初步形成。其增值服务包括关联查询服务、企业征信汇总数据。

企业征信报告针对不同的需求主体分为 4 个版本:一是为以银行为代表的授信机构服务的银行版;二是为政府部门履职使用的政府版;三是为其他机构服务的社会版;四是为满足信息主体查询需求的自主查询版。

企业信用报告的主要内容包括报告头、基本信息、有直接关联关系的其他企业、财务报表、信息概要、信贷记录明细、公共记录明细、声明信息明细等。不同版本的企业信用报告,内容各有侧重。

2. 个人征信产品

中国人民银行征信中心金融信用信息基础数据库为个人提供基础产品和增值产品。

基础产品主要有个人信用报告、个人信用信息提示和个人信用信息概要三种。分为 4 个版本:为以银行为代表的授信机构服务的银行版,含配套的仅包含本行报送信息的银行异议版;满足消费者本人查询需求的个人版以及个人明细版;为其他社会主体服务的社会版;供征信系统管理使用的征信中心版。个人信用报告的基本内容包括:报告头、个人基本信息、信贷交易信息、公共信息、声明信息、查询记录和报告说明。

增值产品包括个人业务重要信息提示和个人信用报告数字解读等。

（三）市场拓展和创新不断加快

各征信机构为满足不断发展的征信服务需求，服务创新不断加快，开发了一些新的征信服务产品。部分评级机构除提供信用评级报告外，还从事咨询顾问、信用风险培训、评级模型销售等业务。部分信用调查机构除从事信用调查业务外，还从事信用风险管理咨询、企业商账管理、信用管理培训、信用风险管理软件等业务。最近几年，信用调查机构也越来越多地开始为商业银行及其他金融机构提供各类信用信息服务，帮助金融机构进行贷前审查和贷后监控。目前，一些大数据公司也开始利用数据抓取优势为金融机构提供专业化的数据信息服务。

三、中国征信体系的制度保障

为及时、全面反映借款人资信情况，加强金融监管，防范信贷风险，中国人民银行于1999年发布《银行信贷登记咨询管理办法（试行）》（银发〔1999〕281号），规范贷款卡发放及管理、信贷登记管理等行为。

为加强对征信系统的管理，中国人民银行于2005年发布《关于企业信用信息基础数据库试运行有关问题的通知》（银发〔2005〕400号），对企业征信系统的功能与管理、借款人信用信息报送、查询、使用、异议处理以及信息安全管理等进行规范。中国人民银行于2005年发布了《个人信用信息基础数据库管理暂行办法》（人民银行令〔2005〕3号），同时制定了金融机构用户管理、异议处理、信用报告本人查询相关配套措施，保障个人征信系统的建设和运行，规范商业银行报送、查询和使用个人信用信息以及信息安全管理，为维护金融稳定，防范和降低商业银行的信用风险，促进个人信贷业务的发展，保障个人信用信息基础数据库的建设和运行，规范了商业银行报送、查询和使用个人信用信息的行为。

为规范评级机构在银行间债券市场和信贷市场信用评级执业行为，中国人民银行于2006年出台了《信用评级管理指导意见》（银发〔2006〕95号），明确了信用评级机构的工作制度和内部管理制度、评级原则、评级内容以及评级程序等内容，对评级机构从事金融产品信用评级、借款企业信用评级和担保机构信用评级业务进行管理和指导。中国人民银行于2008年发布了《关于加强银行间债券市场信用评级作业管理的通知》（银发〔2008〕75号），对评级机构在银行间债券市场评级的现场访谈、作业时间进行了规范。信用评级管理制度的实施，规范了评级机构的执业行为，保护了投资人的合法权益，促进了信用评级业的健康发展。

随着征信系统建设的推进，以及国内征信市场的发展，国务院于2013年颁布《征信业管理条例》，对征信机构、征信业务规则、异议和投诉以及金融信用信息基础数据库、信息安全等进行规范，为规范征信活动，保护当事人合法权益，引导、促进征信业健康发展，推进社会信用体系建设提供法规保障。2016 年 9 月 21 日实施的《企业征信机构备案管理办法》，明确了设立征信机构所需具备的条件以及所需提交的材料，细化中国人民银行的管理要求，便于经营个人征信业务的征信机构设立审批、经营企业征信业务的征信机构备案。

为加强对金融信用信息基础数据库的管理，中国人民银行发布《关于规范金融信用信息基础数据库向国家机关提供查询服务的通知》（银征信函〔2013〕372 号）和《金融信用信息基础数据库用户管理规范》（JR/T 0115—2014），对国家机关查询征信系统信息和征信系统用户管理进行规范，以满足国家机关依法履职需要，维护信息主体合法权益，保障征信系统信息安全。

为加快社会信用体系建设，2007 年，国务院发布《关于社会信用体系建设的若干意见》（国办发〔2007〕17 号），2014 年又制定了《社会信用体系建设规划纲要（2014—2020 年）》（国发〔2014〕21 号），进一步明确社会信用体系建设要以法制为基础、信用制度为核心，以健全信贷、纳税、合同履约、产品质量的信用记录为重点。2016 年 5 月 30 日，国务院发布《关于建立完善守信联合激励和失信联合惩戒制度 加快推进社会诚信建设的指导意见》（国发〔2016〕33 号），加快推进社会信用体系建设，加强信用信息公开和共享，依法依规运用信用激励和约束手段，构建政府、社会共同参与的跨地区、跨部门、跨领域的守信联合激励和失信联合惩戒机制，促进市场主体依法诚信经营，维护市场正常秩序，营造诚信社会环境。

四、中国征信行业现存的主要问题

（一）社会信用意识和信用环境有待提高和改善

我国市场经济体制建立的时间不长，全社会信用意识和社会信用环境还比较薄弱。从经济主体看，为争取经济利益而失信的行为时有发生。这既有信用意识淡薄的原因，也有失信成本过低的原因。

征信体系建设的核心和基础就是要实现信用信息充分共享、互联互通。从政府层面看，受行政体制限制，许多信息相对封闭和分散于各个部门、行业和机构中，使用信息缺乏透明度，各部门条块分割难以信息共享，执行过程中尚未全面建立起“守信激励、失信惩戒”的机制。

此外，《中华人民共和国政府信息公开条例》虽然已对政务信息公开作出了具体规定，但执行过程中，政务信息的公开尚不全面，部分信用信息的缺失，削弱了信用信息的完整性，不利于形成准确的信用状况判断。

（二）征信市场基础薄弱、供需矛盾突出

我国征信市场的发展历史不长，与发达国家成熟的征信市场相比，市场基础较为薄弱，征信产品供给和需求矛盾比较突出，对我国征信业的持续发展产生了一定的阻力。具

体表现在以下三个方面：

1. 商业征信机构总体数量较少、规模偏小，发展缓慢且不均衡

我国征信机构总体实力较弱，国内最大的商业性征信公司年营业收入与国际上大型征信公司收入相差甚远；商业征信市场需求主要集中在发达地区，如北京、上海、深圳等一线城市，三线城市的商业信用需求比较弱。企业、个人对征信产品的需求还局限于较小的使用范围，距全社会的广泛应用还有很大的差距。

2. 征信机构服务单一，产品质量不高，缺乏权威性和公信力

目前，我国大部分征信机构并没有自己的信用信息数据库，主要业务是调查和提供简单的、基础的征信报告。不能像国际上特别是美国大型的著名征信公司那样，依据数据库提供深度、多样的专项报告。可见，我国现在的征信机构在产品研发、征信技术、内控机制等方面，与国际水平相比还存在较大差距，产品与服务还是比较低端的，技术含量并不高，质量也不尽如人意，不能完全满足多层次的市场需求，影响了行业发展。

3. 专业人才匮乏，从业人员素质偏低，人员流动大

行业的发展离不开人的发展。从国际情况来看，征信服务业是知识密集型、技术密集型行业，对征信从业人员的跨学科背景有着较高的要求。现阶段，我国征信业人才短缺情况非常严重，并且素质普遍没有达到应有的要求。很多征信机构的从业人员并不了解基本的信用常识，缺乏制作征信报告应有的专业征信知识与技术分析能力。

（三）征信管理面临发展与规范的矛盾

行业发展与规范始终是一对矛盾，现实中存在“一收就死、一放就乱”的现象。征信行业有其自身特点，征信机构的主要业务是采集、加工、整理信用信息，并对外提供服务。出于满足信息使用者需要的角度，征信机构往往希望采集和提供的信息更加丰富。虽然这可以迅速发展业务，但容易侵害信息主体的权益，引发违规行为。而对于监管者来说，又往往存在为避免违规而过度监管的倾向，这将影响整个行业的活力与发展动力。如何使征信业发展与规范并重，更好地处理二者间的关系，已成为监管者面临的重大问题。此外，互联网时代大数据征信也为监管提出了新的挑战，数据管理的风险增加，数据获取方式更为隐蔽，个人隐私保护问题亟须解决，这些都对监管水平提出了更高的要求。

第三节
中国征信行业前景

一、中国征信行业规模将不断扩大

中国征信行业的发展可以用三个重要指标来衡量：（1）GDP 总量；（2）中国消费信贷余额规模及增长率；（3）中国 P2P 贷款交易规模。2016 年全年，中国 GDP 达到了 744 127亿元，按可比价格计算，比上年增长 6.7%。在“十三五”时期，中国的 GDP 增速将基本维持在 6.5%～7%。中国消费信贷余额规模不断增长，2015 年中国消费信贷余额规模已经达到了 18.1 万亿元，同比增长 17.8%，在今后 5 年的预期中，中国消费信贷余额将维持在 19%左右的增长速度。网络 P2P 已经成为中国贷款交易的重要模式之一。2015 年中国 P2P 市场已经达到了 8 302.5 亿元，预计到 2019 年中国 P2P 贷款交易规模将达到 35 452 亿元。这些都为中国征信行业的不断发展壮大提供了良好的市场基础。

2015 年，中国个人征信行业潜在市场规模为 1 623.6 亿元，实际市场规模为 151.4 亿元。目前我国个人征信行业市场渗透率基本维持在 9%的水平。根据艾瑞咨询《2015 年中国征信行业研究报告》的预测，中国个人征信行业在未来的 5 年中实际市场将保持 20%的增长率，甚至超过 50%；实际市场规模到 2020 年将达到 717.6 亿元，市场渗透率将达到 26%左右，接近发达国家水平。中国潜在的征信市场规模巨大，还需要进一步发掘。

二、大数据极大地促进了征信数据挖掘

信贷信息采集是征信系统面临的主要挑战。例如：中国人民银行主导的金融信用信息基础数据库，2015 年，收录个人数达到了 8.8 亿人、企业数达到了 2 120 万户，但是其中有 5 亿人、1 543 万户企业没有信贷记录。传统的征信数据采集在新时期并未能完全发挥其数据采集的有效性，而未来的大数据采集在征信行业发展中将作为重要的数据采集方式。大数据征信业务在传统征信业务的信息采集渠道基础上，利用大数据、云计算、互联网的优势，将信息采集渠道拓展至多维度、多领域。

（一）信息储存将更加智能化

传统的征信信息储存相对独立，分设在各自的征信机构的信息系统中，强化了信息数据存储的安全性，但是不能有效进行数据的整合。大数据强化了数据的共享和交易，“云”征信服务将不断发展，如阿里巴巴、腾讯等互联网公司推出云计算，为个人征信提供了科学有效的数据架构。

（二）征信数据处理的快速化

征信系统的数据处理更多地需要依赖于超级计算系统，随着我国“神威·太湖之光”“天河二号”等超级计算机的不断涌现，为我国未来庞大的征信数据的处理提供了可能。在未来的征信系统数据处理中，将更多运用云计算、超级计算机等有效的建模，从而客观评价个人和企业的信用等级，为征信行业提供科学有效的数据基础。

（三）征信服务将个性化

大数据的挖掘有助于更好地了解个人或者企业的信用特征，运用云计算等能更好地根据征信客户的需求定制个性化的数据结构和征信信息报告。尤其是客户深度数据的挖掘，在“互联网＋征信”时代将成为现实。例如芝麻信用，在信息挖掘时进行全维度的动态并行挖掘方式，能够迅速访问所有关联信息并整合加工成一个清晰、易读的征信报告，由此将分散、零乱的无价值信息进行高度集成共享和交叉复用，进而实现征信信息价值的最大化。

金融视野

“互联网＋征信”将引领征信行业发展

在2015年1月5日中国人民银行发布的《关于做好个人征信业务准备工作的通知》中，八大个人征信机构中涉及多家互联网金融公司，如芝麻信用管理有限公司、腾讯征信有限公司等，“互联网＋征信”模式将成为未来征信行业的发展方向。在试水“互联网＋征信”的企业中取得较大成功的是上海资信旗下的网络金融征信系统（NFCS）。截至2014年7月25日，该公司共接入P2P平台203家，日均查询量达到2 000余次。

中国人民银行主导的金融信用信息基础数据库在“互联网＋征信”中起到了重要的推动作用，截至2014年底，企业和个人征信系统接入机构数分别为1 724家和1 811家。信息数据包括贷款、保理、票据贴现、贸易融资、信用证、保函、银行承兑汇票、公开授信等信贷业务，以及与之相关的担保、垫款、欠息、资产接入及资产处置、养老保险参保缴费、住房公积金缴费等信息，涉及的数据项超过200项。

与传统的征信系统相比，“互联网＋征信”系统具有诸多优势：

（1）信息量大幅增长，由原来的TB增长至PB，信息数量来源于多元化的网络环境，信息数据结构分析相对更合理。

(2) 将原来单一的信贷数据转变为多元化的支付数据，更客观地反映征信者的信用评级。从某种意义上说，“互联网＋征信”制约了网络金融用户经济违约行为的发生，能起到有效的监督作用。

(3) 为“互联网＋金融”提供了有力的保障，尤其是能促进网络小额信贷的不断发展，能更好地促进中小微企业的发展，为其提供多元的金融信贷服务。

但是，在“互联网＋征信”的发展过程中也有诸多挑战：

(1) 征信信用信息的有效甄选。网络数据相对庞杂，需要有效辨别真伪信息。

(2) 网络监控平台的缺失。P2P 融资平台中信用评级缺乏监管，已经出现的 P2P 行业乱象影响了征信行业的有序发展。

(3) 缺乏有效的网络数据整合。网络数据大多为各大网络公司所有，各个公司之间缺乏有效的数据联通渠道，因此评价个人和企业的网络信用评级时各自为战，信用评价不科学、不合理。

三、对中国征信体系发展的建议

(一) 继续加快征信数据信息共享与开放

2014 年，《社会信用体系建设规划纲要（2014—2020 年）》为中国征信体系建设指明了方向。未来将加快政府及公共机构内部之间信用信息共享，政府及公共机构向社会公开所掌握的信用信息。我国征信体系可形成三大数据体系：金融征信体系、行政管理征信体系和商业征信体系。金融征信体系是以金融业主管部门为主导进行建设，行政管理征信体系是以政府及其主要职能部门为主导进行建设，商业征信体系是以行业协会组织及其会员为主导进行建设。金融征信体系、行政管理征信体系是整个征信体系的基础供应商。在它们周围将会存在并逐渐发展出一批专业的、有一定规模的征信中介机构。这些机构以金融征信和行政管理征信开放的信息为基础，进行综合或深加工，制作出满足终端市场需求的专项征信产品和综合征信产品。这三大数据体系互为补充，每个体系通过各自的侧重点，服务于整个社会信用体系建设。

(二) 建立符合社会主义市场经济发展要求的，竞争有序、运行安全、功能完善的征信市场体系

一是要培育和打造自主经营的品牌征信机构，提高征信市场总体水平。二是要引导征信机构公司完善治理和内部管理机制。三是要提升征信业的服务质量，提高产品创新能力。

(三) 依法推进征信市场对外开放

一是在有效监管、完善制度和维护信息安全的前提下，循序渐进、依法对外开放征信

市场。二是支持我国评级机构择机走出去。在立足本土市场、提高自身实力的基础上，支持我国征信机构根据自身意愿与能力，跨境进行多角度、多层次的竞争合作。三是积极鼓励学习借鉴发达国家的先进征信管理理念和方法，积极参与国际标准制定，并通过举办和开展多层次国际研讨、参与国际项目、进行国际培训、积极研究分析金融危机中征信和评级机构问题等方式，提高国际交流合作水平。四是在对外开放和交流过程中加强人才储备和自身实力积累。

（四）构建新型的信用监管机制

一是按照《征信业管理条例》和《征信机构管理办法》开展征信管理工作。全面落实《征信业管理条例》和《征信机构管理办法》的各项规定，区别管理企业和个人征信机构，重点加强对个人征信机构的管理，充分体现对信息主体权益和个人隐私的保护。二是推进信用评级市场管理方式改革。按照国务院政府职能转变的要求，为更好地服务于企业融资特别是小微企业融资，信贷市场信用评级管理方式由偏重于事前管理转变为侧重事中、事后监测和信息披露。

（五）加强征信行业专业人才的培育

多层次、多角度地开展征信专业人才培育工作：首先，充分利用高校教育资源，开设征信、信用评级、信用管理等主要课程，为征信服务机构储备、输送专业管理和技术人才；其次，监管部门加强征信从业人员职业培训及考核，规范职业道德与技术标准。

思考与实践

想一想

1. 什么是征信机构和征信体系？
2. 征信体系有何特征？
3. 你认为我国征信业发展会面临哪些问题？前景如何？

练一练

1. ［多选］征信业按应用与服务领域可分为（　　）。

A. 金融征信　　B. 商业征信　　C. 监管征信　　D. 跨国征信

2. ［单选］有关大数据征信业务，以下表述不正确的是（　　）。

A. 信息储存将更加智能化　　B. 征信数据处理将更加快速化

C. 征信服务将更加统一化　　D. 征信服务将更加个性化

3. ［单选］对征信机构、征信业务规则、异议和投诉以及金融信用信息基础数据库、信息安全等进行规范，为规范征信活动，保护当事人合法权益，引导、促进征信业健康发展，推进社会信用体系建设提供法规保障的是（　　）。

A.《中国人民银行信用评级管理指导意见》　B.《银行信贷登记咨询管理办法（试行）》

C.《关于社会信用体系建设的若干意见》　D.《征信业管理条例》

查一查

登录中国人民银行网站，点击“征信管理”栏目，浏览该栏目下的最新内容。

第十一章

中国金融法律体系

阅读提示

前面的章节我们介绍了金融监管，并把它比喻成赛场上的裁判，提出高水平的裁判是一场精彩比赛的保障。那么裁判维持比赛进行或者进行判罚的依据是什么呢？在金融体系中，这个最高准则就是金融法律体系。在前言中，我们指出金融制度包括金融相关法律法规及其确定的金融结构、职责分工与合作，因此金融法律是金融制度的主要组成部分。

开篇提问

什么是金融法律体系？你听说过哪些金融法？

第一节
中国金融法律体系概述

一、金融法律体系的含义

法律是规范主体行为、调整社会关系的规则。法律体系是指一个国家全部现行法律规范分类组合为不同法律部门而形成的有机联系的统一整体，简单地说就是部门法体系。金融法律体系，即金融法律部门，是根据一定标准、原则所制定的同类金融法律规范的总称。

经过多年发展，我国金融法律体系从无到有，逐渐成形，满足了我国金融体系的发展需求。从最初金融法律的空白，到如今已初步形成一个涵盖《中华人民共和国中国人民银行法》《中华人民共和国银行业监督管理法》《中华人民共和国商业银行法》《中华人民共和国证券法》《中华人民共和国保险法》《中华人民共和国会计法》《中华人民共和国担保法》和《中华人民共和国公司法》等一系列金融法律法规的相对完善的法律体系。金融立法逐步走向细化，立法机关在银行、证券、保险、信托等领域都颁布了大量的法律、法规、规章和其他规范性文件。逐渐完备的金融法律体系促进了公平、高效市场机制的建立，也改善了金融生态环境，维护了金融稳定。

二、我国金融法律体系的沿革

改革开放以来，随着对外交往的不断深入，我国在借鉴国外金融监管先进成果的基础上，初步建立了以《中华人民共和国中国人民银行法》《中华人民共和国银行业监督管理法》为核心，《中华人民共和国反洗钱法》《中华人民共和国商业银行法》《中华人民共和国证券法》《中华人民共和国保险法》和《中华人民共和国票据法》等金融法律、国务院制定的金融行政法规以及金融监管部门制定的部门规章和其他规范性文件为主体，最高人民法院制定的金融司法解释为补充的金融法律体系。在多层次、全方位的金融法律体系框架中，形成了一套既适应中国国情又逐步与国际惯例接轨的金融法律制度。目前，我国金融法律体系主要由四个层次的规范性文件组成：第一个层次是金融法律，第二个层次是金融行政法规，第三个层次是金融行政规章，第四个层次是金融司法解释。

我国金融法律体系建设始于新中国成立前夕，在改革开放中获得了巨大发展。1948年12月1日，中国人民银行成立。1949年9月，中国人民政治协商会议通过《中华人民共和国中央人民政府组织法》，赋予中国人民银行国家银行职能，承担发行国家货币、经理国家金库、管理国家金融、稳定金融市场、支持经济恢复和国家重建的任务。1978年改革开放后，我国完备的金融法律体系建设主要经历了三个阶段：1978—1994年的金融法治化建设起始阶段，1995—2001年的金融法治化建设全面推进阶段，以及2002年以来的金融法治化建设持续深化阶段。

（一）金融法治化建设起始阶段（1978—1994年）

国务院颁布了一系列条例来监管金融业的发展。由于我国资本市场发展尚未步入正轨，这一时期的立法主要围绕银行制度展开。1983年国务院颁布了《中国人民银行专门行使中央银行职能的决定》，该决定初步明确了中国人民银行的性质和地位，理清了中国人民银行和其他专业银行及金融机构的关系。1986年，国务院又颁布了《中华人民共和国银行管理暂行条例》，这是新中国第一部系统的金融管理条例，虽然只是部门条例，但实际上是这一时期金融的基本法。1992年，《中华人民共和国证券法》起草工作正式开始。《中华人民共和国证券法》是新中国成立以来第一部按国际惯例、由国家最高立法机构组织而非由政府某个部门组织起草的经济法。在金融法治化建设起始阶段，对金融业的监管以行政法规和部门规章、条例为主，全国人大及其常委会未通过相关法律，完整的法律体系尚未形成。

（二）金融法治化建设全面推进阶段（1995—2001年）

全国人大及其常委会在此期间相继通过了《中华人民共和国中国人民银行法》（1995年3月18日第八届全国人民代表大会第三次会议通过）、《中华人民共和国商业银行法》（1995年5月10日第八届全国人民代表大会常务委员会第十三次会议通过）、《中华人民共和国票据法》（1995年5月10日第八届全国人民代表大会常务委员会第十三次会议通过）、《中华人民共和国保险法》（1995年6月30日第八届全国人民代表大会常务委员会第十四次会议通过）、《中华人民共和国担保法》（1995年6月30日第八届全国人民代表大会常务委员会第十四次会议通过）、《中华人民共和国证券法》（1998年12月29日第九届全国人民代表大会常务委员会第六次会议通过）和《中华人民共和国信托法》（2001年4月28日第九届全国人民代表大会常务委员会第二十一次会议通过）等。

《中华人民共和国中国人民银行法》首次以国家立法的形式确立了中国人民银行作为中央银行的地位，这标志着中央银行体制走向了法制化、规范化的轨道，也是中央银行制度建设的重要里程碑。而《中华人民共和国商业银行法》和《中华人民共和国保险法》的相继颁布实施，标志着我国金融体制分业经营的格局确立。在金融监管方面，实行分业管理、分业经营的原则，由中国人民银行、证监会、保监会分别对银行业、证券业、保险业行使监督权，并且颁布了大量的监管规则，内容涉及机构管理、业务管理与操作、执法监督等方面。

据不完全统计，1995—2001年底，由全国人大及其常委会颁布的金融法律达9部之多；由国务院颁布的金融法规有145部；由国务院各机构颁布的金融类规章有3 680部；由最高人民法院制定的金融类司法解释有41部，以补充法律的不足以及应对新兴的金融业务。

金融视野

《中华人民共和国中国人民银行法》摘录

第一条　为了确立中国人民银行的地位，明确其职责，保证国家货币政策的正确制定和执行，建立和完善中央银行宏观调控体系，维护金融稳定，制定本法。

第二条　中国人民银行是中华人民共和国的中央银行。中国人民银行在国务院领导下，制定和执行货币政策，防范和化解金融风险，维护金融稳定。

第三条　货币政策目标是保持货币币值的稳定，并以此促进经济增长。

……

第五条　中国人民银行就年度货币供应量、利率、汇率和国务院规定的其他重要事项作出的决定，报国务院批准后执行。

中国人民银行就前款规定以外的其他有关货币政策事项作出决定后，即予执行，并报国务院备案。

第六条　中国人民银行应当向全国人民代表大会常务委员会提出有关货币政策情况和金融业运行情况的工作报告。

第七条　中国人民银行在国务院领导下依法独立执行货币政策，履行职责，开展业务，不受地方政府、各级政府部门、社会团体和个人的干涉。

……

第九条　国务院建立金融监督管理协调机制，具体办法由国务院规定。

（三）金融法治化建设持续深化阶段（2002年至今）

2001年底，中国加入世贸组织，对金融开放作出了承诺，原有的金融法律需要修改以适应中国金融业的新变化。2002年以后，全国人大常委会先后通过了《中华人民共和国银行业监督管理法》（2003年12月27日第十届全国人民代表大会常务委员会第六次会议通过）、《中华人民共和国证券投资基金法》（2003年10月28日第十届全国人民代表大会常务委员会第五次会议通过）、《中华人民共和国企业破产法》（2006年8月27日第十届全国人民代表大会常务委员会第二十三次会议通过）、《中华人民共和国反洗钱法》（2006年10月31日第十届全国人民代表大会常务委员会第二十四次会议通过），修订了《中华人民共和国中国人民银行法》《中华人民共和国商业银行法》《中华人民共和国保险法》

《中华人民共和国证券法》等法律。

为了加强对日益壮大的银行业的监管，有效防范金融风险，2003 年 3 月 10 日第十届全国人民代表大会第一次会议通过了《关于国务院机构改革方案的决定》，批准设立银监会，履行原由中国人民银行履行的审批、监督银行、金融资产管理公司、信托投资公司以及其他存款类金融机构的职责。同年第十届全国人大常委会第六次会议通过了修改《中华人民共和国中国人民银行法》和《中华人民共和国商业银行法》的决定，出台了《中华人民共和国银行业监督管理法》，从法律上明确了中国人民银行和银监会的职责，并对商业银行经营行为作出了规范。这使我国金融业法律法规得以修正与细化，规范了金融市场操作，维护了国家和合法市场参与者的利益。《中华人民共和国银行业监督管理法》《中华人民共和国中国人民银行法》和《中华人民共和国商业银行法》是构成中国银行业法律体系的三部基本大法，标志着中国金融法制建设取得了重大进展。

在农村金融方面，为推进农村金融业的发展、解决"三农"问题，中国银行业监督管理委员会于 2006 年底发布了《关于调整放宽农村地区银行业金融机构准入政策　更好支持社会主义新农村建设的若干意见》，2007 年又先后发布了《村镇银行管理暂行规定》《贷款公司管理暂行规定》《农村资金互助社管理暂行规定》《村镇银行组建审批工作指引》等一系列规章。

2007 年 3 月，《中华人民共和国物权法》通过，它所确立的新担保物权制度完善了担保物权并修正了执行机制。2007 年 6 月，《中华人民共和国企业破产法》正式颁布，首次专门就金融机构破产作出了规定，并界定了担保债权和职工债权在清算中的清偿顺序问题，这些都进一步完善了我国金融生态环境建设。

经过 30 多年的发展，我国逐渐形成了以"银行三法"，证券、保险、信托基本法为核心，金融法律、行政法规和规章为主体，金融方面的司法解释为补充的金融法律体系。在完整的法律体系的催化下，我国金融业的监管体制也随之改变，初步形成了金融市场主体利益平衡机制，逐步形成了有利于金融发展的法律环境。

三、我国金融法律体系的职能

金融法律体系的职能，是指金融法律规范通过确认金融机构的法律地位、规范金融主体的行为，从而对整个社会金融生活产生的调节机制作用。具体而言，主要包括以下内容。

（1）确认金融机构的法律地位，建立、健全金融机构组织体系。金融是以银行等金融机构为中心，在信用基础上组织起来的货币流通。金融活动能否正常、有序进行，关键要看金融机构本身是否健全。金融法律体系的首要职能正是通过立法对各类金融机构的性质、职责权限、业务范围等加以界定，对各类金融机构的组织管理结构、运行机制、设立、变更及终止等加以明确规定，进而为金融活动的健康开展创造前提条件。

（2）培育和完善金融市场体系，规范金融市场行为，协调、确保金融市场各参与者的合法权益，提高资金运营效益，实现资金融通的个体效益目标和社会整体效益目标的统一。金融市场种类繁多，且每一完善的金融市场必须具备交易主体、交易对象、交易工具、交易价格四大要素。只有通过立法对各类要素加以规范，建立起各类金融市场，并依法严格管理，才能形成统一、开放、有序竞争的市场局面，才能加速资金的横向流动和有效配置，提高融资的可选择性和及时性，最终提高资金的使用效益，维护市场交易各方的合法权益。在金融市场各种交易中，事先进行规范性的程序设计，采用规范程序与制度建设，辅助技术措施，预防违法与犯罪。明确要求对金融从业人员，特别是高级管理人员进行金融法制教育，增强金融法制观念与金融职业操守，从而达到维护金融市场秩序的目的。

（3）确定金融宏观调控目标，规范金融调控、管理、监督行为，完善金融宏观调控、监管体系。在现代社会里，金融业是事关经济全局、事关千家万户的公共性行业，金融市场是瞬息万变、充满不确定性的市场，任何一个金融机构金融活动的开展，其影响力已超过交易个体自身的范围，都在现实地或潜在地对其他市场主体产生影响，亦即对全社会发生作用。如何在尊重市场机能的前提下，趋利避害，就要求我们从社会整体利益需要出发，对金融业实行宏观调控和有效监管，而这正是金融法律体系的另一重要职能。金融法律体系通过其确认、引导、规范、调节、保障职能，可以明确一国的货币金融政策的总体目标，确定金融监管机构的地位及职权，规范金融监管和调控的方式、方法，规定金融违法行为的惩处、制裁措施等。

第二节
中国金融法律体系的主要内容和特征

一、我国金融法律体系的主要内容

从金融运行的角度来看，我国现阶段的金融法律体系可以划分为关系金融稳定的基础性法律制度、防范系统性金融风险的法律制度和化解金融风险的法律制度。关系金融稳定的基础性法律制度主要包括由《保险法》《信托法》《证券法》《票据法》《担保法》《公司法》《会计法》等法律确立的民商事法律制度、防范和打击金融犯罪的刑事法律制度和反洗钱法律制度等。防范系统性金融风险的法律制度主要包括由《中国人民银行法》确立的中国人民银行防范系统性金融风险法律制度、由《银行业监督管理法》《证券法》《保险法》等法律确立的金融监督管理部门防范金融风险法律制度、由国务院颁布的《非法金融机构和非法金融业务活动取缔办法》确立的取缔非法金融机构和非法金融业务活动的法律制度。化解金融风险的法律制度则立足于对出现支付困难的金融机构如何实施救助和令其退出市场，如《商业银行法》《银行业监督管理法》等确立的金融机构监管、整顿和重组的法律制度，《金融机构撤销条例》确立的金融机构撤销法律制度，《金融资产管理公司条例》确立的处置不良资产的法律制度以及涉及投资者保护的法律制度。

具体而言，完备的金融法律体系应当包括以下要素：（1）金融机构组织方面的规范，包括金融机构的法律地位、性质、组织机构、组织形式、治理机制、市场退出等内容；（2）金融监管方面的规范，包括监管机构的设置、职能，金融监管体制，市场准入监管，金融审慎监管，市场退出监管等内容；（3）金融业务方面的规范，包括金融机构开展金融业务应该遵守的规则；（4）金融交易方面的规范，包括各类金融交易主体权利的确认和保护规则、交易结果的确认和保护规则等；（5）金融法律法规的适用性，包括金融法律法规的实施状况、金融法律法规与我国国情的匹配程度等。

二、我国金融法律体系的特征

我国现行金融法律体系具有以下特征：

（一）由法律、法规、规章及其他规范性文件共同组成，监管部门出台的规范性文件是主要的执法依据

目前，我国已建立了以全国人大及其常务委员会制定的《中国人民银行法》《银行业监督管理法》《证券法》《保险法》《信托法》《证券投资基金法》《票据法》等金融基本法以及国务院制定的金融行政法规为核心，金融监管部门制定的部门规章和其他规范性文件为主体，最高人民法院制定的金融方面的司法解释为补充的金融法律体系。

其中，金融法律是由全国人民代表大会及其常务委员会制定和颁布的、直接调整金融关系的基础性法律，有关基本经济制度以及财政、海关、金融和外贸基本制度的事项只能制定法律。目前，我国的金融法律主要包括：《中国人民银行法》《商业银行法》《银行业监督管理法》《票据法》《担保法》《物权法》《保险法》《证券法》《信托法》《证券投资基金法》《反洗钱法》等。

金融行政法规是国务院为执行法律规定以及宪法规定的行政管理职权的需要而制定的规范性文件，经常以条例、决定等形式颁布。目前，我国的金融法规主要有：《储蓄管理条例》《企业债券管理条例》《外汇管理条例》《非法金融机构和非法金融业务活动取缔办法》《金融违法行为处罚办法》《人民币管理条例》《国有重点金融机构监事会暂行条例》《个人存款账户实名制规定》《金融资产管理公司条例》《金融机构撤销条例》《外资保险公司管理条例》《外资银行管理条例》《期货交易管理条例》《中央企业债券发行管理暂行办法》《证券公司风险处置条例》《证券公司监督管理条例》等。

金融地方性法规是省、自治区、直辖市的人民代表大会及其常务委员会以及设区的市的人民代表大会及其常务委员会制定的仅在本行政区域内施行的规范性文件。地方性法规可以就下列事项作出规定：为执行法律、行政法规，需要根据本行政区域的实际情况作具体规定的；属于地方性事务，需要制定地方性法规的。省、自治区、直辖市的人民代表大会及其常务委员会根据本行政区域的具体情况和实际需要，在不与宪法、法律、行政法规相抵触的前提下，可以制定地方性法规。设区的市的人民代表大会及其常务委员会根据本市的具体情况和实际需要，在不与宪法、法律、行政法规和本省、自治区的地方性法规相抵触的前提下，可以对城乡建设与管理、环境保护、历史文化保护等方面的事项制定地方性法规。

金融规章是国务院各部、委员会、中国人民银行、审计署和具有行政管理职能的直属机构根据法律和国务院的行政法规、决定、命令，在本部门的权限范围内，制定的规范性文件。部门规章规定的事项应当属于执行法律或者国务院的行政法规、决定、命令的事项。没有法律或者国务院的行政法规、决定、命令的依据，部门规章不得设定减损公民、法人和其他组织权利或者增加其义务的规范，不得增加本部门的权力或者减少本部门的法定职责。涉及两个以上国务院部门职权范围的事项，应当提请国务院制定行政法规或者由国务院有关部门联合制定规章。实践中，规章和其他规范性文件主要表现为规范行业活动的规则、相关管理办法、规范金融机构组织程序和办事规则的章程等。由于金融法律法规制定和修改的周期偏长，法律条文原则性规定居多，中国金融市场和各类金融活动又发展迅速，法律法规往往不能适应形势发展的需要，金融监管部门制定的规章制度和规范性文件便因制定程序简便、易于修正而成为普遍的执法依据。

（二）金融立法权主要集中于全国人大和中央政府，部分省市可对非正规金融活动立法

从立法主体上看，我国金融立法权主要集中于全国人大和中央政府。1994 年后，我国通过立法形式逐步将金融管理权上收到中央层面，由中央全面集中负责对金融行业的监督管理权。与之相适应，在金融基本法律的制定上，按照《中华人民共和国立法法》的规定，金融基本制度只能由全国人大及其常委会行使立法权。地方只能在不与中央制定的法律和行政法规相抵触的情况下制定地方性法规。在金融监管规则的制定上，从法律授权层面上看，隶属于中央、上下垂直管理的金融管理和监管部门专享金融监管规则制定权，即作为我国金融法律体系主体的部门规章和规范性文件基本都由中央层面的金融管理和监管部门制定。

但实践中，对于一些非正规的金融交易活动（非正规金融活动通常包括分散、无组织地发生在各种非金融企业之间、企业或民间组织与居民之间以及居民相互之间的各种资金借贷活动，如民间借贷、商业信用、天使投资等）和各类金融机构（如小额贷款公司、担保机构、融资租赁公司、典当行等），由于中央政府将市场准入的批准权下放给省级政府，在中央政府部门出台相关法规的基础上，多数省份均出台了实施细则。在地方金融改革试点过程中，部分省级人大开始针对现有金融法律空白领域（如民间借贷、民间投融资）设立地方法律，以规范在本地区广泛存在和影响力较大的非正规金融交易活动。

（三）司法解释和其他司法文件成为金融法律制度的重要组成部分

1955 年，第一届全国人大常委会第 17 次会议通过《关于解释法律问题的决议》，授权最高人民法院解释“审批过程中如何具体应用法律、法令的问题”。之后，1980 年 1 月 1 日起施行的《中华人民共和国人民法院组织法》第 32 条规定：“最高人民法院对于在审判过程中如何具体应用法律、法令的问题，进行解释。”2015 年 3 月 15 日修正施行的《中华人民共和国立法法》第 104 条规定：“最高人民法院、最高人民检察院作出的属于审判、检察工作中具体应用法律的解释，应当主要针对具体的法律条文，并符合立法的目的、原则和原意……最高人民法院、最高人民检察院作出的属于审判、检察工作中具体应用法律的解释，应当自公布之日起三十日内报全国人民代表大会常务委员会备案。”近 30 年来，最高人民法院制定的一系列司法解释已经成为我国金融法律制度的重要组成部分。实践中，许多司法解释文本的内容事实上远不止在解释法律，更多的是在创制规则，一定程度上弥补了人民代表大会和行政部门对金融法律规则供给的不足。而除正规司法解释外，最高人民法院下发的各种座谈会纪要、通知、意见乃至领导讲话、答记者问等都在某些特定方面成为金融市场的司法补充。

此外，2009年《最高人民法院关于裁判文书引用法律、法规等规范性法律文件的规定》明确规定：人民法院的裁判文书应当依法引用相关法律、法规等规范性法律文件作为裁判依据；行政裁判文书应当引用法律、法律解释、司法解释、行政法规或者司法解释；对于应当适用的地方性法规、自治条例和单行条例，可以直接引用；其他规范性文件，根据审理案件的需要，经审查认定为合法有效的，可以作为裁判说理的依据。而2010年《最高人民法院关于案例指导工作的规定》、2015年《〈最高人民法院关于案例指导工作的规定〉实施细则》又进一步明确规定：各级人民法院正在审理的案件，在基本案情和法律适用方面，与最高人民法院发布的指导性案例相类似的，应当参照相关指导性案例的裁判要点作出裁判。各级人民法院审理类似案件参照指导性案例的，应当将指导性案例作为裁判理由引述，但不作为裁判依据引用。因此，最高人民法院的指导性案例在金融司法文件中也发挥着越来越大的作用。

三、我国金融法律体系的完善

随着中国金融改革的不断发展，金融机构、投资者、金融消费者日益成熟并有了自己的利益表达方式，在金融法律规则制定过程中应促进立法理念的转变，平等保护主体权益，从促进市场交易出发，制定和完善金融规则。进一步完善金融领域的立法，特别是高层次的立法，加快金融法律、法规、规章体系的建设。同时切实树立法律的权威，做到自觉守法、严格执法和独立司法。此外，还应完善我国金融安全在刑法保护方面的立法，合理构建犯罪和刑罚体系。进一步推动金融创新的立法。

未来待完善的金融法律制度主要有以下几个方面：一是信用制度。包括企业信用制度和个人信用制度，具体内容包括：信用信息的收集方法和程序、对象、时限、公开程度、调查权限、法律责任等内容。二是金融机构的市场准入和退出机制。三是信息披露制度。具体内容包括：强调信息披露制度的强制性和权利义务的单向性，规定信息披露的频率；强调信息披露的准确性、及时性和充分性，明确法律责任，加大处罚力度。四是农村金融法律制度。在农村金融和谐发展的背景下，要重构高效安全的农村金融体系，提高农村金融业的整体竞争力和风险防范能力，切实促进农民发展权的实现，从金融发展权的角度进行制度创新安排。从实质正义的角度出发，对公民，特别是农民的金融发展权实行倾斜保护。目前农村的金融发展与其他方面的发展不相协调，亟须制定鼓励农村信贷发展方面的法律来支持农村和农业的发展，完善农村金融体系，完善城乡金融机构的合理布局，同时需要加紧制定农业保险方面的法律。五是完善金融中介组织和金融自律组织立法。

思考与实践

想一想

1. 我国金融法律体系主要由几个层次的规范性文件组成?
2. 简述我国金融法律体系的主要内容和特征。
3. 谈谈我国金融立法的最新情况。

练一练

1. [单选] 在我国金融法律体系中，金融司法解释属于（　　）。

A. 第一个层次　　B. 第二个层次　　C. 第三个层次　　D. 第四个层次

2. [多选] 关系金融稳定的基础性法律制度主要包括（　　）。

A.《公司法》　　B.《银行业监督管理法》　　C.《会计法》　　D.《票据法》

3. [单选] 由国务院各部、委员会、中国人民银行、审计署和具有行政管理职能的直属机构根据法律和国务院的行政法规、决定、命令，在本部门的权限范围内，制定的规范性文件是（　　）。

A. 金融规章　　B. 金融行政法规　　C. 金融地方性法规　　D. 金融法律

查一查

登录中国人民银行网站，点击“法律法规”栏目，浏览该栏目下的最新内容。

第十二章

中国互联网金融体系

阅读提示

到目前为止，我们已经把金融体系的三个层次（金融主体、金融生态、金融功能）和七部分内容（金融机构、金融业务、金融市场、金融监管、金融调控、金融基础设施和金融功能）都已经简略介绍了一遍。你还记得这七个部分对应的章节吗？接下来，我们将以专题的形式介绍当前中国金融发展和改革的若干重点、热点领域，包括互联网金融体系、科技金融体系、普惠金融体系、绿色金融体系等。这一章我们将首先介绍互联网金融体系。

开篇提问

什么是互联网金融体系？你了解哪些互联网金融产品？

第一节
互联网金融概述

一、互联网金融的概念

（一）互联网金融的定义

互联网金融的概念目前尚未定论，最早由中国投资有限责任公司副总经理谢平教授在2012年提出，他将既不同于商业银行间接融资也不同于资本市场直接融资的第三种金融融资模式称为互联网金融。他提出的“互联网金融”概念是目前为止被普遍认同的对互联网金融内涵较为权威的一种说法。

谢平认为，互联网金融可定义为“受互联网技术、互联网精神的影响，从传统银行、证券、保险、交易所等金融中介到无中介瓦尔拉斯一般均衡之间的所有金融交易和组织形式”。这体现了互联网金融去中介化的特点，未来互联网金融将没有严格的金融中介的概念。

随着互联网金融行业的不断发展，互联网金融的概念由狭义向广义延伸，中国的互联网金融发展模式将按照“由点及线、由线及面”的路径演变。过去的互联网金融发展主要表现为利用互联网技术对传统金融业务进行优化升级，即“互联网＋支付业务”“互联网＋借贷业务”“互联网＋募资业务”“互联网＋理财业务”等，在此基础上形成了第三方支付、P2P网贷、众筹、“宝宝类”理财等互联网金融模式，这些模式可以概括为“点上的互联网金融发展”。

自2016年开始至未来几年，互联网金融发展的中坚力量，是“互联网＋传统金融机构”。主要包括四种形式：互联网巨头获得金融牌照，建立金融机构；金融机构搭建互联网平台，从事互联网金融；互联网巨头与金融机构合作，互联网巨头绝对控股；金融机构与互联网巨头合作，金融机构绝对控股。在这四种形式的基础上，将会形成互联网银行、互联网证券、互联网保险、互联网信托等模式，这些模式可以概括为“线上的互联网金融发展”。

在更长远的未来，“互联网＋金融＋产业”将造就“面上的互联网金融发展”。在此基础上，诸如“互联网＋金融＋商业”形成的电商金融、“互联网＋金融＋文化”形成的文化金融、“互联网＋金融＋汽车”形成的汽车金融、“互联网＋金融＋交易所”形成的金融资产交易所（金交所）等模式，将会成为未来中国“互联网＋”的支柱场景。

（二）互联网金融与传统金融的关系

互联网金融诞生后，人们必然要拿它与传统金融进行比较。在互联网金融刚刚兴起时，马云的一句“如果银行不改变，我们就改变银行”惊醒了世人，关于银行利润下滑降薪裁员的消息传遍大街小巷，人们纷纷认为互联网金融即将颠覆传统金融行业。但随着互联网金融的发展与演变，人们的看法发生了变化。互联网金融这种新型金融模式的产生，到底对传统金融产生了什么样的影响呢?

互联网金融的产生，的确助推了传统金融的改变，主要表现在两个方面。

一方面，互联网金融对传统金融业务产生了切实的冲击。以商业银行为例，首先，其三大主要业务是存、贷、汇，而互联网金融诞生之初就对商业银行的存款造成分流，虽然第三方支付平台不会对商业银行存款来源总体造成影响，但对商业银行存款结构和期限搭配的影响势必造成中小银行的揽存压力。其次，对商业银行的中间业务造成了直接挤压。第三方支付平台的崛起，特别是传统金融行业的零售业务，正逐步挤压银行在卡结算、代理收付、代理保险、基金销售和自有网上支付业务的空间；同时，金融消费者的消费习惯逐步被第三方支付改变，对银行实体网点的依赖性大大降低。再次，互联网金融对风险管控的行为模式改变，将对商业银行服务质效、风险控制体制等提出挑战。最后，互联网金融凭借其在信息处理方面的优势，正逐步对商业银行整体生存环境和业务形成直接冲击。以蚂蚁金服为例，旗下包括支付宝、芝麻信用、蚂蚁聚宝、网商银行、蚂蚁小贷、蚂蚁金融云、余额宝、招财宝、蚂蚁花呗等产品，基本覆盖了传统金融“存、贷、汇”三大板块，支付宝解决了“最后一公里”的支付问题；蚂蚁小贷能够实现 3 分钟申请、1 秒钟到账，不需要任何人工干预。

另一方面，互联网金融带来的各种优势也助推了传统金融提质增效、转型升级。其一，互联网能够为金融企业带来海量的数据，弥补金融企业在客户信息收集方面的短板，以便更好地精准匹配客户、加强风险管控、降低运营成本、提升服务质量；其二，互联网企业通过与金融机构的合作，利用金融企业产品丰富、分支机构多、消费者认知度高等优势，拓展线下业务规模，提升跨领域经营的能力。

新闻摘录

浙大开设互联网金融博士点

浙江大学工程师学院（筹）互联网金融分院已申请到了全国第一个互联网金融的博士站。同时，与专业教育配套的互联网教育基金宣告成立。泰然集团向浙大捐赠了 1 亿元人民币，成立互联网金融教育基金。

浙江大学互联网金融研究生培养将采用模块教学，主要包括金融产品及商业模式创新、投融资项目风险评估与控制、大数据与量化投资三个模块。互联网金融博士的课程除了所有的中国博士生都必须学的一些课程以外，还结合了互联网金融的基本理论、大数据理论、计量理论、数据挖掘、电子商务技术、互联网金融商业模式、互联网金融法律等多个学科。

资料来源：和讯财经（http：//iof. hexun. com/2016 - 07 - 11/184861503. html）

二、互联网金融发展历程

（一）互联网金融发展的技术基础

互联网金融的发展历史，首先是信息技术的发展史。迄今为止，搜索引擎技术、移动互联网技术、大数据技术及云计算技术等利用各自的技术优势，正帮助互联网金融解决各类金融服务难题。

1. 搜索引擎技术

通过信息搜索、组织和处理，为用户提供检索服务。该技术满足了用户在信息大爆炸时代快速、低成本获取所需信息的需求，尤其是随着个性化搜索、情景搜索等技术的进一步发展，其功能价值将更加凸显。

2. 移动互联网技术

随着移动互联网的发展和智能终端的普及，移动互联网技术得到了极大提高。一方面，降低了金融产品和金融服务对空间的依赖，使随时随地进行移动支付、网上理财成为可能，同时提高了对碎片化时间的利用，带动了商务领域的网上购物和金融领域的第三方支付等业务井喷式发展；另一方面，使得社交网络信息成为传统金融信息的有效补充，个人和机构在社交网络上的信息碎片，如个人消费习惯、风险偏好和企业经营情况、信用记录等，经过深度挖掘与分析，可能帮助金融机构设计出更符合实际需求和针对性更强的金融产品和金融服务，也有利于完善个人和企业信用信息体系。

3. 大数据技术

大数据应用是借助网络平台凝聚的物流、资金流、信息流等形成的海量数据，通过数据模型处理技术及时提供准确和安全的信息，降低交易双方的信息不对称程度。大数据强调全体性而非随机性，体现相关关系而非因果关系，使信用机制和交易过程在金融风险评估中的作用大大增强，改变了传统金融机构以历史和存量为依据的风险评估带来的“穷者愈穷、富者愈富”现象。大数据使得时间序列的动态风险评价成为可能，金融机构可以实现以更低的成本为资金需求者提供动态违约概率，解决信息不对称问题，颠覆了商业银行传统的风险定价方式。大数据的发展保证了金融数据所具有的大量级以及多样化，且通过搜索引擎可以随时查询，为互联网金融的发展提供坚实的信息基础，也有效降低了信息成本、减少了信息不对称的产生。

4. 云计算技术

云计算包括通过互联网提供的应用服务以及数据中心提供的软件与硬件服务。云计算在金融领域的应用主要有以下优势：一是有利于提高运算效率，帮助金融企业增强数据分析能力、缩短运行时间和响应时间等；二是有利于分散风险，云计算不再依赖于大型化、集中化的数据中心，而是将计算能力和储存空间分散到无数中小型终端上，明显提高了应对自然灾害、黑客攻击等突发事件的能力，降低了金融风险；三是有利于节约服务器资源，金融机构不需要耗费大量财力设置大量服务器，大型机构采用私有云，中小机构采用公有云，能够显著降低硬件成本。

随着“互联网+”时代的到来，互联网金融将和更多的技术融合，如区块链、虚拟现实等，新一轮的创新发展正在向我们走来。

（二）国外互联网金融发展历程

西方发达国家没有用“互联网金融”这个概念，用的是“网络银行”“电子银行”“金融科技”等概念。国外互联网金融是伴随着互联网技术的出现及蓬勃发展应运而生的，20世纪90年代以后，在发达国家和地区发展十分迅速。1995年10月18日，美国三家银行联合在互联网上成立了全球第一家没有任何分支机构的纯网络银行——美国第一安全网络银行（Security First Network Bank），被视为互联网金融的雏形。而美国嘉信理财集团（Charles Schwab Corporation）开始提供网上股票交易等业务以及 Scottrade. com 的上线则标志着互联网金融时代的开启。1998年在美国成立的贝宝公司（PayPal）最早创立了个人对个人的网络在线支付模式。随着电子商务的迅速发展，美国亿贝公司（eBay）迅速发展，并于2002年6月以15亿美元的价格收购了PayPal。目前，PayPal利用信用卡和商业银行系统，为190个国家的2.3亿人和众多商户提供安全便利的网上支付。

2005年，英国成立了个人对个人的借贷公司Zopa。2006年，美国成立了类似的借贷公司Lending Club和Prosper。这些早期的互联网金融机构利用网络技术打造的交易平台，直接连接了个人投资者和个人融资者。此种方式缩短了资金流通的环节，尤其是绕过了传统的大银行等金融机构，使得投资者和融资者都能更快捷地得到更多的实惠。2012年4月5日，美国时任总统奥巴马签署JOBS法案，使之正式成为法律。该法案旨在通过适当放松管制，完善美国小型公司与资本市场的对接，鼓励和支持小型公司发展，同时促进互联网金融的发展。

国外互联网金融的发展大致可以分为三个阶段（见图12-1）：

图12-1　国外互联网金融发展的三个阶段

第一阶段：准备阶段。在互联网出现以后，金融业就开始运用互联网为客户提供金融产品和服务了。

第二阶段：融合阶段。20 世纪 90 年代中期到 2010 年左右，这一阶段是互联网与金融业的融合期，同时专业的互联网金融业态开始正式出现。

第三阶段：加速发展阶段。自 2011 年以后，互联网金融呈现加速发展的态势，创业者、互联网公司以及非金融机构开始涌入互联网金融领域。互联网金融的类型日益丰富，互联网对金融业的冲击和重塑作用日益显现。

经过多年的发展，尤其是最近几年的飞速发展，国外的互联网金融从最初的主要集中在网络支付领域，逐渐扩展到网络证券领域、网络保险领域，然后又蔓延到网络信贷领域，业务触角已经深入支付、融资和理财等方方面面。网络银行业务走向成熟，网络证券业务获得长足发展，网络保险业务稳步前进，电子货币和网络支付业务受到青睐，在线贷款和众筹融资平台风生水起。总体而言，国外互联网金融的发展已经相对成熟、完善并已具备相当规模，服务全方位、多元化，内容的集成度相当高且创新频繁。

（三）国内互联网金融发展概况

21 世纪以来，我国互联网与金融业都得到了迅猛的发展。与此同时，传统金融服务与互联网的接轨也悄然进行着。1997 年，招商银行成为中国第一家开设网上银行的商业银行。但此时互联网仅仅是一种分散网点客户、提升金融自动化服务的工具。之后，互联网企业与传统金融机构相继开始重视客户体验，分别提供线上线下双重服务，逐渐将互联网与传统金融的特点相融合，发展成为今天的互联网金融。

国内互联网金融是在国外互联网金融发展的基础上逐渐被引入的，除了阿里巴巴小额贷款，互联网金融的其他模式，如第三方支付、P2P 借贷平台等都来自国外，并在最近 10 年内传入中国。虽然起步较晚，但相对于国外互联网金融的发展来说，我国的互联网金融领域却表现得异常活跃，发展势头迅猛（见表 12－1）。

表 12－1　国内外互联网金融起源标志性事件比较

国内互联网金融发展状况	国外互联网金融发展状况
1999 年 12 月，首信易支付在北京成立	1998 年 12 月，PayPal 在美国正式成立
2003 年 10 月，支付宝正式上线运营	2005 年 3 月，全球第一家 P2P 平台在英国诞生
2005 年 9 月，财付通正式推出	2006 年 2 月，美国第一家 P2P 平台 Prosper 诞生
2007 年，P2P 模式传入我国	2009 年 4 月，全球第一家众筹网站 Kickstarter 在美国诞生
2010 年，阿里小贷公司开始向会员发放贷款	2013 年 4 月，PayPal 开始向其在线商家提供融资服务
2011 年 4 月，国内首家众筹网站“点名时间”成立	
2013 年，余额宝理财神器推出	

2007 年“拍拍贷”的挂牌，标志着互联网金融在中国的发端。最初几年里，互联网金融行业整体发展平淡。截至 2009 年末，中国的 P2P 平台不过 9 家，2012 年末，也不过 110 家。然而，看似平静的行业实则暗流涌动，银行、券商和保险等传统金融机构酝酿变

动以求巩固地位，阿里巴巴、腾讯、百度、京东等互联网巨头开始跑马圈地，其他企业也开始窥视该行业收益，“触网穿金戴银”逐步成为诸多企业涉入互联网金融的原始动力，第三方支付、P2P网贷、众筹、门户理财等互联网金融模式先后面世。2013年，被确定为“互联网金融元年”，更是让诸多互联网金融企业欢欣鼓舞，其竞进态势彰显无遗。接下来的几年里，中国互联网金融行业发展态势锐不可当。据网贷之家数据统计，截至2015年末，P2P平台注册数量达到3 858家，正常运营2 595家，累计成交量从2013年末的1 057.74亿元增至2015年末的13 652.21亿元。“触网傍金”成为微观主体在经济新常态下布局收益新增长点和提升竞争力的途径。

纵观我国互联网金融的发展，大致可分为四个阶段（见图12-2）：

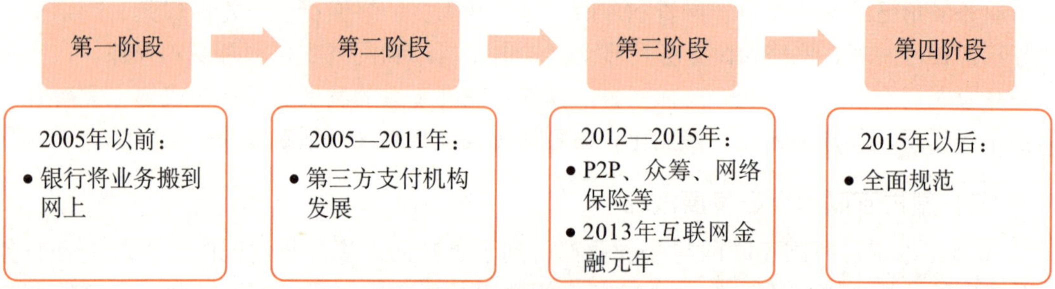

图12-2　我国互联网金融发展的四个阶段

第一阶段是2005年以前。互联网与金融的结合主要体现为互联网为金融机构提供技术支持，帮助银行“把业务搬到网上”。但是，这一阶段还没有出现真正意义上的互联网金融业态。

第二阶段是2005—2011年。在这一阶段，网络借贷开始萌芽，第三方支付机构逐渐成长起来，互联网与金融的结合开始从技术领域深入金融业务领域。这一阶段具有标志性的事件是2011年中国人民银行开始发放第三方支付牌照，第三方支付机构进入了规范发展的轨道。

第三阶段是2012—2015年。2013年被称为“互联网金融元年”，是互联网金融得到迅猛发展的一年。自此，P2P网络借贷平台得到快速发展，众筹融资平台开始起步，第一家专业网络保险公司获得批准，一些银行、券商也以互联网为依托，对业务模式进行重组改造，加速建设线上创新型平台，互联网金融的发展进入了新的阶段。

第四阶段从2015年开始，其标志性事件是2015年中国人民银行等十部委发布《关于促进互联网金融健康发展的指导意见》。自2013年互联网金融大发展后，金融风险和社会隐患也逐步凸显，以e租宝为代表的诈骗平台的出现，严重影响了互联网金融行业的健康发展。2014年“促进互联网金融健康发展”被列入政府工作报告，至今为止的4年，政府每年都将互联网金融列入政府工作报告。但政府的导向发生了变化，从2015年的“推动互联网金融健康发展”到2016年的“规范发展互联网金融”、再到2017年的“警惕互联网金融风险积累”，显然，互联网金融行业亟待规范和整顿。这段时间内，政府加大了对互联网金融的管制力度，各类监管规范相继出台，引导互联网金融行业进入一个更健康、可持续的发展道路。

三、互联网金融的优势

（一）为金融服务降成本、提质效

互联网金融首先可通过信息技术降低金融服务成本。一方面，借助互联网，不需要设立众多分支机构、雇用大量人员，而是在线上进行金融交易，这降低了运营实体网点的人力成本和业务运行成本。另一方面，利用电子商务、第三方支付、社交网络形成的庞大数据库和数据挖掘技术，显著降低了交易成本。这样成本低廉的投融资模式，使得提供金融服务的主体也获得了更大的服务定价空间。

阿里金融小额贷款是国内第一家服务于电子商务领域小微企业融资需求的小额贷款公司，申贷、支用、还贷等都在网上进行，通过支付宝发放，基本不涉及线下审核，最短放贷时间仅需 3 分钟，单笔操作成本仅有 2.3 元，远远低于银行的操作成本。

（二）引导民间金融规范化发展

因传统金融体系的不完善，长期以来缺乏高效、合理的投融资渠道，我国曾一度出现风靡全国的地下钱庄、民间高利贷、影子银行等，这些均是民间为了解决融资难问题而演变出来的金融服务。虽然我国民间借贷资本数额庞大，但游离于正规金融监管体系之外，客观上需要阳光化、规范化运作。通过规范发展 P2P 网络借贷、股权众筹融资等互联网金融模式，遏制高利贷、帮助小微企业解决融资难问题、引导民间资本投资于国家鼓励的领域和项目、盘活民间存量资金，有利于促进民间资本更好地服务于实体经济。

（三）促进金融行业产品创新与改革

互联网金融依靠快速发展和理念创新，不断推动金融业进行产品创新与改革。一方面，互联网金融能够动态了解客户的多样化需求，计量客户的资信状况，有利于改善传统金融的信息不对称问题，提升风险控制能力，推出个性化金融产品；另一方面，互联网金融的发展倒逼传统金融业改革创新，传统金融业可利用其规模优势、数据优势和人员优势进行更多的产品创新。随着金融业的不断创新发展，金融业的转型升级将更好地服务于经济社会。

金融视野

互联网金融缓解“普惠金融悖论”

我国互联网金融的市场定位主要在“小微”层面，一定程度上填补了传统金融覆盖面的空白，拓宽了金融服务边界，缓解了普惠金融难题。

普惠金融发展面临的难点，主要在于信息不对称和交易成本过高。因为社会的弱势群体，如农户和小微企业等，普遍在央行征信系统缺乏信用记录，没有有效的抵质押品来缓释风险，传统的信贷技术对其根本不适用。此外，由于信贷相关信息严重不足，金融机构难以运用有效的信息甄别机制来解决信息不对称问题，于是会征收较高的利率，进而导致逆向选择，使普惠金融风险堆积，最终社会弱势群体的金融排斥问题仍得不到有效解决。普惠金融服务对象的信息，大多是非标准化信息，只有互联网才能将这些大量的、杂乱无章的、没有头绪的信息迅速地加以搜集、处理和运用。互联网金融企业通过技术手段对客户历史交易数据进行全面分析，识别客户的有效需求和交易行为习惯，评估客户的资信状况，有助于改善传统金融信息不对称的问题，提升风险控制能力，推出个性化金融产品。

同时，互联网金融开放、平等的特性提高了金融服务的效率，同样使得金融变得更好普及。互联网金融依托覆盖全球的虚拟网络，可突破时间、空间限制，延伸金融服务的边界，7×24 小时为客户提供个性化金融服务。当前在农村地区，互联网普及应用速度很快，这为扩大金融服务覆盖面提供了可能。只要会使用互联网，就可以随时随地参与金融活动，实现金融服务的平等性。通过互联网信息技术，金融机构和类金融机构可以进行金融产品创新，将网民的“碎片化资金”有效整合利用，降低金融服务门槛，为更广泛的人群提供金融服务。在融资服务对象方面，阿里小贷、P2P 网贷和众筹等，满足了许多无法享受传统金融服务的小微企业、个体工商户和农户等的融资需求。在投资服务对象方面，P2P 网贷、众筹和线上理财产品等投资渠道是零门槛，极大地吸引了广大草根投资者。互联网必将推动人人平等参与的普惠金融的形成和发展。

阿里的金融小微信贷技术，依靠电子商务平台上所掌握的贷款客户过去的商品交易记录、产品市场销售能力、还款情况以及行为习惯等，进行信用风险的识别和计量，可解决传统银行很难解决的小微企业、弱势群体的信用评估问题，充分发掘数据的商业价值。截至 2013 年末，阿里小额贷款公司累计发放网络贷款 1 585 亿元，服务小微企业 65 万家，户均贷款余额小于 4 万元，不良贷款率仅 1.12%，充分体现了互联网的开放性和普惠性。

第二节
中国互联网金融主要模式及发展现状

目前为止，国内关于互联网金融的模式仍没有统一的界定。谢平和邹传伟于 2012 年首次提出了互联网金融模式的概念，他们全面介绍了互联网金融模式的代表性案例，并分别从支付方式、信息处理、资源配置三个角度对互联网金融模式进行了详细论述。而相对较为权威的业务模式划分，则当属央行等十部委于 2015 年 7 月联合印发的《关于促进互联网金融健康发展的指导意见》（银发〔2015〕221 号，简称《指导意见》）中所提出的七大模式。但互联网金融创新势头强劲，业态和模式不断产生新的演变，故本教材综合权威解释与前沿动态，主要阐述互联网支付、个体网络借贷、互联网股权众筹融资、互联网银行、互联网证券、互联网基金、互联网保险与互联网消费金融这八大模式。

一、全新的互联网金融模式

（一）互联网支付

互联网支付是指通过计算机、手机等设备，依托互联网发起支付指令、转移货币资金的服务。这是互联网金融区别于传统金融中介服务的一个重要特征，是互联网金融发展的基础。与以现金、票据为主要支付方式的传统金融不同，互联网金融通过高速发展的网络技术和移动通讯设备来清偿债权债务关系，加速了资金流通，降低了交易费用，同时解决了支付资金存量化的难题。互联网支付当前主要分为网银支付（银行支付机构）和第三方支付（非银行支付机构）两个阵营，表现形式以 PC 端和移动端为主。

互联网支付是互联网金融行业发展最早的模式，随着国家政策和普惠金融的深入，其市场依然保持着强劲的增长势头。2015 年，互联网支付业务增长加快，较 2014 年交易总额同比增长 47%，业务笔数同比增长 39%。2016 年第二季度，中国第三方互联网支付交易规模达到 4.65 万亿元，环比增长 6.50%，移动支付、跨境支付成为新的增长点。同时，互联网支付市场竞争愈加激烈，尤其是第三方支付市场。目前主要由互联网大企业和其他线上支付企业参与市场竞争，以支付宝、微信占据最大份额。

移动支付成为互联网支付发展的主流方向。根据中国人民银行《2016 年第三季度支付体系运行总体情况》的统计数据，我国2016年第三季度银行业金融机构处理的移动支付业务为66.29亿笔，金额为35.33万亿元，同比分别增长45.97%和94.45%。

未来，互联网支付整体规模将持续增长，辐射范围将扩大到全国各地区、三四线城市、县域以及农村。移动支付也将进一步普及，银行与第三方支付机构都将加速布局跨境支付。

（二）个体网络借贷

个体网络借贷是指个体和个体之间通过互联网平台实现的直接借贷，也可称之为P2P网络借贷。个体网络借贷以其明显的优势，早就风靡美国、欧洲，21世纪后传入我国。传统金融机构一直未能有效解决中小企业融资问题，个体网络借贷通过信息技术建立交易平台，大幅降低了信息不对称和交易成本，从而缓解了中小企业融资难问题。

金融视野

个体网络借贷发展迅猛

个体网络借贷发展迅速，平台数量和成交量增长惊人。中国首家网络借贷公司“拍拍贷”成立于2007年，截至2016年12月，全国P2P网络借贷平台累计数量达5 877家，行业总成交量超过2 443.26亿元。近七成平台集中在广东、上海、北京、浙江、山东和江苏6个东部地区，八成左右的业务集中在前百家平台。个体网络借贷行业主要由P2P公司、传统金融机构的合资企业或子公司参与市场竞争。

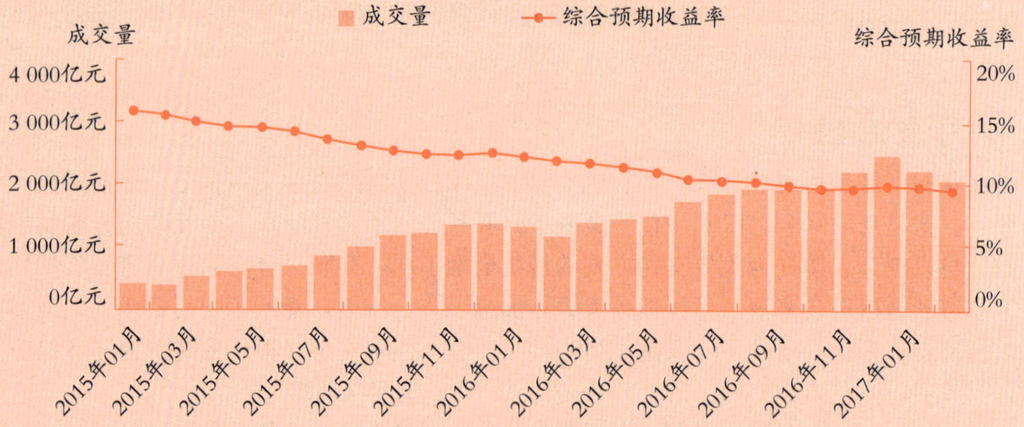

图12-3　2015—2017年个体网络借贷平台成交量变化

个体网络借贷模式在互联网金融行业备受争议，因为平台倒闭、卷款跑路和负面恶性事件频频出现。据不完全统计，在2015年底到2016年初的短短一个月时间里，已经有97家互联网金融平台出事，平均每天4家出现资金问题，导致整个P2P平台中无法偿还贷款总计达到5 040亿元。其中典型的重大案件有：因涉嫌非法吸收公众存款和集资诈骗定罪的 e 租宝、22 万人参与的涉及金额达 430 亿元规模的泛亚、7 万人参与的涉及金额达 50 亿元规模的财富基石、7 000 多人参与的涉及金额达 20 亿元规模的盛世财富等。

2016 年 8 月 24 日《网络借贷信息中介机构业务活动管理暂行办法》正式稿发布，网贷行业迎来全国大面积的清理整顿，截至 2017 年 2 月底，P2P 运营平台降至 2 335 家。随着清理整顿的进行、准入门槛的提高、事后监管的完备，个体网络借贷将去芜存菁，迎来新的发展时期。未来，个体网络借贷发展将日趋规范、治理体系逐步健全、行业规模增长趋稳；资金投向将更加专注于小额分散的个人消费借贷与小微企业经营借贷；从业机构逐步分化，部分注重合规经营、风控能力强的从业机构或将借势做强，成为行业标杆企业。

（三）互联网股权众筹融资

互联网股权众筹融资是指通过互联网形式进行公开小额股权融资的活动，主要为小微企业提供服务，一定程度上补充完善了中国资本市场结构。目前该市场规模很小，尚未成熟，主要由众筹网站、天使投资及互联网大企业设立的合资企业或子公司参与市场竞争，由于《公司法》《证券法》的限制而暂时未得以大面积开展。零壹研究院数据中心统计，截至 2016 年 6 月末，股权众筹累计筹资规模在 100 亿～120 亿元。其中，2016 年上半年为 35 亿～40 亿元，较 2015 年下半年小幅增长 4%左右。

未来，随着监管思路的逐步清晰，通过互联网股权融资的企业和项目也将增多，将催生更多专业性和垂直型互联网股权融资平台，平台的融后管理与投资者风险警示将成为未来平台培育、集聚融资人和投资人的重要环节。

二、传统金融机构互联网化

（一）互联网银行

全国范围内的互联网银行发展至今经历了两个版本。互联网银行一般是指直营银行或直销银行，即不通过传统柜台和营业网点，早期通过信件、电话、邮件、自动柜员机（ATM），后来通过互联网或终端传送的服务。互联网银行 2.0 在欧美等发达地区又被称为数字银行（Digital Bank）或者移动银行（Mobile Bank），这是一种基于移动手机应用（APP）远程实现银行服务、金融与科技（Fintech）结合的一种新型银行。

自 2013 年 9 月北京银行与荷兰 ING 集团合作建立了以“互联网平台＋直销门店”方式运营的首家直销银行以来，民生、平安、招行等银行也迈入了直销银行的行列。截至 2015 年末，全国正式推出的互联网直销银行已达 52 家，逾八成互联网直销银行发起行为股份制银行和城市商业银行，注册用户和活跃用户数量逐月增加。

网商银行、微众银行等则是中国互联网银行的最佳代表。浙江网商银行是中国首批试点的民营银行之一，于 2015 年 6 月 25 日正式开业，利用互联网的技术、数据和渠道创新，帮助解决小微企业融资难融资贵、农村金融服务匮乏等问题。互联网银行的定位与传统银行错位，主要服务于小微企业、大众消费者、农村经营者及农户和中小金融机构等，践行普惠金融。目前，腾讯、小米、百度等也相继获得牌照设立了互联网银行。

未来，互联网银行运营将更加独立，市场定位将更为明晰，服务客群也将进一步明确，法人化步伐也将随着制度约束的逐渐宽松而加快。“创新实验室”功能将进一步强化，先进理念和技术都将可能第一时间运用在互联网直销银行中。互联网直销银行对网点、人员、地域的要求较低，适合在境外拓展新市场，或将成为国内银行国际化拓展的重要手段。

（二）互联网证券

随着互联网金融的兴起，中国的证券公司也开始触网，设立网络证券部。根据中国证券监督委员会信息，截至 2015 年 4 月，55 家证券公司获批试点互联网证券业务，主要从事互联网开户、账户管理及理财业务，以满足客户多样化需求。互联网证券业务是我国多层次资本市场的重要补充，是信息技术、电子商务和金融创新发展的必然结果。目前中国互联网证券还处于发展初期，没有出现专业的互联网证券经纪商。

未来，互联网证券发展更为规范，治理体系将更加完善，证券公司与互联网企业的合作也将更加深入，逐步发挥错位优势，实现融合发展，业务创新更加稳健。技术驱动依然是互联网证券创新发展的主要驱动力量。

（三）互联网基金

余额宝的爆发式增长，催生了互联网基金的快速发展。目前，中国互联网基金业绩喜人，但鉴于美国互联网基金的发展教训，互联网货币基金存在利率风险与流动性风险。随着中国利率市场化的推进，而对国内复杂的经济形势，未来中国互联网货币基金发展走势尚不明朗。

未来，互联网基金销售将依托大数据和机器学习等技术为客户与产品的精准匹配提供基础。个人账户养老金制度建设将引导互联网基金向长期投资的方向发展，基金公司和互联网企业将更广泛地合作，为客户提供更加精准化、多元化、定制化的创新产品。

（四）互联网保险

互联网保险主要是指保险公司利用互联网开展业务以及利用互联网进行保险产品创新。中国在 1997 年就产生了第一张互联网保单，但直到 2011 年，中国互联网保险发展才明显加速。相对于美国，中国互联网保险业务规模小，产品种类比较单一，一般以车险、简易寿险及具有理财功能的保险为主。此外，中国互联网保险运营模式比美国繁杂，即产品销售在互联网进行，而售后服务则必须由线下保险公司网点提供。

未来，互联网保险涉及领域将进一步扩展，涉足养老保险、医疗保险、巨灾保险、“三农”保险、责任保险等领域，基础设施建设将进一步加强。越来越多的传统保险公司也将进一步拥抱互联网技术，前沿信息技术的发展将深刻改变保险业的商业模式和运营模式。

（五）互联网消费金融

与传统的消费金融相比，互联网消费金融是以互联网技术为手段，向各阶层消费者提供消费贷款的金融服务，是传统消费金融活动各环节的电子化、网络化、信息化，其本质还是消费金融。目前，互联网消费金融因诸多平台非法涉及“校园贷”“学生贷”进而产生暴力催收、“裸贷”等恶性事件，业内公司正在谋求转型。

未来，互联网消费金融的消费场景将进一步丰富。市场更加细分化和垂直化，如互联网消费金融公司针对不同人群和不同消费产品的细分领域提供专业服务。基于大数据技术的自动审批成为互联网消费金融风控的主要手段，大数据的应用将更为广泛。

第三节
中国互联网金融展望

金融改革不仅包括传统商业模式的彻底改变，而且包括传统金融产品销售、金融服务模式的“跨界式”变革，即在互联网金融倒逼下推动我国金融业的全面改革。互联网金融的未来，一方面，给予够资质的互联网企业正式从事金融业务的权利，使其接受“一行三会”及金融行业组织的监管，规范化、秩序化、标准化目前无序竞争的互联网金融业，并推动我国民间金融的健康稳定发展；另一方面，促使各商业银行开展互联网金融业务，改变其传统的金融服务模式，让其减轻对“草根阶层”的金融服务歧视，并以新姿态迎合“互联网”新人群的个性化金融需求，继而推动我国银行业、证券业、保险业乃至金融监管业加速向前发展。互联网金融将彻底改变现有生活、消费、服务、生产和娱乐的方式，是我国乃至世界金融业朝信息化、网络化、数字化和动态化前进的必由之路。互联网金融发展趋势包括以下几个方面。

一、金融加速互联网化

互联网金融的迅猛发展，促进了传统金融机构的改革和进步。互联网金融与传统金融将处于良性竞合的状态。互联网金融和传统金融之间并非颠覆与被颠覆的关系，二者在风险防控、产品设计、大数据应用等方面各有优势与特色。在互联网与金融深度融合的趋势下，传统金融机构与互联网企业将发挥各自的优势，开展良性竞争，为客户提供多元化产品和服务，构建更具竞争性和包容性的金融体系，建立良好的互联网金融生态环境和产业链。

银行、证券、基金、保险、信托和消费金融均是金融模式，在互联网和信息技术的推动下，已经迎来了新的春天。

二、互联网企业全面介入金融领域

互联网金融之所以蓬勃发展，离不开互联网企业对先进信息技术的应用。互联网企业利用自身大数据、互联网技术等优势提供互联网金融产品，全面介入金融领域，成为互联网金融创新的主力。

三、互联网金融深入生活场景

互联网金融天生具有普惠金融属性，金融的繁荣依赖于实体经济需求的繁荣，互联网金融的生命力取决于是否与实体经济场景有机结合。因此，互联网金融的很多创新产品与APP有关，与具体生活联系在一起，产品通常简单、实用、自适应、免费，强调行为数据的应用，一定程度上体现了共享原则。未来，互联网金融在促进居民消费转型升级、服务企业供应链场景、促进产融结合等方面具有广阔的市场空间。

以互联网保险为例，碎片化、简单小额互联网保险畅销。互联网保险以条款简单、费用小额的险种为主，此类产品易于标准化，可便捷自助购买，价格不敏感。2013—2015年，互联网人身险保费规模从54.46亿元增长到1 465.60亿元，增长了近27倍，互联网人身险占比由0.05%提升到了9.2%。众安保险、小雨伞和大特保等特色互联网保险产品非常受欢迎。

互联网金融的场景化使得普惠水平和共享程度进一步提高。互联网金融的无间断服务、无时空限制、低成本性、开放性、多样性，能够扩大金融服务辐射半径，增加金融服务的可获得性。通过互联网平台，还可以高效率、低成本地把各类社会冗余资源组织起来，进行交换共享，促进共享经济的发展。未来，与普惠金融和共享经济的紧密结合，将会成为互联网金融发展的重要方向。

四、金融科技的重要性愈加突出

以互联网为代表的现代信息科技，特别是移动支付、社交网络、搜索引擎和云计算等，将对人类金融模式产生颠覆性影响。金融科技是指技术带来的金融创新，它能创造新的业务模式、应用、流程或产品，从而对金融市场、金融机构或金融服务的提供方式造成重大影响。金融科技创新范围较广，既可以是前端产品，也可以是后台技术。

金融科技在金融业务中的重要性将愈加突出。随着市场的成熟，金融科技公司的市场扩张方式将从现有业务的渗透，转化为通过不断创造推出新的产品和业务，完成与现有产品和业务的整合，然后依靠更好的技术，来实现产品和服务之间的无缝连接，技术的核心作用将会更加凸显。

五、互联网金融的规范化

现阶段我国的互联网金融监管体系是20世纪90年代在沿袭传统金融监管体系的基础上形成的，其基本内容是对传统金融机构互联网金融业务的监管，而对新兴互联网金融机构相关业务的监管则由中国人民银行出台具体管理办法或作出风险提示。这一体系在互联网金融发展的初期能够满足发展需要，但随着互联网金融的快速发展，这一监管体系却暴露出了诸多问题，例如当前对银行主导型的网络融资监管过多导致商业银行贷款无法创新，对非银行主导型的网络融资监管不足导致违法违规现象频现等。

未来的互联网金融健康发展一定是建立在相对规范和法制的市场监管环境中的。以2015年《关于促进互联网金融健康发展的指导意见》出台为标志，互联网金融步入规范发展阶段。2016年出台的《网络借贷信息中介机构业务活动管理暂行办法》规范了发展最快也最混乱的个体网络借贷行业，成为又一标志性文件。未来，在“鼓励创新、防范风险、趋利避害、健康发展”的总体要求下，随着现行法律法规的动态调整，互联网金融各业态一系列监管细则的出台，互联网金融法律法规体系将基本建立，互联网金融的法制化、规范化程度将进一步提升。

互联网金融的规范化也离不开行业自律。随着经济社会发展和技术进步，互联网金融市场复杂性、跨界性、交叉性不断增强，政府与市场之间的信息不对称不断加剧，信息沟通成本越来越高。通过行业自律，能够发挥桥梁纽带作用，促进政府与市场沟通，构建良好的互联网金融治理体系。

六、互联网金融的国际化

互联网金融的国际化发展趋势更加明显。在“一带一路”的战略背景下，人民币在国际贸易中快速扩大的应用，显示人民币国际化进程已全面展开，资金跨境流动与利率市场化为其先行的重要内容，本土互联网金融服务和全球结算支付体系呼之欲出。随着人民币资本项目可兑换有序推进，金融对外开放程度稳步提升，跨境资金流动和金融交易更加便利，将为我国互联网金融市场进一步融入全球市场、对接全球资源提供双向通道。例如，我国互联网金融巨头蚂蚁金服早已开始它的国际化战略。

同时，互联网金融和金融科技正在全球范围内兴起，但尚未形成国际标准和规则。我国互联网金融发展很快、市场空间巨大，推动互联网金融在依法合规前提下开展业务模式、产品服务等创新，加快建立完善互联网金融的行业标准、监管规则、自律管理体系，有助于我国在国际互联网金融规则制定中占据先机，成为我国参与全球金融治理的新抓手。

思考与实践

想一想

1. 常见互联网金融产品有哪些？
2. 互联网金融有哪些模式？
3. 你对互联网金融发展的前景有何判断？

练一练

1. ［多选］互联网金融对传统金融产生的影响包括（　　）。
A. 对传统金融业务产生了切实的冲击　　B. 助推了传统金融提质增效、转型升级
C. 对传统金融业没有影响　　D. 短期内将使得传统金融业消亡
2. ［多选］互联网支付当前主要分为（　　）。
A. 个体支付　　B. 企业支付　　C. 网银支付　　D. 第三方支付
3. ［单选］通过互联网形式进行公开小额股权融资的活动是指（　　）。
A. 个体网络借贷　　B. 互联网股权众筹融资
C. 互联网基金　　D. 互联网消费金融

查一查

1. 登录一家第三方支付公司的网站，了解它的主要功能。
2. 登录一家 P2P 公司的网站，了解它的主要功能。

第十三章

中国科技金融体系

阅读提示

在上一章互联网金融体系的介绍中，我们可能已经体会到了科技在互联网金融发展过程中发挥的巨大作用。“科学技术是第一生产力”。事实上，科技对金融的影响可能还要更加广泛、更加深刻，科技与金融的关系可能更加密切。这一章我们将从更加广阔的视野去看一看科技与各种形态的金融相结合时可能发生的巨大的化学反应。

开篇提问

什么是科技金融体系？你对科技影响下的金融发展有何期待？

第一节 中国科技金融体系概述

改革开放以来，随着从计划经济体制向社会主义市场经济体制转型，我国焕发出强大的经济增长动力，GDP总量从1978年的3 678.7亿元上升到2016年的74.4万亿元，GDP在世界的排位从1978年的第十位上升到如今的第二位，成为全球第二大经济体，综合国力显著增强，国际地位不断提升，人民生活水平日益提高，正向全面建成小康社会迈进。同时，人均GDP也从1978年的384元上升到2016年的53 817元。中国由原来的贫困落后国家一跃成为影响世界经济与政治的强国。但是，当前我国的经济和科技基础同发达国家相比依然十分薄弱，过去经济快速增长从总体上来看表现为粗放型增长模式，企业由于缺乏核心技术导致竞争力不强，面临不可持续发展的风险。2008年国际金融危机爆发后，我国经济遭受巨大冲击，为扭转增速下滑过快造成的不利影响，政府及时采取拉动内需和产业振兴等一揽子刺激政策，推动经济增长迅速企稳回升，但当前仍然面临经济下行压力，“稳增长、促改革、调结构、惠民生”已经成为今后一段时间的总基调，只有依靠科技创新和进步大力推进结构调整和产业升级，走资源节约和环境友好型的高质量集约型发展道路已经刻不容缓。

党的十八大以来，习近平总书记对科技创新有一系列精彩讲话。2016年5月，他在参加全国科技创新大会、中国科学院第十八次院士大会和中国工程院第十三次院士大会、中国科学技术协会第九次全国代表大会时强调：“要以推动科技创新为核心，引领科技体制及其相关体制深刻变革。要制定和落实鼓励企业技术创新各项政策，加强对中小企业技术创新支持力度。要优化科研院所和研究型大学科研布局，夯实学科基础，培育新兴交叉学科生长点。要尊重科技创新的区域集聚规律，建设若干具有强大带动力的创新型城市和区域创新中心。”党的十八大提出实施创新驱动发展战略，强调科技创新是提高社会生产力和综合国力的战略支撑，必须摆在国家发展全局的核心位置。而创新型国家战略的实施，发展创新型经济，不能只将其简单地视为一系列科技创新活动，更离不开金融体系的支持。

从人类社会科技发展历史来看，重大科技发明从产生直至推广、应用及实现产业化的过程，都离不开金融体系的支持。尤其是对当今社会的高新技术产业而言，从研发到实现规模产业化，对资金的需求规模比以往任何时候都要迫切。西方发达国家在科技成果方面所取得的成就，与一系列金融工具、金融制度和金融服务政策的系统性完善和发展是分不开的，美国的高新技术产业集聚地“硅谷”的成功案例无疑很好地说明了这一点。

科技即科学与技术的统称。科学技术是通过研究和利用客观事物存在及其相关规律，达到有效、便捷、低消耗、高产出等特定目的的方法和手段。科学与技术是统一的辩证体，二者是相互依存、相辅相成的。金融的本质就是价值的流通，即对现有资源进行有效配置，实现其等效价值的相互交换。传统意义上的金融主要是指存款、贷款和结算这三大传统金融活动业务。现代意义上的金融包括的范围更广，总的来说，金融是指一系列与资本流通和信用交换相关的一切经济活动。

科技金融主要是指科技与金融相结合的产业模式。科技产业与金融产业本属于完全不同的产业范畴，但在经济发展和社会进步的需求下，二者必须在一定程度上相互结合与支持。科技产业是高风险产业，其优化和升级过程具有很强的不可预见性，而我国的金融产业发展与发达国家和地区相比也相对滞后，需要很多的摸索和实践。

金融视野

科技金融与金融科技

金融科技一词来源于fintech，即finance＋technology的合成词，英文原意是“金融科技”。维基百科给出的定义是：由一群通过科技让金融服务更高效的企业构成的一个经济产业。我们给出的定义是：把大数据、云计算、区块链、人工智能等高新技术，全面应用于支付、清算、融资租赁、保险、互联网金融等方面，提升金融产业的效率。

科技金融着重于金融，利用金融创新，高效、可控地服务于科技创新创业的金融业态和金融产品。国务院印发的《“十三五”国家科技创新规划》中，明确了科技金融的性质和作用，而且明确指出：推进各具特色的科技金融专营机构和服务中心建设，集聚科技资源和金融资源，打造区域科技金融服务品牌，鼓励高新区和自贸试验区开展科技金融先行先试。

简单地说，科技金融是服务于科技型企业的金融，是金融服务科技的一种途径；金融科技注重用前沿科技改造金融行业，是科技服务金融的一种途径。

科技金融创新是增强一个国家科技实力、提高自主创新能力的支撑。任何一项科技创新活动，在没有强大金融资本支持的情况下，都犹如“无源之水，无本之木”，难以成为一个国家（地区）经济增长的原动力。科学技术是第一生产力，金融是现代经济的核心，只有将金融创新与科技创新紧密结合，二者互生互利，才能最终实现自主创新的创新型国家战略。

科技金融是随着我国科技体制改革和金融发展不断深化、服务于自主创新和创新型国家建设战略而逐渐产生的新生事物。科技金融支持体系主要由技术创新主体、政府及相关部门、各类金融机构、金融服务中介机构及配备体系等组成。随着我国经济、科技、金融体制改革的不断推进，科技与金融结合的不断深入，科技创新资金来源从最初单一的行政拨款扩展到了现在的各种金融工具，包括财政科技投入、科技贷款、科技担保、科技保险、创业风险投资、多层次科技资本市场体系等。

金融视野

科技金融相关的主要政策

1985年，《中共中央关于科学技术体制改革的决定》提出设立创业投资、开办科技贷款，为科技企业融资提供了一个方向。之后，又陆续出台了《国务院关于“九五”期间深化科学技术体制改革的决定》《中共中央、国务院关于加强技术创新发展高科技实现产业化的决定》等一系列支持科技金融发展和改革的政策性文件。特别是2006年，国务院发布了《国家中长期科学和技术发展规划纲要（2006—2020年）》和实施了相关配套政策，明确提出搭建科技金融合作平台。此后，又出台了如中国人民银行、银监会、证监会、保监会等部门联合发布的《关于进一步做好中小企业金融服务工作的若干意见》，科技部、中国人民银行、证监会、保监会等部门联合发布的《促进科技和金融结合试点实施方案》，科技部、财政部、中国人民银行、国资委、国税局、银监会、证监会、保监会等部门联合发布的《关于促进科技和金融结合加快实施自主创新战略的若干意见》。此外，相关部门还发布了财政科技投入、科技贷款、科技担保、科技保险、创业风险投资、多层次科技资本市场等有关政策文件。

2016年5月，中共中央、国务院印发了《国家创新驱动发展战略纲要》。所有这些，都为我国科技金融的未来发展提供了重要的指引与保障，为我国抢占全球科技创新和高新技术产业发展战略制高点提供了强有力的支撑。像中关村国家自主创新示范区、武汉光谷、成都高新区、无锡新区等都积极实践和探索金融服务实体经济、促进经济结构调整和转型升级的新模式。我国科技金融的主要特点是政府成为重要参与者，科技金融以银行为主体。我国科技金融的发展与我国经济园区建设密切相关。

国务院发布的《“十三五”国家战略性新兴产业发展规划》指出，要加快发展壮大新一代信息技术、高端装备、新材料、生物、新能源汽车、新能源、节能环保、数字创意等战略性新兴产业，并希望其成为我国经济增长新动力。但是，战略性新兴产业面临着许多不确定性因素，风险较大，具有良好发展前景的科技型企业在最需要资金的时候，许多投资者在对相关产业缺乏了解的情况下，认为企业实力薄弱对其投资望而却步，最终使具有良好发展前景的企业夭折，融资难是其发展壮大的主要瓶颈。

当前，我国科技金融支持战略性新兴产业需要关注的问题是：一方面，银行体系由于其高负债特征决定了它对风险性较高的战略性新兴产业在缺乏了解的情况下是敬而远之的；另一方面，当前我国战略性新兴产业以中小企业为主，在我国银行金融机构主要喜欢大客户的背景下，作为战略性新兴产业中的中小企业从银行得到的贷款支持非常有限。资本市场对战略性新兴产业发展的支持难以满足众多科技型中小企业的融资需求。在风险资本支持战略性新兴产业方面也存在风险投资机构资金来源渠道单一、规模小等问题。只有通过不断创新商业银行信贷业务、不断创新和完善资本市场、不断创新和完善保险新产品等方式实现科技金融创新，促进自主创新并推动我国战略性新兴产业快速发展。

第二节 中国科技金融资源的主要配置形式

多层次、多元化的科技金融资源配置形式是科技金融的核心内容，包括财政科技投入、科技贷款、科技担保、科技保险、创业风险投资、多层次科技资本市场体系等主要金融资源配置形式。了解其概念、服务方式、特点及作用，有助于不断优化科技资源投入机制、提高科技投入的协同效应和产出效率。

一、财政科技投入

（一）财政科技投入的概念

财政科技投入是指国家通过财政预算的方式直接或间接地用于盈利性差、风险高，社会资本不愿意投资但又对国民经济和社会发展具有重大引领带头作用的那部分科技活动的投入。它是一国政府介入科技创新领域最有效的方式之一。

财政科技投入作为促进科技进步的一种重要手段，通常具有履行社会公共职能的特征，一般不以营利为目的，而是为了国家和社会公共利益需要而进行的投入。它追求的是社会效益，以社会福利最大化为主要目标。其投入的对象主要是各高校和科研院所、国有大中型企业等。

2007 年 1 月，随着财政部、国家发改委《关于产业技术研究与开放资金试行创业风险投资的若干指导意见》（财建〔2007〕8 号）的颁布，国家财政科技投入开始以部分国家产业技术研发资金试行创业风险投资，并通过出台和完善相应的管理办法，吸引社会资本共同创立风险投资基金来支持我国科技创新，取得的成果显著。

财政科技拨款在一国或地区科技金融资源配置过程中处于关键地位，政府研发投入规模决定了一国或地区的科研投入水平，进而影响该国或地区的科技创新水平。自我国科技攻关计划（第一个国家科技计划）实施以来，我国的财政科技拨款以国家自然科学基金、星火计划、火炬计划、863 计划、科技型中小企业技术创新基金等不同类型和不同规模的财政专项资金的形式发放，有效解决了国民经济和社会发展中关系到国计民生的重大技术难题，并培养了大批科技人才。

（二）财政科技投入的分类

（1）按财政科技投入拨款来源分类，可分为中央财政拨款和地方财政拨款；（2）按财政科技投入的功能定位分类，可分为经济建设科技投入、基础研究投入和其他投入；（3）按照财政科技投入研究阶段分类，可分为基础研究阶段的财政科技投入、应用研究阶段的财政科技投入和试验发展研究阶段的财政科技投入。

（三）财政科技投入的特点

从投向来看，一般是收益低甚至没有收益、投资风险较高、社会资本不愿意投资但对国民经济和社会发展具有重要影响的领域；要求专款专用；具有引导性和资助性；财政科技投入支持的重点领域和重点对象充分反映了该国不同发展历史时期的政治和经济特征。

（四）财政科技投入的作用

一是财政科技投入有利于解决科技研发领域的市场失灵现象；二是财政科技投入是建立国家创新体系、提升国家科技竞争力与综合国力的基础；三是财政科技投入通过技术创新会对产出增长和经济结构产生积极的影响；四是财政科技投入有利于帮助科技型中小企业渡过成长难关。

二、科技贷款

（一）科技贷款的概念

科技贷款是指商业银行、股份制银行、政策性银行等正规金融机构以及民间金融机构等非正规金融机构对高新技术企业、科研院所和科研中介机构发放的用于新技术和新产品研发、科技成果转化等科技创新有关的各类贷款。此外，科技贷款还包括非高新技术企业用于技术改造和设备更新的专项贷款。尤其对于科技型中小企业而言，科技贷款可以解决融资的燃眉之急。

（二）科技贷款的分类

（1）按提供科技贷款的主体分类，可分为正规金融机构科技贷款和民间金融机构科技贷款；（2）按科技贷款对象分类，可分为高新技术企业贷款，对高校、科研院所等科研单位贷款及非高新技术企业的贷款；（3）按科技贷款用途分类，可分为科技开发贷款和科技改造贷款；（4）按科技贷款限期分类，可分为短期和中长期两种不同期限的科技贷款。

（三）科技贷款的特点

从业务特点看，科技贷款专用性要求高；从科技贷款成本和风险看，科技贷款的贷款成本和贷款风险要比普通的银行贷款高；从科技贷款经济社会效益看，科技贷款的经济社会效益比其他类型贷款要高；从风险看，科技贷款风险比普通贷款风险大；从增强企业竞争力作用看，科技贷款比普通银行贷款强。

（四）科技贷款的作用

一是促进了我国科技体制改革和科技竞争力提升；二是为高新技术产业和科技型企业提供了资金信贷，促进了国家宏观调控政策的有效实施；三是有利于推动我国创建新型的科技信贷机构，更好地为科技型中小企业的创新活动提供融资服务。

三、科技担保

（一）科技担保的概念

科技担保是指针对科技型中小企业面临的融资难问题由担保机构为科技型中小企业的贷款提供信用担保的形式，属于担保的一种特殊形式。

（二）科技担保的分类

(1) 按实施主体分，可分为政府操作型科技担保和市场操作型科技担保；(2) 按发起主体分，可分为政策性科技担保和互助性科技担保。

（三）科技担保的特点

一是具有一定的公益性质；二是服务对象和企业操作具有特殊性；三是具有市场性和政策性的双重特征；四是科技担保机构的外部不确定性风险大。

（四）科技担保的作用

一是有利于促进我国科技型中小企业融资环境不断改善及弥补中小企业信用不足，科技型中小企业的发展是促进科技创新、加速科技成果转化的重要载体；二是建立和完善科技型中小企业信用担保体系是化解金融风险的重要手段；三是通过科技担保机构不但可以解决科技型中小企业的融资难题，还间接产生了正的外部效应。

四、科技保险

（一）科技保险的概念

科技保险是指科技创新主体在进行创新开发活动的过程中，为了规避科技研发和创新过程中由于各种外生的和内生的不确定性因素的影响而导致创新开发项目延期、中止、撤销、失败等偏离预期目标的风险而设置服务于科技创新过程中任何一个阶段的保险和再保险。

（二）科技保险的分类

（1）按保险标的（保险对象）分类，可分为人身保险、责任保险、信用保险和财产保险等；（2）按保险的承保方式分类，可分为原保险、再保险和共同保险；（3）按保险的实施方式分类，可分为自愿保险和强制保险；（4）按保险性质分类，可分为政策性保险和商业性保险。

（三）科技保险的特点

一是政府主导下政策性科技保险与商业性科技保险相结合；二是科技保险的道德风险和逆向选择比商业保险强；三是科技保险覆盖面广；四是科技保险产品复杂性大。

（四）科技保险的作用

一是有利于分散科技型企业的风险并推动科技创新；二是有利于提高科技型中小企业融资效率；三是有利于扩大保险市场需求并促进保险业创新和持续健康发展；四是能够扩大就业，促进社会稳定与社会和谐。

五、创业风险投资

（一）创业风险投资的概念

创业风险投资是指创业风险投资机构为了追求高额的投资收益，在承担较高投资风险并采取措施积极控制风险的前提下，将资金投入到具有高成长性的、以高科技和知识相结合为基础的创业企业的投资行为。

（二）创业风险投资的分类

（1）按组织形式分，可以分为私人创业风险投资、公司制创业风险投资和有限合伙制创业风险投资；（2）按资金来源分，可以分为私人创业风险投资和公共创业风险投资。

（三）创业风险投资的特点

一是风险投资追求的目的是发展前景及其资产增值；二是风险投资机构选择投资项目的过程非常程序化和专业化；三是创业风险投资是一种无担保的投资；四是创业风险投资是一种高投资、高风险和高利润并存的投资；五是创业风险投资周期比较长；六是创业风险投资是一种具有精巧设计的创新型金融产品。

（四）创业风险投资的作用

一是对推动高新技术产业发展发挥着极为重要的作用；二是对促进我国经济可持续发展有长远的战略意义；三是可以起到对科技资源进行合理有效配置的作用。

六、多层次科技资本市场体系

（一）资本市场的概念

资本市场是指投资期限在一年以上的中长期资金融通活动或资金交易的场所，主要包括证券（包括股票、债券、投资基金以及金融衍生品等）市场和中长期银行信贷市场。

（二）我国多层次科技资本市场体系的构成

我国的资本市场发展自 20 世纪 80 年代中期的城市集体企业和国营小型股份制改革试点以来，经历了 20 多年的发展，大致发展成为四个层次的资本市场体系：第一层次是以上海证券交易所和深圳证券交易所为代表的主板市场；第二层次是以创业板市场为代表的主要吸纳具有良好发展前景的成长型科技创新企业并为其提供融资和股票交易的高增长市场；第三层次是在完善代办股份转让系统的基础上建立的主要为成长性较高、具有发展良好潜力的非上市股份公司提供股份转让的系统；第四层次主要包括区域性产权交易市场和区域性股权交易市场。

（三）科技资本市场的分类

（1）按照科技资本市场服务科技企业对象的规模、盈利能力和成长性特征，可分为主板市场、创业板市场、新三板市场和产权交易市场；（2）按科技资本的组织形式，可分为场内交易市场和场外交易市场；（3）按资金融通方式，可分为直接融资市场和间接融资市场。

（四）科技资本市场的特点

一是科技资本市场的投资呈机构化和专业化特征；二是科技资本主要投资领域为高科技领域；三是科技资本投资具有明显的区域聚集特征。

（五）科技资本市场的作用

首先，科技资本通过对高科技企业的投资，促进了自主创新和科技进步；其次，科技资本通过对高新技术企业的发展提供多层次的融资渠道，促进了企业的进一步发展壮大，并为社会创造了更多的就业机会；再次，科技资本通过投资的区域集聚化促进了科技产业集群的发展，推动了区域的科技创新和经济的持续发展；最后，对当前的中国来说，科技资本有利于高效、多层次以及具有良好流动性的资本市场建设，能够提高中国市场的整合度，进而推动中国金融市场的改革和发展。

第三节
中国科技金融资源各配置形式现状及存在的问题

本部分主要介绍我国财政科技投入支持科技创新、科技贷款支持科技创新、科技担保支持科技创新、科技保险支持科技创新、创业风险投资支持科技创新、多层次科技资本市场体系支持科技创新等现状及存在的问题。

一、财政科技投入支持科技创新的现状及存在的问题

（一）财政科技投入支持科技创新的现状

财政科技投入在支持科技创新中的重要作用不仅体现在政府在科技创新中的主导作用上，而且体现在推进创新驱动发展战略的有效实施上。当前，我国财政科技投入在支持科技创新方面已经有了一定的发展，财政科技投入在支持科技创新方面的作用逐渐体现出来。我国财政科技投入支持科技创新的现状主要表现在以下几个方面：

（1）我国财政科技在支持科技创新方面投入持续增长；

（2）财政科技投入的结构得到不断优化；

（3）以企业为核心的创新体系基本形成，但研发经费投入强度较低；

（4）科技经费管理不断改进。

（二）财政科技投入发展的特点

我国财政科技投入发展的特点有：一是财政科技支持科技创新的动态特征，二是财政科技支持区域自主创新的能力特征。

（三）财政科技投入支持科技创新的主要问题

1. 财政科技投入总体水平偏低，研究开发经费不足

（1）研发经费占 GDP 的比重较低。我国研发经费在 GDP 中的比重多年来一直处于增长的趋势中，但是截至 2012 年，我国研发经费在 GDP 中的比重一直低于 2%，综合国力最强大的美国 2011 年这一数据就已经达到了 2.77%。这说明我国与国际水平存在的差距比较大，需要借鉴外国的经验，在科技创新研发经费方面加大投入，支持科技创新事业的

发展。

（2）财政科技投入在研发经费中的占比偏低。对比世界发达国家如美国、英国、法国，其政府科技投入占比都在30%以上，与企业资金一起作为研发经费的两大主体来源服务科技研发活动。相比而言，我国财政科技投入仍显不足。

2. 财政科技投入结构性问题

（1）财政科技投入投向部门结构分析。在财政科技投入投向部门结构方面，我国与国际上一些发达国家的策略十分相似，其主要财政科技投入都集中于政府研究机构及高校这两大块。我国虽然在结构发展方面与其他发达国家相似，但是我国科技经费总体水平与国际水平还存在一定的差距。

（2）财政科技投入地区结构分析。财政科技投入地区结构分析主要从财政科技投入总体规模和财政科技投入在地方总财政中的比重两个方面进行。无论是总体规模还是财政科技投入的占比，东部地区明显要超过中西部地区，其次是中部，最后为西部。这一状况恰恰与我国的地域经济综合实力趋于一致。

3. 财政科技管理体制的问题分析

这个分析的主要目的是通过财政科技投入的积极组织、协调、监督，实现财政科技投入的正常发展，正确引导科技经费的流向，使其更好地服务于科技创新。主要问题包括：一是财政科技资源统筹协调机制不完善；二是财政科技资金预算管理不规范；三是财政科技经费监管制度不完善；四是财政科技支出绩效评价体系不健全。

4. 财政支持科技的方式不科学

主要可以从实行财政担保制度、财政资助制度、政府采购制度几个方面入手。

二、科技贷款支持科技创新的现状及存在的问题

我国科技贷款在支持科技创新方面也起到了十分重要的作用。其为科技创新开辟了新的途径与领域，有助于促进科技创新的多样化发展。我国科技贷款起步于20世纪晚期，是伴随着我国改革开放的步伐逐渐发展起来的，经历了长达30多年的发展并取得了一定的成就。

（一）科技贷款的发展阶段和现状

1. 我国科技贷款经历的五个发展阶段

五个阶段分别是：萌芽阶段（1980年至1984年7月）、初步发展阶段（1984年8月至1989年）、高速发展及风险累积阶段（1990年至1997年）、调整发展阶段（1998年至2005年）和再发展阶段（2006年至今）。

2. 现阶段科技贷款的状况

一是科技贷款的需求存在差异性；二是银行在科技贷款中面临不同的问题；三是民间借贷在科技贷款中的作用加强；四是企业普遍存在科技贷款的困难。

（二）科技贷款发展的特点

一是科技贷款支持科技创新的发展方向和速度受制于金融环境及科技环境构成的大背景；二是科技贷款支持科技创新的演进受市场化过程的影响呈现发展、调整、再发展的“N 型”路径特征；三是政策支持驱动着科技贷款的发展；四是科技创新是推动科技贷款发展的重要力量。

（三）科技贷款存在的主要问题

（1）科技贷款的项目评价指标体系有待完善；

（2）科技贷款发展的财政政策有待加强；

（3）科技贷款市场失灵现象十分严重；

（4）科技贷款市场供需关系严重失衡。

三、科技担保支持科技创新的现状及存在的主要问题

（一）科技担保的发展历程

从 1992 年开始起步，经过不断的探索实践，再到今天快速健康发展，我国科技担保行业总体上经历了五个不同的发展阶段：探索起步阶段（1992—1997 年）、试点建设阶段（1998—1999 年）、政策推进阶段（2000—2003 年）、快速发展阶段（2004—2008 年）、规范整顿阶段（2009 年至今）。目前，我国已经建立起具有中国特色的“一体两翼四层”的科技型中小企业信用担保体系。

（二）科技担保支持科技创新的现状

中国的科技担保实践活动于 1992 年正式启动，最具有代表性的是源于重庆的民营中小企业互助担保基金和位于中国经济中心地带的上海工商企业互助担保基金会，以及位于改革开放前沿的广东省所成立的各类型服务于地方的区域性商业担保公司。2012 年底我国科技部在全国范围内所做的一份调查所得出的统计数据显示：我国国内目前处于营业状态的科技担保机构大约有 200 家。现存的这 200 家各种类型的科技担保机构，在一定程度上缓解了我国科技型中小企业融资难的问题，有效推动了我国科技型中小企业的快速发展。

在国家政策的支持下，自 1999 年试点至今，以中小企业信用担保机构为主体的科技担保行业得到了极大发展。目前，全国中小企业信用担保机构逐渐呈现结构越来越优、实力越来越强、信用功能逐步放大和服务能力显著提高的良好发展态势。这对帮助我国科技型中小企业在发展中克服国际金融危机影响从而平稳发展发挥了重要作用。

（三）科技担保发展的特点

资金来源多元化；服务于国家政策；坚持市场化原则；自主经营、自负盈亏的非金融

机构。

（四）科技担保支持科技创新存在的主要问题

地区分布不均衡；科技担保机构发展不平衡，发展情况参差不齐；科技担保机构盈利能力较弱；资本不足，担保机构规模小；与银行的议价能力低；缺乏相关的项目评价和技术评估的专业性人才；担保期限过短，担保品质过于单一；信息不对称；科技担保放大倍数不足，担保能力有限；科技担保机构风险防范机制不健全；法律法规滞后，担保机构开展担保业务缺乏相关制度保证。

四、科技保险支持科技创新的现状及存在的主要问题

（一）科技保险支持科技创新的现状

科技部和中国保监会在经过长时间实践调研的基础上，积极听取各方意见，吸收西方发达国家相关方面的经验教训，在2007年初联合发布了《关于加强和改善对高新技术企业保险服务有关问题的通知》，明确提出将开始推行高新技术企业保险的试点工作，将第一批高新技术企业保险分为六大险种并进行推广。同时指出，中国出口信用保险公司经营政策性出口信用保险，华泰保险对其他险种进行试点经营。

2008年后，第二批科技保险创新险种在原有六大险种的基础上新增了高新技术企业财产保险，产品责任保险，产品质量保证保险，董事会、监事会、高级管理人员职业责任保险，雇主责任保险，环境污染责任保险，专利保险，小额贷款保证保险和项目投资损失保险九类险种。此外，国内新增一家获准试点经营科技保险的公司——人保财险。

（二）科技保险发展的特点

（1）政府支持和市场推动相结合的发展模式；

（2）有关单位和机构积极参与、密切结合；

（3）财政资金的引导为科技保险局面的打开提供了原动力；

（4）具有中国特色的科技保险服务；

（5）出台政策扶持和税收优惠措施；

（6）积极培育保险业中介机构，依托中介机构，充分发挥保险业中介机构的风险管理与服务功能。

（三）科技保险支持科技创新存在的主要问题

一是对科技保险行业的认识还有待提高；二是高新技术企业投资风险大，投资成本高，企业参保欲望不足；三是科技保险行业存在供给不足的问题；四是科技保险相关方面的专业人才异常匮乏；五是我国政府尚未对科技保险有足够的重视，对科技保险的支持力度有待加大；六是保险市场中介的作用还未完全发挥；七是保险公司与高新技术企业的信

息不对称在一定程度上阻碍了科技保险行业的快速发展；八是科技保险市场的秩序仍需要进一步规范；九是数据收集等基础性工作仍有待完善。

五、创业风险投资的现状及存在的问题

我国早在 1985 年 3 月就开始了对创业风险投资的初探，颁布了《关于科学技术体制改革的决定》，第一次提出了“创业风险投资”这个概念。1985 年 9 月，我国第一家创业风险投资机构——中国新技术创业投资公司成立。随后各级政府纷纷鼓励当地企业家成立创业风险投资机构，一大批风险投资公司建立起来。但是由于我国创业风险投资市场不成熟，相关的法律法规不健全，退出机制不通畅，因此很多创业风险投资机构不能正常运行，纷纷倒闭。

到了 20 世纪末，创业风险投资市场在我国的发展达到了一个高潮，在各级政府的政策扶持下，风险投资企业受到了全社会的关注，越来越多的民间资金投入进来。

（一）创业风险投资的现状

在我国，风险投资发展得比较晚，属于新兴产业。因此各级政府和相关机构特别重视风险投资产业在各地区的发展，也投入了大量的人力和物力，同时从国外吸收了很多宝贵的经验。10 多年来，我国政府鼓励风险投资市场的大力发展，已经在 20 多个省、市创建了共计 90 多家风险投资机构，包含各种类型，如科技风险投资公司、科技信托公司和科技信用社等创业风险投资机构。

（二）创业风险投资发展的特点

总体而言，我国创业风险投资行业在 2002—2011 年的 10 年里，数量和规模持续增长，蓬勃发展。一是呈现良好的发展态势；二是我国的风险投资地区相对集中；三是创业风险投资专业人才队伍逐渐壮大；四是政府在风险投资市场的作用举足轻重；五是外国风险投资公司逐渐进入我国风险投资市场。

（三）创业风险投资存在的主要问题

目前我国学者对创业风险投资的认知还存在分歧；政府对风险创业投资在法律方面的支持政策不够完善；投资资本来源不足；创业投资的运作不规范；风险投资的构成主体错位且单一；风险投资行业的退出渠道不通畅。

六、多层次科技资本市场体系支持科技创新的现状与存在的问题

自 2008 年金融危机全面爆发后，中国的资本市场发生了巨大的变化，中国的 IPO 市场资金充足，规模已超过美国。中国上市公司想要做到全球范围内的扩张，可以通过股票增发，以及用资金和股票来购买海外高科技企业的方式。在我国资本市场的推动下，我国

科技资本市场进入快速发展的新时期，一些业绩优秀的高科技企业已经成为行业的领头羊，起到了很好的模范带头作用。事实上，科技创新可以推动我国的经济增长和发展，科技是第一生产力。技术改变世界，技术成就梦想，科技创新离不开资本市场强有力的支持。

（一）多层次科技资本市场体系支持科技创新的现状

总的来讲，经过这些年的持续发展，我国多层次资本市场逐渐形成了科技含量较高的科技板块，推动了新兴产业战略性的发展，促进了高新科技企业的进步，成为我国经济增长的支柱和未来发展的风向标。

经过 20 多年的不懈努力，我国的资本市场结构得到了很大的完善。自 2009 年创业板成功创立以来，我国的多层次科技资本市场体系虽然还不完善，但已基本成形，主要包括主板、创业板和三板市场，其中主板市场含中小板。

（二）多层次科技资本市场支持科技创新存在的主要问题

一是科技资本运营的体制与制度障碍；二是科技资源的配置与使用效率低下；三是高新技术产业科技融资困难。

第四节
中国科技创新与金融创新结合的对策建议

通过上节分析的各种资源配置主要形式的发展现状及存在的主要问题，现对中国科技创新与金融创新结合提出如下对策建议：

一、我国财政科技投入支持科技创新的对策建议

一是要通过法制化途径确保财政科技投入的稳定增长机制；二是要优化财政科技投入结构，重视对基础研究的支持；三是要完善财政科技投入体制，加快从创新到成果转化的形成机制；四是要明确财政科技投入的重点领域；五是要创新政府财政科技投入对科技创新的支持方式；六是要建立和完善财政科技投入绩效评价体系。

二、我国科技贷款支持科技创新的对策建议

一是科技型中小企业应通过提升自身整体素质为科技贷款创造条件；二是要加快建设有利于科技型中小企业多元化融资的现代金融体系；三是要注重专业人才的培养与激励制度的建立和完善；四是要加强金融生态环境建设。

三、我国科技担保支持科技创新的对策建议

一是要发展多元化担保结构，加强不同层次中小企业融资担保的合作与竞争；二是要创新融资风险分散机制；三是要完善担保机构资金进入机制；四是要整合银行、工商、财政和税务等部门的力量，建立科技型中小企业信用档案库。

四、我国科技保险支持科技创新的对策建议

一是要建立多样化的补贴方式，落实科技保险补贴政策；二是要实施科技保险创新战略，扩大科技保险险种的供给；三是要注重科技保险人才的培养与引进；四是要加大科技

保险的宣传力度，积极发掘潜在的科技保险市场。

五、我国创业风险投资支持科技创新的对策建议

一是要营造有利于创业风险投资业和实体经济良性互动的宏观环境；二是要拓宽创业风险投资的融资渠道；三是要营造适宜创业风险投资和科技型中小企业相融合的文化环境；四是要加强创业风险投资专业人才培养。

六、我国多层次科技资本市场体系支持科技创新的对策建议

一是要培养不同层次科技资本市场上的成熟、专业机构投资者；二是要培育不同层次的科技资本市场融资主体；三是要发展相应的科技资本市场中介机构；四是要发展和完善法律体系，加强对不同层次科技资本的监督；五是要加强科技资本市场专业人才培养。

新闻摘录

人工智能、精准医疗成资本追逐热点

公开披露的投融资数据显示，2017年上半年国内生命大健康产业共披露融资179笔，明确披露融资金额的有104笔，涉及金额193.62亿元，单笔平均融资约为1.86亿元。其中单笔过1亿元的融资有35笔，过10亿元的融资有4笔。人工智能、精准医疗（分子诊断、靶向治疗）、POCT、非公医疗等成为2017年上半年产业融资的关键词。

2017年上半年生命健康产业共有21家公司完成IPO/新三板挂牌，其中药品（含保健品）相关企业IPO/新三板挂牌数量达到12家。

据了解，人口老龄化、政策驱动、行业技术积累以及人们追求健康的需求是推动我国大健康产业大发展的关键因素。火石创造的报告数据显示，2012年我国生命大健康产业的规模为1.8万亿元，到2016年已经达到3.2万亿元。

资料来源：科技金融时报（http：//www.kjjrw.com.cn/system/2017/09/08/012879099.shtml）

思考与实践

想一想

1. 科技金融资源的主要配置形式有哪些?
2. 我国目前创业风险投资存在哪些问题?
3. 对我国科技贷款创新你有哪些好的建议?

练一练

1. [多选] 财政科技投入按照研究阶段分类，可分为（　　）。

A. 用于经济建设的财政科技投入　　B. 基础研究阶段的财政科技投入

C. 应用研究阶段的财政科技投入　　D. 试验发展研究阶段的财政科技投入

2. [单选] 科技贷款的业务特点不包括（　　）。

A. 科技贷款专用性要求高

B. 科技贷款的贷款成本和贷款风险要比普通的银行贷款高

C. 科技贷款的经济社会效益比其他类型贷款要低

D. 科技贷款对增强企业竞争力作用比普通银行贷款强

3. [单选] 以下关于我国财政科技投入支持科技创新的现状表述不准确的是（　　）。

A. 我国财政科技投入在支持科技创新方面持续增长

B. 财政科技投入的结构得到不断优化

C. 科技经费管理不断改进

D. 以企业为核心的创新体系基本形成，研发经费投入强度高

查一查

搜索、登录科技金融网，了解科技金融的最新动态。

第十四章

中国普惠金融体系

阅读提示

在这一章，我们将进入一个全新视野：普惠金融。金融到底是“高大上”还是应当服务大众？随着社会的发展、观念的更新和技术的进步，构建普惠金融体系，让社会公众都能享受经济快速增长带来的民生改善，越来越成为国际社会的共识。普惠金融是当前全球经济与社会发展的新热点，不仅涉及金融业态多样化和金融服务均等化，更与互联网等新技术带来的产业变革与社会重构相关。

开篇提问

什么是普惠金融体系？金融到底是“高大上”还是应当服务大众？

第一节
普惠金融体系概述

一、普惠金融体系的历史源起

进入 21 世纪，全球各国在联合国推动下达成了千年发展目标（MDG），其首要任务是消除贫困。由于小额信贷（Micro-credit）和微型金融（Micro-finance）是消除贫困的有效武器，因此，为了促进小额信贷和微型金融发展，联合国将 2005 年命名为“国际小额信贷年”。小额信贷从业机构、研究机构、投资机构、政府机构、国际组织开始考虑建立一个有利于促进小额信贷和微型金融的金融体系，这个体系的宗旨和目标与小额信贷和微型金融相同，旨在消除金融排斥，为社会底层群体提供有效的金融服务。一个与金融排斥相对的概念——普惠金融（Financial Inclusion）应运而生，实现这个宗旨和目标的金融体系顺理成章地命名为普惠金融体系（Inclusive Financial System 或 UNDP 使用的 Inclusive Financial Sector）。在“国际小额信贷年”，国际组织牵头召开了一系列有关金融普惠化（Financial Inclusion）的研讨会议，并发布了一系列报告，展示出一个逐渐清晰的关于普惠金融体系的逻辑框架、行动纲领和指标体系。

普惠金融体系实际上是对小额信贷和微型金融的延伸和发展，普惠金融体系继承和发扬了小额信贷和微型金融作为“最有效扶贫武器”的认知，超越了零散的机构和金融服务的能力范畴，致力于建设一个系统性的微型金融服务网络或者体系。

二、普惠金融体系的概念内涵

普惠金融的概念最早是联合国在 2003 年 12 月提出的。时任联合国秘书长安南指出，“世界上大多数穷人仍然难以获得储蓄、信贷、保险等金融服务。我们的一大任务就是消除那些将人们排除在金融活动之外的因素……我们能够也必须实施普惠金融来改善这些人的生活”。在 2005 年联合国倡议的“国际小额信贷年”活动中，普惠金融概念获得广泛使用。

在普惠金融领域，两部奠基性的重要报告分别是联合国于 2006 年出版的《建设普惠金融体系蓝皮书》(Building Inclusive Financial Sectors for Development，俗称《普惠金融蓝皮书》）和世界银行扶贫协商小组（CGAP）于2006年出版的《众途：建设普惠金融系统》(Access for All：Building Inclusive Financial System)。联合国在《普惠金融蓝皮书》中指出，普惠金融体系是一个能有效地、全方位地为社会所有阶层和群体，尤其是贫困、低收入人口提供服务的金融体系。目前的金融体系并没有为社会所有的人群提供有效的服务，联合国希望通过小额信贷和微型金融的发展，促进这样的金融体系的建立。国际上对普惠金融只有普惠金融体系（Inclusive Financial System）和金融普惠化（Financial Inclusion）两种用语，且普惠金融既不是金融业务，也不是金融机构，更不是金融产品，而是一个金融生态系统。

普惠金融体系具有以下特征：一是合理范围内，每一个家庭和企业都该拥有以合理价格获得各种金融服务的可能途径，包括储蓄、信贷、租赁、代理、抵押、保险、养老金、支付、国内转账和国际汇款等；二是多种形式的金融服务机构（包括私营的、公共服务机构的和非政府组织的），在可行的情况下，为客户提供价格合理且种类多样的金融服务；三是由健全的金融机构、合理的内部控制系统、适当的行业执行标准、审慎的监管机制构成统一的系统；四是致力于以财务和机构的可持续性实现长期经营和服务的目标。

普惠金融体系的核心是金融服务的覆盖率，强调的是金融服务的普遍性，体现的是一种平等权利，“惠”字的理解是“惠及”“覆盖”而不是“优惠”。普惠金融有明确而强烈的扶贫倾向，其核心是消除对社会最底层群体的金融排斥现象，如果一个金融体系里还有最底层的群体被排斥在外，即便其他群体的金融服务得到改善，这个金融体系也不是普惠的。同时，需要认识到普惠金融既然是一个体系概念，就不必要求所有机构为穷人服务，而应该建立多层次、广覆盖的金融机构体系，让不同类型的机构针对不同的市场分层提供最适当、最有效的金融服务。《普惠金融蓝皮书》对普惠金融体系的前景是如此描述的：“在健全的政策、法律和监管框架支持下，每一个发展中国家都应有一套相互关联的金融机构，共同为所有阶层的人提供合适的产品和服务。”

三、普惠金融体系建设的基本框架

世界银行扶贫协商小组在《众途：建设普惠金融系统》报告中对世界微型金融发展进行了全面总结，并从客户层面、微观层面、中观层面和宏观层面提出了普惠金融体系建设的基本框架。

（一）客户层面

客户群体是普惠金融体系的核心，它驱动着微观、中观、宏观层面活动的展开。普惠金融的服务对象应包括社会各个阶层，但其服务的重点是目前被排除在正规金融体系外的贫困和低收入的经济主体，具体包括农村农户、城镇中的中小企业或小微企业以及城乡贫困群体。

（二）微观层面

普惠金融体系建设的微观层面，基本上是指提供普惠金融服务的一方，其是普惠金融体系的基石和支柱。在普惠金融体系中，需要不同的金融服务提供者，从而满足不同阶层客户的不同需求。这些金融服务提供者主要包括银行类金融机构、非银行类金融机构、非政府组织、合作性金融机构等。如何使得这些金融服务提供者愿意并且有动力服务于所有的目标客户，包括贫困和低收入的经济主体，进而实现普惠目标，是普惠金融体系建设的核心任务。

（三）中观层面

普惠金融的中观层面，即能够保障普惠金融微观层面正常运作的金融基础设施和服务，主要是指能够降低交易成本、延伸金融服务范围、提高金融服务透明度、保证金融体系完整度的一系列辅助服务。它涵盖了很多的金融服务相关者和活动，如审计师、评级机构、专业业务网络、行业协会、征信机构、结算支付系统、信息技术、技术咨询服务、培训等。这些服务实体可以是跨国界的、地区性的或全球性的组织。

（四）宏观层面

在宏观层面，政府在普惠金融体系建设中要扮演很重要的角色，需要从立法、规范和监管等方面发挥重要作用，提供一个良好的金融环境，以吸引更多的金融服务供给者并促进市场的有序竞争。中央银行（金融监管当局）、财政部和其他相关政府机构是主要的宏观层面的参与者。

四、国际普惠金融的发展历程

（一）初级阶段：小额信贷形成（15 世纪到 20 世纪 70 年代）

15 世纪，意大利天主教堂通过设立典当行开展信贷业务以抑制高利率，为社区的穷人贷款提供了可能。这一形式在当时的欧洲城市快速发展起来。到 18 世纪，小额信贷的形式进一步发展，以爱尔兰的“贷款基金”模式和德国的“社区储蓄银行”模式为典型代表。爱尔兰的“贷款基金”模式的运作机理是采用捐赠获得的财物向农村的贫困农户提供零息无抵押的小额贷款。经一个世纪的发展，慈善性的贷款基金机制逐步转型为可吸收存款的金融中介机构，同时继续向贫困群体发放贷款。德国的“社区储蓄银行”模式基于互助的原则成立了储蓄银行，兼具慈善性与可持续性的功能，信贷对象多集中于社会弱势经济主体，在很大程度上替代了高利贷者。从 19 世纪开始，日本和欧洲许多国家的邮政系统成为金融服务的重要提供者，亚洲、非洲及拉丁美洲的许多国家将国有银行的服务对象扩展到更广的客户群体，对经济弱势群体给予倾斜，普惠金融理念上升到国家支持层面。印度尼西亚人民信贷银行（BPR）于 1895 年成立，鼎盛时期有近 9 000 个分支机构，成为印度尼西亚最大的普惠金融机构。

20世纪50年代至70年代，政策扶持的小额信贷在发展中国家风靡，政策性金融机构以较低的利息从国家获得贷款，再以补贴利率贷给农户，导致众多金融机构无法从贷款收益中弥补运营成本，形成了发展瓶颈。在此期间，现代化的金融体系开始建立，传统的小额信贷面临更大的机遇和挑战。

（二）现代化阶段：小额信贷发展（20世纪70年代到90年代）

20世纪70年代后，随着小额信贷形式的改变和覆盖对象的扩大，现代小额信贷开始快速发展。出现了向妇女提供小额贷款的项目与组织，如孟加拉国的乡村银行、拉美的ACCION国际组织以及印度的自我就业妇女协会银行（SEWA）。20世纪80年代，小额信贷的理念和内涵得到进一步发展，打破了传统意义上扶贫融资的形式。实践经验表明：贫困人群的还款信用比普通商业贷款更好，同时贫困人群是有能力负担小额信贷过程中的运营成本的，从而在实践上支持了小额信贷体制的可持续发展性，良好的还款率以及可持续发展也为微型金融的持续发展奠定了基础。

（三）扩张阶段：微型金融形成（20世纪90年代到21世纪初）

小额信贷发展到20世纪90年代，不再局限于单纯的提供贷款，还为经济弱势群体提供存款、保险及理财等综合性的金融服务，进入微型金融阶段。以孟加拉国的乡村银行为例，20世纪90年代起，该银行的存款增速显著上升，1990—2000年，该银行的存款规模从8.5亿塔卡上升至66.1亿塔卡，存款来源也逐渐多样化，会员存款占总存款的比重逐渐降低。贷款小组数量从1990年的17.4万个上升至2000年的50.3万个，同期会员数量从87万上升至237.8万。当前，微型金融已经由金融体系的边缘成为主流，各国政府与社会组织正致力于通过微型金融的发展，促进普惠金融体系的建立。

（四）全面发展阶段：互联网金融扩张（21世纪初至今）

进入21世纪以来，互联网的高速发展为普惠金融提供了全方位的技术支持，传统的小额信贷和微型金融由零散化、线下化走上了集中化、线上化。随着小额信贷和微型金融覆盖范围的不断扩大，以及正规金融机构不断拓展小微金融服务，金融机构将竞争的重点转向新客户的开发和金融服务的快速到达。互联网金融正是在这一背景下，充分发挥其高覆盖面和快捷性的特点，将传统小额信贷和微型金融未开发的客户群体纳入其金融服务范围内。在互联网金融的模式下，小额信贷和微型金融市场的参与者迅速膨胀，各个阶层的经济主体都能借助互联网渠道实现金融产品的消费和各类金融交易。互联网具备透明性、快速性，能够减少交易成本，弥补小额信贷和微型金融不能覆盖的领域和功能，推进现代金融体系的扩大化、平民化和人性化，有助于现代普惠金融体系的全面发展，从而形成了由“小额信贷”＋“微型金融”＋“互联网金融”组成的现代普惠金融结构。

五、普惠金融相关国际组织

（一）普惠金融联盟

普惠金融联盟（Alliance for Financial Inclusion，AFI）成立于2008年9月，总部位于泰国曼谷，是由发展中国家政策制定者组成的国际联盟，旨在通过提供资金、技术、物流等方面的支持以及经验、研究成果等信息的共享平台，帮助各成员国制定并实施有效的、可行的金融服务拓展政策和计划，以便加快实现金融服务全覆盖。其成员包括印度、马来西亚、印度尼西亚等亚洲国家，南非、埃及等非洲国家，以及巴西、墨西哥、秘鲁等拉丁美洲国家在内的60多个发展中国家的央行或相关政策制定机构；战略合作伙伴包括研究机构（如芝加哥大学）、国际组织（如国际清算银行）、微型金融机构、非政府组织以及私人企业等。中国银监会于2011年8月加入AFI，成为该组织第79位机构会员。

普惠金融联盟（AFI）成立了手机金融服务、消费者扶持和市场行为、普惠金融数据、金融一体化以及太平洋岛国等五个工作组。AFI主要关注以下六大政策领域：

（1）设立代理银行，旨在降低银行设立分支机构的固定成本和提供小额交易的业务成本。

（2）设立移动电话银行，利用信息科技提供现金存取、第三方转账、无线预付等服务。

（3）设立低收入人群金融服务机构，通过降低准入政策要求，推进建立为低收入人群提供银行和保险服务的机构。

（4）促进国有银行改革，帮助国有银行转型为商业可持续发展的银行，建立有效的公司治理和激励机制，减少政府的影响。

（5）建立个人金融身份，将客户的历史交易信息转变为资产，为客户建立信用记录，便于其日后获得更多的金融服务。

（6）加强消费者保护，包括强化信息安全和披露，拓宽投诉渠道等。

（二）G20普惠金融专家组

G20普惠金融专家组（Financial Inclusion Experts Group，FIEG）于2009年12月在美国华盛顿创立，是为了更好地履行2009年9月在美国匹兹堡峰会上做出的“更好地为穷人提供金融服务”的成果。FIEG下设“创新金融服务专家组”和“中小企业融资组”两个分组。

为建立一个有利的创新性普惠金融政策和监管环境，以安全良好的新方法改进穷人的金融服务可获得性，在吸收世界各国政策制定者（特别是发展中国家领导人）经验与教训的基础上，FIEG于2009年4月研究提出了《G20创新普惠金融九项原则》，并向G20提交了报告。这9项原则于2010年5月在G20多伦多峰会上获得一致通过，并成为《多伦多宣言》的重要组成部分。这 9 项原则分别是：

（1）增强领导力，即培育一个致力于普惠金融的、基础广泛的政府，帮助解决贫困。

（2）发展多样性，即实施促进竞争的政策办法，提供以市场为基础的激励，既推动服务供应商的多样化，又推进可持续金融的可获得性以及使用广泛实惠的服务（储蓄、信贷、支付、转移和保险）。

（3）促进创新性，即将促进技术和制度创新（包括解决基础设施的薄弱问题）作为扩展金融系统可获得性的方式。

（4）加强保护，即鼓励采用一个综合性的办法来保护消费者权益，承认政府、服务供应商和消费者所扮演的角色。

（5）实施赋权，即开展金融扫盲和金融能力建设。

（6）鼓励合作，即在政府内部建立一个责任明确、分工协作的制度环境，鼓励在政府、企业和其他相关机构之间建立合作关系和直接协作。

（7）改进方法，即使用改进后的数据制定以证据为基础的政策，并衡量进展；考虑采用监管机构和服务供应商都接受的增量测试和学习方法。

（8）引入权衡概念，即在理解现行监管差距和障碍的基础上，建立一个与创新性产品和服务的风险与收益相对称的政策及监管框架。

（9）完善框架，即从国际标准、国家状况和支持竞争等角度考虑，建立一个适当的、有弹性的、以风险为基础的反洗钱和打击恐怖融资的制度，能够明确反映电子存储值的监管制度；采用以市场为基础的激励，以实现广泛的互动操作和相互联系的长期目标。

2010 年 11 月，FIEG 提交的《G20 创新普惠金融七项行动计划》在 G20 首尔峰会上获得正式通过，成为首尔宣言的主要内容之一。该行动计划主要包括进行数据收集，鼓励私人企业参与，督促各国建立普惠金融指标体系，建立中小企业融资知识共享平台等。

（三）全球普惠金融合作伙伴组织

全球普惠金融合作伙伴组织（Global Partnership of Financial Inclusion，GPFI）是 G20 组建的一个包容性合作伙伴组织，是 G20 为了加大创新普惠金融行动计划的执行力度和进一步加强全球合作与交流，在普惠金融专家组基础上决定成立的。GPFI 致力于提供一个高效的信息共享机制，协调各种为普惠金融所做的努力，并调动所需的金融支持，推动全球普惠金融的发展。GPFI 有 4 项使命：

（1）致力于推进 G20 普惠金融工作；

（2）促进高效协调，支持各项普惠金融政策；

（3）定期检测普惠金融进展；

（4）确保全球普惠金融协商的连续性。

2010 年 12 月，GPFI 启动会议在韩国召开。GPFI 作为普惠金融专家组（FIEG）的延伸，每年举办的全体会议不仅成为 G20 成员国的普惠金融平台，还邀请荷兰、挪威、智利等非 G20 成员国和利益相关者共同分享经验、研究政策。GPFI 的执行伙伴包括普惠金融联盟（AFI）、世界银行扶贫协商小组（CGAP）、国际金融公司（IFC）、经济合作与发展组织（OECD）和世界银行（WB）。

GPFI 先后共设立了 5 个工作组，分别是 G20 普惠金融原则和标准设立机构参与工作组、中小企业融资和妇女企业家工作组、普惠金融数据和目标设定工作组、金融消费者保护和金融扫盲工作组、市场和支付体系工作组。

第二节
中国普惠金融体系的发展现状

一、普惠金融体系的概念引入

国内最早引进普惠金融体系这个概念的是中国小额信贷联盟（原名中国小额信贷发展促进网络）。为了开展2005年国际小额信贷年的推广活动，中国小额信贷联盟决定利用这个概念进行宣传。时任中国小额信贷联盟秘书长白澄宇提出用“普惠金融体系”作为Inclusive Financial System的中文翻译。也有人提出用“包容”等名词，但这些词不能表达服务对象的广泛性，最后还是用“普惠”这个概念，就是要让所有人平等享受金融服务。从2005年开始，联合国开发计划署与我国商务部国际经济技术交流中心和中国人民银行、国家开发银行、哈尔滨银行、包商银行合作，开展了“建设中国普惠金融体系”项目。2006年3月，时任中国人民银行研究局副局长焦瑾璞在北京召开的亚洲小额信贷论坛上，正式使用了这个概念。2012年6月19日，时任国家主席胡锦涛在墨西哥举办的G20峰会上指出：“普惠金融问题本质上是发展问题，希望各国加强沟通和合作，提高各国消费者保护水平，共同建立一个惠及所有国家和民众的金融体系，确保各国特别是发展中国家民众享有现代、安全、便捷的金融服务。”这是中国国家领导人第一次在公开场合正式使用普惠金融概念。

金融视野

国家政策与普惠金融

党中央和国务院高度重视普惠金融发展。2013年，党的十八届三中全会首次明确提出“发展普惠金融”，2015年《政府工作报告》提出“大力发展普惠金融，让所有市场主体都能分享金融服务的雨露甘霖”。2015年11月9日上午，习近平主持召开中央全面深化改革领导小组第十八次会议，审议通过《推进普惠金融发展规划（2016—2020年）》（国发〔2015〕74号，于2016年1月15日印发），首次从国家层面确立了普惠金融的实施战略。

二、普惠金融体系建设的规划目标

《推进普惠金融发展规划（2016—2020年）》（国发〔2015〕74号）将普惠金融定义为立足机会平等要求和商业可持续原则，以可负担的成本为有金融服务需求的社会各阶层和群体提供适当、有效的金融服务。规划明确提出："到2020年，建立与全面建成小康社会相适应的普惠金融服务和保障体系，有效提高金融服务可得性，明显增强人民群众对金融服务的获得感，显著提升金融服务满意度，满足人民群众日益增长的金融服务需求，特别是要让小微企业、农民、城镇低收入人群、贫困人群和残疾人、老年人等及时获取价格合理、便捷安全的金融服务，使我国普惠金融发展水平居于国际中上游水平。"

我国普惠金融发展要实现三个提高：

（1）提高金融服务覆盖率。要基本实现乡乡有机构、村村有服务，乡镇一级基本实现银行物理网点和保险服务全覆盖，巩固助农取款服务村级覆盖网络，提高利用效率，推动行政村一级实现更多基础金融服务全覆盖。拓展城市社区金融服务广度和深度，显著改善城镇企业和居民金融服务的便利性。

（2）提高金融服务可得性。大幅改善对城镇低收入人群、困难人群以及农村贫困人口、创业农民、创业大中专学生、残疾劳动者等初始创业者的金融支持，完善对特殊群体的无障碍金融服务。加大对新业态、新模式、新主体的金融支持。提高小微企业和农户贷款覆盖率。提高小微企业信用保险和贷款保证保险覆盖率，力争使农业保险参保农户覆盖率提升至95%以上。

（3）提高金融服务满意度。有效提高各类金融工具的使用效率。进一步提高小微企业和农户申贷获得率和贷款满意度。提高小微企业、农户信用档案建档率。明显降低金融服务投诉率。

三、我国普惠金融的实践历程

我国真正意义上的现代普惠金融实践自20世纪90年代开始，借鉴理论研究和国际经验，根据普惠理念、普惠对象、金融产品与服务种类的差异，大致可分为三个阶段。

（一）公益性小额信贷阶段（20世纪90年代到21世纪初）

我国小额信贷在1993年之前的资金基本来自国际援华项目或者国家对农民的补贴性贷款。1993年，中国社会科学院引进著名的"孟加拉国乡村银行模式"创立易县扶贫经济合作社，开始了中国扶贫社项目的探索。随后，由国际组织或地方政府发起在四川、云南、陕西等地的扶贫社项目进展顺利。1994年，国务院印发《国家八七扶贫攻坚计划》之后，公益性小额信贷不断成为政府解决农村扶贫问题的工具之一。1996年起，我国政府逐渐重视小额信贷在扶贫中的作用，开始通过制定政策支持小额信贷的发展。在这个阶段，小额信贷以公益信贷为主，大多是进行小范围的试验，依靠政府或国际组织的资金扶持，进行有针对性的项目信贷扶持。

（二）发展性微型金融阶段（21 世纪初到 2005 年）

公益性小额信贷的扶贫效果日益显现，小额信贷逐渐得到政府部门的规范化支持和推动。随着我国经济的发展，20 世纪末，我国贫困状况得到了缓解，因此小额信贷的目的也不仅是扶贫，而是要提高居民的生活质量、促进就业。不同于公益性小额信贷纯粹的扶贫目的，微型金融在金融机构可持续发展上实现了突破，更加注重小额信贷在提高农民收入、促进就业方面的作用。参与对象也不断扩大，农村信用社、城市商业银行等正规金融机构将业务经营重点投向了小额信贷领域。中国人民银行对小额信贷的执行办法和指导意见逐步落实，开启了我国小额信贷正规化进程。

（三）综合性普惠金融阶段（2005 年至今）

2005 年是联合国大会指定的“国际小额信贷年”，大会提出的“普惠金融”概念得到我国官方的重视。同年，中央一号文件明确指出：“有条件的地方，可以探索建立更加贴近农民和农村需要，由自然人或企业发起的小额信贷组织。”这标志着我国正式进入了综合性普惠金融阶段。2005 年，中国人民银行在四川、贵州等西部省份进行小额贷款公司试点工作，探索民间资本进入小额信贷市场的可行性。2006 年，中央一号文件明确鼓励民间资本参股微型金融机构，培育民间经济主体的小额贷款组织。截至 2016 年 12 月，我国小额贷款公司的数量已达到 8 673 家，从业人员 108 881 人，贷款余额 9 272.8 亿元。2009 年，国务院出台《关于进一步促进中小企业发展的若干意见》（国发〔2009〕36 号），指出中小企业是我国国民经济和社会发展的重要力量，促进中小企业发展，是保持国民经济平稳较快发展的重要基础，因此要切实解决中小企业融资难问题。2011 年 9 月，中国人民银行加入普惠金融联盟（AFI），积极参与国际组织有关普惠金融发展的各种活动。2012 年，为了加快普惠金融的发展，我国在浙江省温州市、珠江三角洲、福建省泉州市分别建立了三个金融改革创新综合实验区。2013 年 7 月、8 月，国务院先后颁布《关于金融支持经济结构调整和转型升级的指导意见》（国办发〔2013〕67 号）、《关于金融支持小微企业发展的实施意见》（国办发〔2013〕87 号）等重要文件，对于如何针对“三农”和小微企业开展金融服务进行了具体的部署。2016 年 1 月 15 日，国务院印发《推进普惠金融发展规划（2016—2020 年）》，首次从国家层面确立了普惠金融的实施战略。

为了适应小额信贷市场的发展，许多商业银行成立了专门的微型金融部门，将微型金融作为新的发展契机，并针对小微客户提供多元的金融服务创新，不再局限于简单的信贷业务。同时，民营资本进入金融业逐渐放开，村镇银行获准设立。互联网技术在我国的普及为互联网金融的爆炸式发展提供了可能，互联网金融不断地冲击传统金融体系，以其便捷支付、产品创新、可得性强、参与度高的特点迅速成为我国普惠金融的一个重要组成形式。普惠金融发展呈现供给主体正规化、覆盖对象扩大化、金融服务多元化、交易方式网络化等特点，标志着我国全面普惠金融体系正在构建。

四、我国普惠金融发展的政策措施

（一）完善货币信贷政策

积极运用差别化存款准备金等货币政策工具，鼓励和引导金融机构更多地将新增或者盘活的信贷资源配置到小微企业和“三农”等领域。进一步增强支农支小再贷款、再贴现支持力度，引导金融机构扩大涉农、小微企业信贷投放，降低社会融资成本。

（二）健全金融监管差异化激励机制

以正向激励为导向，从业务和机构两方面采取差异化监管政策，引导银行业金融机构将信贷资源更多投向小微企业、“三农”、特殊群体等普惠金融薄弱群体和领域。推进小微企业专营机构和网点建设。有序开展小微企业金融债券、“三农”金融债券的申报和发行工作。进一步研究加强对小微企业和“三农”贷款服务、考核和核销方式的创新。推进落实有关提升小微企业和“三农”不良贷款容忍度的监管要求，完善尽职免责相关制度。

积极发挥全国中小企业股份转让系统、区域性股权市场、债券市场和期货市场的作用，引导证券投资基金、私募股权投资基金、创业投资基金增加有效供给，进一步丰富中小企业和“三农”的融资方式。

加强农业保险统筹规划，完善农业保险管理制度，建立全国农业保险管理信息平台，进一步完善中国农业保险再保险共同体运行机制。扶持小额人身保险发展，支持保险公司开拓县域市场，对其在中西部设立省级分公司和各类分支机构适度放宽条件、优先审批。

（三）发挥财税政策作用

立足公共财政职能，完善和用好普惠金融发展专项资金，重点针对普惠金融服务市场失灵的领域，遵循保基本、有重点、可持续的原则，对普惠金融相关业务或机构给予适度支持。发挥财政资金杠杆作用，支持和引导地方各级人民政府、金融机构及社会资本支持普惠金融发展，更好地保障困难人群的基础金融服务可得性和适用性。落实小微企业和“三农”贷款的相关税收扶持政策，推动落实支持农民合作社和小微企业发展的各项税收优惠政策。

（四）强化地方配套支持

地方各级人民政府加强政策衔接与配合，共筑政策支撑合力。鼓励地方财政通过贴息、补贴、奖励等政策措施，激励和引导各类机构加大对小微企业、“三农”和民生尤其是精准扶贫等领域的支持力度。对金融机构注册登记、房产确权评估等给予政策支持。省级人民政府要切实承担起防范和处置非法集资第一责任人的责任。排查和化解各类风险隐患，提高地方金融监管有效性，严守不发生系统性、区域性金融风险的底线。

第三节
完善我国普惠金融体系的挑战与对策

一、完善普惠金融体系的挑战

我国要建立完善的多层次普惠金融体系，仍面临着从宏观、中观到微观各个层面的挑战。

（一）宏观层面：法律法规和政策环境不健全

我国有关非政府小额信贷的法律法规和监管措施不健全，小额信贷机构法律定位不明确。尽管针对小额贷款机构，国家出台了一系列政策和文件，但这些文件均未提升到法律层面；为了避免系统性金融风险，央行规定小额贷款公司不能吸收公众存款，缺乏制度性融资渠道，由于法律地位问题又无法享受相关金融优惠政策，后续资金匮乏；而监管方面，国家对小额贷款机构，尤其是非政府的小额贷款机构实行非审慎监管，大部分地区将监管任务交给县级人民银行，缺乏相应的专业人才和完善的监管措施，出现监管盲区。印度安得拉邦小额信贷危机中，小额信贷机构过度商业化，有关法律法规对消费者的保护不健全，政府监管不到位，事后地方政府处理不当，最终使弱势群体的金融服务受到严重伤害。

（二）中观层面：金融基础设施和相关服务不完善

普惠金融体系的中观层面包括金融基础设施、信用管理服务、技术支持服务、网络支持组织等。虽然经过不断的努力和探索，我国农村金融基础设施建设及相关服务的发展取得了很大进步，但与国外的基础设施和服务相比，与农业、农村和农民的发展需要相比，与建设社会主义新农村和农村城镇化的要求相比，仍然存在很多不完善的地方。首先，我国农村金融结算体系存在支付手段落后、结算网点少、结算手段单一和清算滞后等问题。其次，信用管理体系建设缓慢，由于存量信息不完全、技术水平落后等原因，我国尚未建立起完善的农村个人和中小企业征信体系，金融机构难以全面掌握农户和企业的信用情况。同时，农民金融知识匮乏，信用意识较差，金融机构缺乏有效控制信用风险的手段，导致大量不良贷款。最后，一个相对成熟的金融体系需要大量金融服务支持其发展，我国技术支持服务系统和网络支持系统等在农村金融中的应用相对较少，一般用来满足高端客户的金融需求，审计、技术咨询服务、评级机构、专业业务网络等中介服务缺位。

（三）微观层面：普惠金融服务供给仍有待深化，公益性小额信贷被忽视

我国普惠金融体系主要是建立一个多样化、多层次、全方位的小额信贷供给体系，然后逐步向微型金融阶段过渡，最终跨越到普惠金融阶段。普惠金融在我国的内涵已远远超过小额信贷的范畴，支付、汇款、保险、典当等各类金融服务均包含其中。我国小额信贷的供给主体主要有政策性银行、农村信用社、村镇银行、邮政储蓄银行、小额贷款公司等。近年来在互联网技术的支撑下，我国综合性普惠金融服务呈现网络化、移动化趋势，第三方支付、网络 P2P 信贷、网络保险、移动支付等新兴普惠金融业态蓬勃发展，形成了普惠金融供给机构多元化、供给渠道多样化的局面。但是，我国普惠金融体系在提升金融服务的覆盖率和可获得性方面，还有很大的提升空间，金融体系的普惠程度仍不够，具体表现包括：农村金融基础薄弱、网点少、成本高；中小企业融资难、融资贵的问题仍然存在；小型社区类金融机构发展亟待加快；新技术革命冲击下的部分金融创新业务有待进一步规范；金融消费者合法权益的保护力度还不够大；等等。

福利小额信贷对弱势群体的优惠扶持非常清晰，但这种模式以政府财政资金和扶贫贴息等资金来源为主，由于政府支出成本高、效率低、易发生寻租行为等缺陷，这种模式不具有可持续发展能力。因此，小额信贷的主流已逐渐过渡到制度主义小额信贷。近几年，我国商业性制度主义小额信贷获得快速发展，而公益性制度主义小额信贷的发展在一定程度上被忽视了。小额信贷应该是一个带有社会发展目标和商业可持续双重价值观的社会产业，过于商业化的发展有忽略其应承担的社会责任和社会发展目标的倾向，容易导致人们对小额信贷的误解和健康发展势头的逆转，不可避免地会影响我国普惠金融体系的有效构建。

新闻摘录

建设中国特色普惠金融体系

2017 年 7 月 20 日，由中国中小企业协会、中国中小企业协会普惠金融促进工作委员会主办的首届中国普惠金融高峰论坛在北京举行。与会专家学者围绕“建设中国特色普惠金融体系”“大众创业、万众创新的普惠金融支持”“大型商业银行普惠金融事业部的使命与路径”三个主题展开讨论。专家们表示，应加快建设普惠金融体系，为中小微企业和广大农户提供金融支持，服务实体经济发展。

当前我国民营经济快速发展，已经成为经济社会发展的重要基础。但是民营企业特别是中小微企业普遍面临着市场需求不足，各种生产要素成本上升过快，融资难、融资贵、税费负担重，审批难、用工难、用地难，制度性交易成本高等问题，其中反映最突出的是融资难、融资贵的问题，已经成为制约民营经济发展的一个主要瓶颈。然而，小微企业、农业人口等难以获得金融服务的客户恰恰又是最需要资金支持的群体。这些

"金融弱势群体"跨不过信用审查的门槛，无力承担金融服务的成本。

专家认为，互联网金融依托大数据技术，授信额度可以精准确定、动态调整，交易成本随规模增长而分摊，单笔交易的边际成本近乎零，借贷市场准入门槛大幅降低。此外，互联网银行可以迅速扩大营业规模、不受实体网点限制，适宜作为普惠金融在全国广泛铺开的先行军。因此，应善用科技手段，大力发展数字普惠金融。

资料来源：经济日报（http：//paper. ce. cn/jjrb/html/2017-07/26/content_339869. htm）

二、完善普惠金融体系的对策

（一）宏观层面：完善普惠金融法律法规体系，发挥政策引导和激励作用

逐步制定和完善普惠金融相关法律法规，形成系统性的法律框架，明确普惠金融服务供给、需求主体的权利和义务，确保普惠金融服务有法可依、有章可循。具体包括：加快建立发展普惠金融基本制度，确立各类普惠金融服务主体法律规范，健全普惠金融消费者权益保护法律体系。

根据薄弱领域、特殊群体金融服务需求变化趋势，调整完善管理政策，促进金融资源向普惠金融倾斜。具体包括：完善货币信贷政策，健全金融监管差异化激励机制，发挥财税政策作用，强化地方配套支持。

（二）中观层面：加快金融基础设施建设，加强普惠金融教育与权益保护

金融基础设施是提高金融机构运行效率和服务质量的重要支柱和平台，有助于改善普惠金融发展环境，促进金融资源均衡分布，引导各类金融服务主体开展普惠金融服务。具体包括：推进农村支付环境建设，建立健全普惠金融信用信息体系，建立普惠金融统计体系。

结合国情深入推进金融知识普及教育，培育公众的金融风险意识，提高金融消费者维权意识和能力，引导公众关心、支持、参与普惠金融实践活动。具体包括：加强金融知识普及教育，培育公众金融风险意识，加大金融消费者权益保护力度，强化普惠金融宣传。

（三）微观层面：健全多层次、广覆盖的机构体系，创新金融产品和服务

充分调动、发挥传统金融机构和新型业态主体的积极性、能动性，引导各类型机构和组织结合自身特点，找准市场定位，完善机制建设，发挥各自优势，为所有市场主体和广大人民群众提供多层次、广覆盖的金融服务。具体包括：发挥各类银行机构的作用，规范发展各类新型机构，积极发挥保险公司保障优势。

积极引导各类普惠金融服务主体借助互联网等现代信息技术手段，降低金融交易成本，延伸服务半径，拓展普惠金融服务的广度和深度。具体包括：鼓励金融机构创新产品和服务方式，提升金融机构科技运用水平，发挥互联网促进普惠金融发展的有效作用。

思考与实践

想一想

1. 普惠金融体系建设的基本框架是怎样的?
2. 我国普惠金融的发展历程是怎样的?
3. 完善我国普惠金融体系的挑战与对策有哪些?

练一练

1. [单选] 根据联合国在《普惠金融蓝皮书》中的表述，普惠金融是（　　）。

A. 金融业务　　B. 金融机构　　C. 金融产品　　D. 金融生态系统

2. [多选] 有关普惠金融，以下表述正确的有（　　）。

A. 普惠金融体系的核心是金融服务的覆盖率，强调的是金融服务的普遍性

B. 体现的是一种平等权利，“惠”字的理解是“惠及”“覆盖”而不是“优惠”

C. 普惠金融有明确而强烈的扶贫倾向，其核心是消除对社会最底层群体的金融排斥现象

D. 不必要求所有机构为穷人服务，而应该建立多层次、广覆盖的金融机构体系，让不同类型的机构针对不同的市场分层提供最适当、最有效的金融服务

3. [单选] 普惠金融宏观层面主要的参与者不包括（　　）。

A. 中央银行（金融监管当局）　　B. 财政部

C. 其他相关政府机构　　D. 征信机构

查一查

搜索、登录互联网普惠金融研究院网站，了解普惠金融的最新动态。

第十五章

中国绿色金融体系

阅读提示

我们只有一个地球，它是我们共同的家园。当以牺牲环境换来的经济增长带来的恶果对人类自身的负面影响越来越大，人类甚至要为之付出惨痛的代价时，人们对环境保护和可持续发展就会越来越重视。在这一章，我们将引入一个新概念——“绿色金融”，介绍金融发展与环境保护和可持续发展之间的关系。

开篇提问

什么是绿色金融？你的哪些行为可能不够“绿色”？

第一节
中国绿色金融体系概述

绿色金融作为杭州 G20 峰会的重要议题被提出，其目的是期望依托金融的资源优化配置功能变革传统资源密集型经济增长方式来实现环境友好与资源节约的可持续发展。这对于解决当前日益严峻的全球气候变化及其环境问题将起到重要作用，也因此被寄予厚望。随着第一份《G20 绿色金融综合报告》的出炉，“绿色金融”开始烙上了中国印记，并得到了与会国家的认同与共识，这标志着绿色金融发展正开始从“全球认知”向“全球行动”的更深层次实践演进，预示着绿色金融时代的到来。

2015 年被誉为我国绿色金融元年，首个官方名义的“绿色金融改革与促进绿色转型”重大课题正式启动。后来的 5 月、9 月和年末，中共中央、国务院、中国人民银行，以及国家发改委等部门从不同层面提出了发展绿色金融的手段和政策框架。2016 年初的“十三五”规划报告则明确提出了大力发展绿色金融的重大战略决策部署，包括构建适宜我国国情的绿色金融体系，以及在强化绿色信贷直接融资模式的基础上，提出进一步发展绿色债券、绿色基金、绿色股权转让等间接融资性金融产品的诉求，并将构建绿色金融体系这一重要内容上升为我国的重大国家战略。8 月 31 日，中国人民银行、财政部等七部委联合印发了《关于构建绿色金融体系的指导意见》，旨在通过绿色信贷、绿色债券、绿色股票指数及其相关产品、绿色保险、绿色发展基金、碳金融等金融工具和相关政策支持经济向“绿色化”转型。在政府的推动下，我国绿色金融在各个领域得到了长足的发展，逐步架构起以绿色信贷为主体，绿色证券、绿色基金、绿色保险和碳金融（市场）等方面全面发展的绿色金融体系。

第二节
中国绿色金融发展的主要领域

一、绿色信贷

金融资源的合理配置对于推动实体经济转型升级、实现可持续发展有着极其重要的作用。在我国的金融体系中，间接融资占比80%以上，而银行作为间接融资的最主要中介，必然会成为引导我国经济结构转型升级的强大力量。当前中国，经济发展和环境保护的关系越来越紧密，在产业结构调整压力和严峻的环境形势下，绿色信贷被赋予了更多的使命。

绿色信贷是指商业银行在贷款的决策过程中，注重资源保护和环境均衡，重视贷款的环保效益，促进生态环境平衡和经济可持续发展的一种融资方式。绿色信贷包括三个核心内容：一是利用恰当的信贷政策和手段，包括贷款品种、期限、利率和额度等，支持环保、节能型项目或企业的发展；二是对违反环保、节能相关法律法规的项目或企业采取停贷、缓贷，甚至收回贷款等信贷处罚措施；三是贷款人运用信贷手段，引导和督促借款人防范环境风险。

回溯我国绿色信贷的发展，最早可追溯到1995年中国人民银行颁发的《关于贯彻信贷政策与加强环境保护工作有关问题的通知》。之后的2007年7月，原国家环境保护总局、中国人民银行和银监会联合发布了《关于落实环保政策法规防范信贷风险的意见》，标志着我国绿色信贷制度建设正式启程。同年11月，银监会颁布了《节能减排授信工作指导意见》，在总结过去经验的基础上，对银行业金融机构落实国家节能减排战略、防范环境风险引发的各类风险提出了全面要求，“绿色信贷”被赋予重大使命，成为促进节能减排的重要金融手段。

2012年12月，银监会制定和颁布了《绿色信贷指引》，确定了“绿色信贷”的三大支柱支持绿色、低碳、循环经济的发展，防范环境和社会风险，提升自身环境质量和社会表现。同时，提出了对银行业“绿色信贷”的组织管理、内部政策制度、能力建设、流程管理、内部控制及信息披露等方面的明确要求。2013年，国家开发银行、中国工商银行等29家银行金融机构签署了《中国银行业绿色信贷共同承诺》。2014年，银行业金融机构共同发起设立了中国银行业协会绿色信贷业务专业委员会。2015 年 4 月成立了中国金融学会绿色金融专业委员会。2015 年，银监会、国家发展和改革委员会还共同制定和颁布了《能效信贷指引》，明确了工业节能、建筑节能、交通运输节能三大重点服务领域，为银行业信贷融资支持用能单位提高能源利用效率、降低能源消耗指明了方向。截至 2016 年 6 月末，21 家主要银行业金融机构绿色信贷余额达 7.26 万亿元，占各项贷款的 9.0%。其中，节能环保、新能源和新能源汽车等战略性新兴产业贷款余额 1.69 万亿元，节能环保项目和服务贷款余额 5.57 万亿元。可以说，绿色信贷在推动绿色金融体系建设方面发挥了积极的作用。

二、绿色证券

绿色证券是我国绿色金融体系建设的重要组成部分。绿色证券以可持续发展为核心，以行政为主导，以经济、社会等手段为辅助，利用资本市场资产定价、资源配置功能，改善资本市场各参与主体对环境、社会等外部性产生影响，促进环境效益、社会效益和经济效益相统一。当前，我国绿色证券发展主要体现在两个方面。

（一）绿色证券市场之股票市场

1. 披露上市公司可持续发展信息，增强企业和投资者的可持续发展意识

我国正处于经济转型和产业结构重组阶段，加强上市公司的环境信息披露，能够帮助企业有意识地评估和系统地改善其环境和社会绩效。与此同时，信息公开能够帮助投资者理解环境和社会问题对投资的影响。

2001 年，国家环保总局发布了《关于做好上市公司环保情况核查工作的通知》。随后，国家环保总局和中国证监会陆续发布了相关政策，做了许多有益的尝试。2008 年 2 月 28 日，国家环保总局正式出台了《关于加强上市公司环境保护监督管理工作的指导意见》，标志着我国绿色证券制度的正式建立。

2014 年 11 月 6 日，环境保护部取消了上市环评核查，减少了不必要的前置审核。证监会也不再要求在 IPO 环节提供环保部门出具的环保核查文件及证明文件，但进一步强化了关于环保的信息披露要求及中介机构核查责任，同时，在上市公司重大资产重组中也对环保信息提出了明确的要求。

2. 开发绿色证券指数，引导资本市场投资

我国股票市场上的绿色环保指数主要分为三类。第一类为可持续发展指数（ESG），主要针对企业在环境、社会责任、公司治理等方面的综合评价；第二类为环保产业类指数，这是目前国内绿色环保指数的核心品种，主要涵盖资源管理、清洁技术、产品和污染管理等范围内的上市公司，在综合的环保产业指数里面，还有更为细分的类别，如新能源、新能源汽车、环境治理等；第二类为碳效率类指数，通过计算上市公司的碳足迹（二氧化碳排放量占主营收入比重），来选取碳排放量比较低的上市公司。第一类和第二类指

数主要反映重视环境治理的公司，第三类指数聚焦于传统类型公司的节能减排。

3. 发展绿色证券基金，满足节能环保产业的发展需求

党的十八大以来，我国全面加强环境保护。十八大报告中把环境保护、资源节约、能源节约、发展可再生能源、水、大气、土壤污染治理等一系列事项统一纳入“生态文明”范畴，把环境保护地位提高到了前所未有的高度。基金行业也普遍看好环保行业的投资机会，近两年相继推出以“环保”为主题的基金产品。2015 年对水、土壤专项规划以及“十三五”规划的出台，使环保概念成为 A 股市场的重要投资主题。从投资方式来看，基金管理机构基于绿色证券指数开发的基金产品主要为指数型产品，包括 ETF、联接基金、指数分级基金等被动工具性基金产品等。

（二）绿色证券市场之债券市场

在有关绿色债券的官方界定文件出台之前，我国的一些金融机构和绿色企业就已经开始通过债券市场进行融资。根据银河证券中国中长期债券信息系统的统计，2000 年至今，可以大致归类为支持绿色产业项目的公司类信用债募集资金总额超过 1 万亿元，其中 9 500亿元为铁道债，占 92%以上，环保水务、江河湖泊治理、轨道交通和新能源等其他绿色产业项目发行企业债融资也超过了 4 000 亿元。

与国际上蓬勃发展的绿色债券市场相比，目前我国绿色债券市场发展相对滞后。但是，一些国际上的绿色债券项目已经将其资金投放到中国。例如：世界银行发行的一个绿色债券项目就投到了我国青海省西宁市，该项目主要功能是开展防洪管理，建立预警系统，从而帮助社区增强应对能力；另一个项目则投到了山东省，用于提高当地企业的能源效率。亚洲开发银行发行的首只绿色债券一部分收益也有部分资金用在四川地区建设一个新的洗衣粉厂。国际金融公司（IFC）在 2014 年发行了世界上第一笔人民币绿色债券。同时，中国国内绿色债券市场也逐步启动并加快了发展步伐。2014 年，中广核电有限公司发型了国内第一单“碳债券”；2015 年 7 月，新疆金风科技股份有限公司在香港联合交易所发行美元绿色债券，同年 10 月，中国农业银行在伦敦证券交易所发行双币种绿色债券。至此，以中国人民银行为首的中国金融监管机构开始构建中国绿色债券市场机制。

三、绿色基金

绿色基金是针对节能减排，致力于低碳经济发展、环境优化改造项目而建立的专项投资基金，旨在通过资本的投入来促进节能减排事业的发展，其品种多样，包括但不限于绿色产业基金、担保基金、碳基金、气候基金等。从功能视角来看，绿色基金可以用于雾霾治理、水环境治理、土壤治理、污染防治、清洁能源、绿化和风沙治理、资源利用效率和循环利用、绿色交通、绿色建筑、生态保护和气候适应等领域。

金融视野

绿色金融与 PPP 模式

PPP 是英文“Public-Private Partnership”的简写，中文直译为“公私合伙制”，即公共部门通过与私人部门建立伙伴关系提供公共产品或服务的一种方式。在经济新常态下，绿色产业的发展面临财政投入、模式创新等多重挑战，中国的绿色增长之路迫切需要金融创新来化解资金瓶颈，而绿色基金可以通过银行贷款、企业债、项目收益债券、资产证券化等市场化方式举债并承担偿债责任，也可以通过调动私人资本，充分发挥 PPP 模式中政府与市场的优势互补作用，解决绿色产业融资中市场缺失问题。2016 年 8 月 31 日，中国人民银行、财政部等七部委联合印发的《关于构建绿色金融体系的指导意见》中首次提出了中央财政整合现有节能环保等专项资金设立国家绿色发展基金的建议，同时鼓励有条件的地方政府和社会资本共同发起区域性绿色发展基金。这就向社会各界发出了政策层面支持绿色投资的风向标，有利于激励更多金融机构和社会资本开展绿色投融资，同时更有效地抑制污染性投资。绿色发展基金的政策落地显然有助于提振投资者信心。鉴于 PPP 项目存在资金需求量大、投资周期长的特点，为了拓宽项目融资渠道、降低各方投资风险、提高社会资本参与 PPP 项目的积极性，中央与地方两级政府都在积极探索成立 PPP 引导基金，通过建立公共财政和私人资本合作的 PPP 模式发展基金以提高社会资本参与环保产业的积极性。

四、绿色保险

狭义上，绿色保险是一种以被保险人由于污染水、土地或者空气等自然环境，依法应该承担的赔偿责任为保险对象的商业保险，也称为“环境责任保险”。广义上的绿色保险还包括与农业、其他社会生产领域相关的通过创新保险模式来实现环境改善的保险，是一种以环境保护为目的，协调各生产领域的险种。具体来说就是，为了有效且迅速地救济污染受害者，依据签署的保险合同，向投保人收取一定的保险费用，在保险事故发生时由其对受害者的损失承担相应的赔偿责任。

我国绿色保险主要险种仍然是以狭义上的环境责任保险为主。2007 年《关于环境污染责任保险工作的指导意见》发布，标志着我国环境污染责任保险试点工作正式启动。2013 年，环境保护部与保监会联合印发《关于开展环境污染强制责任保险试点工作的指导意见》，在涉重金属等高环境风险行业启动环境污染强制责任保险试点工作。2015 年以来，新《中华人民共和国环境保护法》鼓励投保环境污染责任保险，中共中央、国务院《关于加快推进生态文明建设的意见》明确提出深化环境污染责任保险试点，《生态文明体制改革总体方案》要求在环境高风险领域建立环境污染强制责任保险制度，《水污染防治行动计划》鼓励涉重金属、石油化工、危险化学品运输等高环境风险行业投保环境污染责任保险。

从总体上看，支持我国环境污染责任保险发展的法律和政策体系正在逐步形成。目前，我国绝大多数省、市、自治区已通过地方性法规、规范性文件或实施方案等多种形式，开展环境污染责任保险试点。广东、湖南、陕西等省份的地方性法规均鼓励和支持企业投保环境污染责任保险，并在重点区域、重点行业实行强制性环境污染责任保险。江苏、广东、四川、甘肃等地通过将投保环境污染责任保险与企业环境保护信用评价、环保专项资金申报、信贷支持、排污许可管理等相结合，引导企业积极投保。环境保护部的数据显示，2007—2015 年第三季度，投保环境污染责任保险的企业已经超过 4.5 万家次，保险公司提供的风险保障金累计超过 1 000 亿元，在补偿环境污染受害者、化解矛盾纠纷、促进环境风险防范与管理等方面起到了积极作用。

但是，总体来看，我国目前的绿色保险市场发展也呈现出极不平衡的状态，绿色保险产品的开发、供给与实际的需求并不匹配，存在双缺的现象。我国目前的财险公司约有 52 家，其中包括 34 家中资保险公司和 18 家外资保险公司，但是在市场开发上具有绿色保险的仅有 11 家保险公司，占比大约为 21%，开展绿色保险业务的外资公司也仅有 2 家。我国是一个环境问题比较复杂的大国，对于绿色保险的需求较大，显然这二者之间并不能达到一个科学的平衡状态。

从绿色保险产品来看，品种较为单一且产品针对性不强。我国保险公司所开发的绿色保险险种主要集中在船舶、石油钻井以及天然气勘探等容易造成环境污染的行业领域，且这些都还是我国法律规定的必须参保行业。保险公司开发提供的绿色保险产品也多是基于现有的法律法规所涉及的渗漏污染责任险、船舶污染险等。对于一些诸如水污染责任险、噪声责任险以及核辐射责任险等其他环境方面的保险没有进行积极开发和相应的市场投放，保险产品的单一化在很大程度上阻碍了企业在实际投保时的选择。

五、碳金融（市场）

人类活动对环境的不断干扰，使地球呈现出以变暖为主要特征的显著变化，并导致一系列极端气候事件的大规模爆发，对世界经济和社会发展产生了严重的冲击。世界各国为促进全球温室气体减排，将碳排放权开发成一种稀缺的产品，创造性地提出了一个全新的交易市场——碳市场。随着碳市场的发展，旨在应对气候变化、发展低碳经济的各种金融制度安排和金融交易活动应运而生，也即碳金融（市场）开始形成。碳金融市场作为金融市场的一个子市场，与经济、社会、环境、技术等要素构成一个复合的系统，成为我国绿色金融发展的一个重要组成部分。中国碳金融（市场）的发展以清洁发展项目（CDM）市场为主导，以国内自愿碳市场为辅助。

（一）碳金融市场的构成

1. 碳交易

包括碳排放权配额和项目减排量两类现货交易，以及依托现货市场发展起来的碳期货、期权、远期等衍生品交易。其中，碳现货市场是基础市场，真正意义上的碳金融市场发展应该是以碳期货为代表的衍生品交易市场，其发展极大地促进了碳市场与传统金融行业的融合。

2. 涉碳投融资

当前碳市场存在多样化的投融资模式，包括碳信贷、碳基金、碳债券、碳指标质押融资、碳中和等[①]。碳融资的资金供给源于国内和国际资本两大方面，国内资本的供给主体有政府、金融机构、企业，国际资本主要通过与世界银行碳基金和《京都议定书》下的联合履约机制（JI）、清洁发展项目（CDM）合作进入一国低碳市场提供资金供给。

3. 碳中介服务

除了碳交易和涉碳投融资以外，碳金融还包括为减少温室气体排放、减缓和适应气候变化的金融活动提供担保、咨询、信息服务等中介活动，以及碳排放权交付保证、低碳指数等相关产品。

碳金融市场的构成及组成部分之间并非孤立的，而是相互联系、交叉存在的(见图 15－1)。

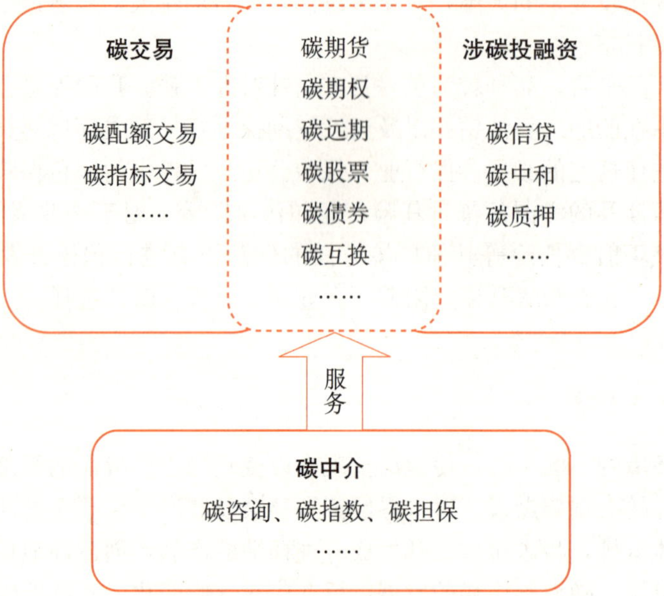

图 15－1　碳金融（市场）构成

（二）国内碳金融的创新实践

国内 7 个碳金融市场交易试点逐步开始建立并投入运行。2014 年以来，7 个市场相继进行了一系列碳金融创新活动，并推出了多款碳金融创新产品（见表 15－1）。

① 碳期货、碳期权、碳远期、碳股票、碳债券、碳互换等衍生品既是在交易市场上用于交易的产品，又是碳融资服务的工具，属于以上两类的交集部分。

表 15-1　我国碳金融市场创新实践情况

碳金融产品	碳市场	合作机构	时间	规模（万元）	创新性
碳指数	上海 北京	置信碳资产 绿色金融协会	2014-04 2014-06		
碳债券	深圳 湖北	中广核华电 民生银行	2014-05 2014-11	100 000 200 000	● 银行间债券市场绿色创新典型案例 ● 意向合作协议
碳配额质押贷款	湖北	宜化集团、兴业银行 华电、民生银行	2014-09 2014-11	4 000 40 000	● 首笔碳抵押贷款 ● 最大单笔碳抵押贷款
引入境外投资者	深圳	新加坡银河石油	2014-09		● 外汇局批准首批向境外投资者开放碳市场
碳基金	深圳 湖北	嘉德瑞碳资产 诺安基金	2014-10 2014-11	1 000 3 000	● 首只私募碳基金 ● 首只证监会备案市场交易基金
碳配额托管	深圳 湖北	嘉德瑞碳资产 嘉德瑞碳资产	2014-12 2014-12		● 首个碳配额托管机构 ● 第三方管理企业碳资产新模式
绿色结构存款	深圳	兴业银行 惠科电子	2014-12	20	
碳市场集合资产管理计划	上海	海通证券 宝碳	2014-12	20 000	● 首只大型券商参与的碳市场投资基金
CCER 质押贷款	上海	宝碳 上海银行	2014-12	500	● 扩大可抵押碳资产范围
碳配额回购融资	北京	中信证券 华远意通	2014-12	1 330	● 开创企业融资新渠道
碳资产抵押品标准化管理	广东	浦发银行 华电新能源	2015-02	1 000	● 国内首单碳排放权抵押融资业务
碳配额场外掉期	北京	中信证券 京能源创	2015-06	50	● 首只碳衍生交易产品，交易方式重大创新
碳资产质押授信	北京	建设银行	2015-08		● 四大行首次接受碳资产作为抵押品

资料来源：马骏：《中国绿色金融发展与案例研究》，276 页，中国金融出版社，2016。

从类型来看，目前推出的碳金融创新主要体现在：交易产品及方式创新，最突出的是深圳、湖北分别推出的碳基金和碳配额托管，上海推出的碳市场集合资产管理计划，以及北京推出的碳配合场外掉期交易；交易主体范围扩大，主要是深圳在引入境外投资者参与碳市场交易方面撕开了一道口子；融资产品及方式创新，这是目前碳金融创新最活跃的部分，主要包括深圳推出的碳债券和绿色结构存款、湖北推出的配额质押贷款、上海推出的CCER 质押贷款，以及北京推出的配额回购融资和碳资产质押授信。

从监管支持角度来看，深圳引入境外投资者和湖北推出的碳基金，分别得到了外管局批准和证监会备案。从创新性看，最重大的突破无疑是深圳推出的碳债券和北京推出的碳配额场外掉期，前者创造性地将碳资产与银行间市场的债券结合起来变成了一种新型结构化债券产品，后者则是国内第一款真正意义上的碳衍生交易产品，在碳交易产品设计和交易方式选择上都是一个里程碑。

从时间来看，2014 年是碳金融创新最活跃的时期，四家主要交易机构接连推出了自己的创新产品和服务。进入 2015 年，这股热潮几乎戛然而止，迄今只有北京推出的碳配额场外掉期和碳资产质押授信两款重要产品，以及广东推出的内容含糊不清的碳资产抵押品标准化管理。

第三节
中国绿色金融体系建设面临的现实困境

以“低能耗、低污染和低排放”为典型特征的绿色经济已成为我国经济转型和发展的必然选择，而要发展绿色经济，绿色金融必须先行。从功能视角来看，金融作为助力实体经济发展的造血干细胞，理应成为引领实体经济“绿色化”方向发展的活力之源和动力之基。但从目前来看，我国绿色金融在助力实体经济，发挥增长新动能功效，以及绿色金融体系建设的实践中却并不尽如人意。

一、绿色金融体系建设缺乏内生动力

经济效益与社会责任之间的矛盾导致绿色金融体系建设缺乏内生动力。绿色金融的宗旨本质上而言是要实现金融助力环境优化和资源节约的经济可持续发展问题。但问题是，包括可再生能源、清洁能源在内的“绿色金融”所倡导的“节能减排”“环境保护”等项目所产生的外部性和自身存在的投资周期长、风险大，开发利用成本较高和效益低等特征与传统企业、商业银行等金融机构所追求的“盈利最大化”为目的的宗旨存在较大的背离。如此一来，一方面容易出现企业的逆向选择问题，导致企业申请绿色贷款、提升自身环保效能的积极性不高；另一方面商业银行开展绿色金融业务，参与绿色金融体系建设时需要资金、人力、宣传等要素的大量投入，加之在当前我国绿色金融的发展尚未形成有效的规模效应，同时缺乏相应的政府财政政策和货币政策激励与扶持的情况下，商业银行往往难以通过对绿色产业提供积极的金融资源配置而实现较好盈利并保持长期可持续发展，所以容易导致其开展绿色金融、建设绿色金融体系的内生动力不足，往往就会造成商业银行不愿涉足或者迫于政府的政治任务（责任）而疲于应付的现象。其结果是，金融机构对“绿色项目”所带来的环境正外部性投资不足和“棕色项目”所带来的环境负外部性投资过度（同时可能源自地方政府对经济效益的追求而疏于监管），最终导致绿色金融的发展不尽如人意，束缚了我国绿色金融体系的建设。

二、绿色项目面临融资难现象长期存在

金融资源期限错配导致绿色项目面临融资难现象长期存在。绿色项目的投融资往往面

临期限长、风险大、效益低的问题，尤其是投向“三农”等基础设施建设、新能源、低碳环保型项目的时候表现得更为突出。而据相关机构调查可知，商业银行的贷款期限一般比较短（大概 2 年），也总是期望能够在较短期限内实现资金的周转与循环。如此一来，二者形成了鲜明的内在矛盾，这就容易出现金融资源的期限结构错配问题，导致大量具有较长期限和风险收益不匹配特征的绿色项目面临融资难、融资贵现象并长期存在，严重束缚了我国绿色金融体系的建设。

三、绿色金融发展缺乏效率

信贷资源错配与扭曲导致绿色金融发展缺乏效率。以“高投入、低效益”为典型特征的国企（表现最为突出的产能过剩行业）获得了国家政策调整带来的便利，以更疯狂的速度汲取低息信贷资源，让原本应该进入绿色行业的资金再次进入本已病入膏肓、产能严重过剩的行业。其结果是，这些行业占据大量信贷资源却没有创造出应有的经济效益，挤压了绿色项目的信贷资源，严重扭曲了金融优化资源配置的功能，导致绿色金融体系建设缺乏应有的金融资源支持。

四、绿色金融发展创新不足

绿色金融产品和服务单一、市场机制建设滞后导致绿色金融发展创新不足。国内绿色金融的发展起步虽然较早，但迫于我国经济发展的特殊国情，可交易的绿色金融产品和金融服务相对单一，绿色金融市场交易机制建设依然滞后，直接导致我国绿色金融发展的创新力度不足。首先，相较于国内，国外在绿色金融产品和服务的范围上更加广泛，除绿色信贷之外，还包括为环保企业、绿色产业提供资本市场上市融资等直接融资类服务，而国内做得最多的就是传统的以间接融资为主要特点的绿色信贷，其他直接融资类绿色金融产品仍处于起步与探索阶段。其次，从绿色金融产品和服务的对象来看，我国的绿色信贷和绿色债券主要针对企业或项目的需求，而很少直接针对个人消费者。除兴业银行发行了国内首张低碳信用卡以外，其他银行几乎没有提供针对个人客户的消费需求去挖掘和创新绿色金融产品与服务。同样，从我国绿色金融市场交易机制建设来看，尽管于 2013 年前后就开始在全国 7 个省市有针对性地开展了碳市场建设及其碳排放权交易的试点工作，但所取得的成效并不是十分显著。截至 2015 年底，7 个试点市场碳配额累计成交量约 4 800 万吨，成交额也只有 14 亿元，规模很小，可谓是有市场却没有多少交易，与欧盟、美国的碳排放权交易市场相比相差甚远。

五、绿色金融创新实践中的风险加大

信息不对称导致绿色金融创新实践中的风险加大。信息不对称是金融资源错配和风险剧增的重要掣肘。政府、金融机构与企业行业，以及监管部门（包括环境监管部门和金融监管部门）之间缺乏有效的信息联通机制和共享平台是当前我国经济发展的典型特征。即使是银行业之间关于绿色信贷的信息披露和共享机制也不健全，尤其是缺乏一致、清晰的口径，导致彼此之间提供的数据缺乏可比性。例如，在我国绿色金融做得比较好的绿色信贷方面，金融机构在进行授信时需参考企业环保信息，但政府部门所提供的企业环保信息的更新却存在一定程度的时滞，并不能满足即时需求；加之于部分小企业经营管理不规范、信息披露不全，甚至隐瞒环保负面信息等现象时有发生，其结果是，信息不对称情况的常态化加剧了商业银行等金融机构开展绿色金融业务的风险。

第四节
中国绿色金融体系建设的建议

大力发展绿色金融，构建强有力的绿色金融体系，必须发挥政府与金融机构（商业银行）、企业和消费者的联动作用，充分运用金融的资源优化配置手段更好地服务于绿色产业，推动经济增长方式的转变，实现经济转型升级，助力中国经济跨入绿色、循环、低碳发展之正轨。

一、发挥政府的能动性

（一）强化政府对绿色金融市场的间接融资机制建设

市场是实现绿色金融长期有效发展的最佳手段。然而，只有市场而没有政府给予积极的激励与引导，以银行业绿色信贷业务为代表的间接融资渠道将很难实现绿色金融体系的长期商业化发展。所以，政府需要强化对绿色金融的政策激励与引导，鼓励商业银行大力发展绿色金融产品与创新。同时，考虑到环境保护项目具有公益性、外部性的特点，以及投资周期长、效益低等特点，绿色金融业务的风险性注定相对较高。这就有赖于政府提供强有力的政策支撑，支持金融机构扩大对绿色产业和低碳能源等薄弱环节的信贷投放，推进绿色金融相关财税政策、货币政策、信贷政策与产业政策的整合，建立完善的绿色金融政策支撑体系。例如：在货币政策方面，央行可对发放绿色信贷达到一定比例的金融机构定向降低存款准备金的要求，并制定专门的“支绿”再贷款政策，甚至可以考虑将符合条件的绿色信贷不记入存贷比考核指标；在财政政策方面，可以发挥财政资金的杠杆作用，鼓励金融机构积极开展绿色金融业务，甚至可以将对节能环保企业的补贴直接转化为对企业的贷款优惠，通过市场发挥资金的资源配置作用，提升资金的使用效率。

（二）强化政府对绿色金融市场的直接融资机制建设

绿色金融的发展既要依赖于绿色信贷为典型代表的间接融资市场，更要发挥好直接金融市场的功效。当前背景下，以“排污权和碳排放权”为标的物的直接金融市场建设更是刻不容缓，亟须在政府的推动下，进行创新排污权、碳排放权等投融资机制建设，发展多层次的排污权和排放权交易市场，探索基于“碳排放权和排污权、知识产权”等无形资产为标的物的抵质押融资交易平台，释放绿色产业发展的正外部效应。显然，通过市场的作用机制，既可以使企业将多余的排污权和碳排放权在市场上进行转让和交易，从而在让那些愿意并积极参与节能减排的企业享受经济效益的同时，迫使那些传统的基于高能耗、高污染的超额排放企业在市场上购买减排权，增加其企业经营的经济成本，继而扭转金融资源流向这些传统的以高污染、高排放为典型特征的过剩产能行业之现状。显然，以排污权和碳排放权交易为主体的直接投融资市场机制建设可对企业的节能减排起到有效的激励和约束作用，从而助力我国经济发展朝着“绿色化”方向发展。

（三）加快信息共享平台机制建设，降低信息不对称性

信息共享是实现金融资源优化配置、降低成本的最有效手段之一。所以，必须发挥好政府的能动作用，加快信息共享平台机制建设。

首先，可以在政府的推动下构建涵盖政府（工业管理部门、环保部门与金融监管部门等）、行业、企业、金融和市场等多方面的双向信息沟通与共享平台。政府部门可以在不涉及国家机密的情况下，尽可能地开放数据接口，以便银行等金融机构通过不同领域交叉数据的挖掘，及时了解企业环保信息，提高信息共享效率，并积极探索建立第三方独立机构，制定统一的信息披露原则，提高所公布信息的可靠性、有效性；其次，政府可以借助信用信息共享平台，及时向银行等金融机构传递未来产业发展趋势、政府对产业发展的导向作用等政策信息、有关环境保护的技术信息、行业标准以及违法违规处置情况等，引导金融资源向绿色产业高效率配置，提高金融机构的前瞻性风险识别和防范能力；最后，还需要拓宽金融机构之间数据的共享范围，借助大数据、云计算等现代互联网技术和手段实现客户绿色信贷资金流向跟踪与检测，确保绿色信贷资金的使用质量和效益。

二、激发金融机构的积极性

以商业银行为典型代表的金融机构是我国绿色金融体系建设的主要载体，需要发挥好金融机构主动对接绿色金融、创新绿色金融产品与服务的功效。

（一）转变经营理念，主动对接绿色金融

以商业银行为典型代表的金融机构要与时俱进、审时度势，对传统经营理念进行重构和再造。在经营活动过程中，既要兼顾商业银行作为企业特性的盈利性目标，更要兼顾生态环境和社会公众利益，履行社会责任，主动对接绿色金融的发展。这就要求金融机构将绿色金融发展提升到自身发展的战略层面予以考虑，并在实践中将日常的信贷、投融资业务融入绿色金融的发展要求中，以交易者的身份参与绿色金融产品的买卖，特别是当前国外较为活跃的以碳排放为标的物的相关金融产品及其衍生品交易，通过参与交易促进金融资源的有效配置，发挥金融助力实体经济增长新引擎的功能。

(二)在秉持绿色信贷为主体的基础上为个人消费者创新绿色金融产品与服务

针对当前商业银行主要以绿色信贷为主体的绿色金融发展体系，商业银行可以借鉴国外绿色金融发展的实践，考虑进一步探索设立绿色基金、债券、股权融资、信托、租赁，以及绿色资产证券化等绿色信贷以外的融资产品。同时，除了解决担保物不足、资金实力不强的初创期绿色新技术企业融资难题以外，商业银行应该将绿色金融业务拓展至个人客户的绿色金融消费，如绿色商业建筑贷款、绿色住宅权益贷款、绿色信用卡、绿色车贷。又如，为购买新能源汽车、太阳能设备等绿色产品的消费者提供优惠贷款利率，发展多元化绿色金融产品，提高绿色金融服务的多样化。

新闻摘录

《雄安新区绿色金融规划报告》发布

2017年8月19日，第二届“天津绿色金融论坛”上发布了《雄安新区绿色金融规划报告》(以下简称《报告》)，并提出了对雄安新区发展绿色金融的具体设想。

《报告》指出，雄安新区的绿色投资需求主要源于三大方面：污染治理、生态修复及保护性开发；绿色智慧城市的基础设施建设和绿色建筑；清洁能源及资源节约利用。据机构测算，未来五年，雄安新区绿色投资总额将达万亿元。

面对如此规模的投资总额，如何在雄安新区开辟一条绿色金融发展之路？雄安新区可选择的融资渠道主要有政策性贷款和商业贷款、债券、信托、融资租赁、股权融资等。

资料来源：中国金融信息网（http：//greenfinance. xinhua08. com/a/20170821/1721861. shtml)

三、提高公众参与度

培植绿色投资者、倡导居民绿色消费是助力我国绿色金融体系建设的重要推手，需要发挥好投资者与居民消费者之间的联动效应。公众对绿色金融的态度及参与意愿在一定程度上决定了一国绿色金融的发展程度与深度，所以说，将绿色金融发展理念融入投资者和居民消费者个人的日常经营和活动中，发挥全民的联动效应，是绿色金融发展的重要推手。首先，需要培植好绿色投资者，加大对绿色金融理念和低碳环保理念的宣传力度，提高投资者的环保责任心。借助政府的政策激励和导向功能，尽可能地对环境负责任的投资者所进行的投资行为给予保护和支持，通过投资来推进对环境的保护。其次，可以借力2016年3月国家发改委等十部门联合出台的《关于促进绿色消费的指导意见》，积极倡导居民开展绿色消费，发挥居民末端绿色消费的引领作用，倒逼前端产业升级和企业转型的步伐。同时，我们也需要加强全民绿色消费的宣传和普及教育，重视学校、家庭和社会教育中绿色理念的培植，为绿色金融发展铺垫良好的氛围，甚至可以将居民的绿色消费指标纳入个人征信评价体系。例如：为购买绿色节能建筑、新能源汽车等绿色金融产品的消费者在税收等方面给予优惠和便利，促进居民生活朝着“绿色化”方向发展。

思考与实践

想一想

1. 基于《联合国气候变化框架公约》和《京都议定书》的国际法框架，绿色金融体系形成了哪三个市场？各自有什么特点？

2. 结合你所了解的情况，探讨我国绿色金融可能的发展趋势。

3. 结合你自身，谈谈作为消费者该如何响应国家的绿色金融发展理念。

练一练

1. [多选] 我国绿色金融体系有哪些组成部分？(　　)

A. 绿色信贷　　B. 绿色证券和绿色基金

C. 绿色保险　　D. 碳金融（市场）

2. [单选] 下列不属于绿色信贷的核心内容是（　　）。

A. 利用恰当的信贷政策和手段，包括贷款品种、期限、利率和额度等，支持环保、节能型项目或企业的发展

B. 对违反环保、节能相关法律法规的项目或企业采取停贷、缓贷，甚至收回贷款等信贷处罚措施

C. 以碳期货为代表，其发展极大地促进了碳市场与传统金融行业的融合

D. 贷款人运用信贷手段，引导和督促借款人防范环境风险

3. [单选] 大力发展绿色金融，构建强有力的绿色金融体系离不开政府的作用，关于其表述，正确的有（　　）。

A. 强化政府对绿色金融市场的间接融资机制建设

B. 强化政府对绿色金融市场的直接融资机制建设
C. 加快信息共享平台机制建设，降低信息不对称性
D. 转变经营理念，主动对接绿色金融

查一查

搜索、登录绿色金融网站（http：//greenfinance. xinhua08. com/），了解科技金融的最新动态。

参考文献

REFERENCE

[1] [美] 尼夫著，曲昭光等译．金融体系：原理和组织 [M]．北京：中国人民大学出版社，2005.

[2] 毕海霞，郭幼佳．新常态下我国货币政策传导机制的转变特征及对策 [J]．经济纵横，2016（10）.

[3] 曾繁荣．G20发展普惠金融的政策框架 [J]．中国农村金融，2015（4）.

[4] 柴洪峰．我国银行卡跨行清算系统的演进 [J]．上海金融，2012（2）.

[5] 陈敬元．发展绿色保险的思路与对策 [J]．南方金融，2016（9）.

[6] 陈昆峰．构建中小企业发展的金融法律体系 [J]．金融理论与实践，2013（8）.

[7] 陈文君．“科技金融发展论坛”综述 [J]．上海金融学院学报，2014（2）.

[8] 陈杨．浅析金融法律体系完备程度对我国金融发展的影响 [J]．中小企业管理与科技，2016（11）.

[9] 程威．试论我国金融法律体系的职能及其完善 [J]．商业时代，2011（10）.

[10] 戴宏伟，随志宽．中国普惠金融体系的构建与最新进展．理论学刊，2014（5）.

[11] 方智勇．商业银行绿色信贷创新实践与相关政策建议 [J]．金融监管研究，2016（6）.

[12] 房汉廷．关于科技金融理论、实践与政策的思考 [J]．中国科技论坛，2010（11）.

[13] 冯菊平．支付体系与国际金融中心 [M]．上海：上海人民出版社，2009.

[14] 郭非寒．科技金融对产业技术创新影响的研究——以高技术产业为例 [D]．杭州：浙江工商大学，2013.

[15] 胡元聪，杨秀清．农村金融正外部性的经济法激励——基于完善农村金融法律体系的视角 [J]．农业经济问题，2010（10）.

[16] 霍强．开放经济下中国货币政策传导及有效性研究——基于金融结构的视角 [M]．北京：经济科学出版社，2014.

[17] 姜丽明，邢桂君，朱秀杰，李玉翠．普惠金融发展的国际经验及借鉴．国际金融，2014（3）.

[18] 焦瑾璞，王爱俭．普惠金融：基本原理与中国实践 [M]．北京：中国金融出版社，2015.

[19] 李健．科技金融：理论进展与滨海金谷的构建［M］．北京：中国金融出版社，2014.

[20] 李静云．我国银行系寿险公司产品多元化及其对经营绩效的影响研究［D］．成都：西南财经大学，2016.

[21] 李黎．外资进入对中国寿险业市场结构、行为和绩效的影响研究［D］．大连：东北财经大学，2012.

[22] 李仁真，周忆．金融领域全球法律实体标识体系的制度分析［J］．江汉论坛，2013（5）．

[23] 李长健，徐丽峰．完善我国金融法律体系研究［J］．郑州轻工业学院学报（社会科学版），2010（10）．

[24] 刘茂山．论我国人身保险产品发展的大方向——三论保险的本质［J］．上海保险，2009（9）．

[25] 刘平，王贺，窦乐．中国保险业60年发展历程综述［J］．湖北经济学院学报，2010（11）．

[26] 吕剑，李文君．社会融资规模作为货币政策中介目标的思考［J］．中国银行业，2016（11）．

[27] 潘功胜．关于构建普惠金融体系的几点思考［J］．上海金融，2015（4）．

[28] 潘锡泉．绿色金融在中国：现实困境及应对之策［J］．当代经济管理，2017（2）．

[29] 全先银．我国金融法律体系的特征及其改革［J］．金融博览，2015（6）．

[30] 阙方平，曾繁华，王飞．中国科技金融创新与政策研究［M］．北京：中国金融出版社，2015.

[31] 盛春光．中国碳金融市场发展机制研究［M］．北京：科学出版社，2015.

[32] 盛松成，谢洁玉．社会融资规模与货币政策传导——基于信用渠道的中介目标选择［J］．中国社会科学，2016（2）．

[33] 史浩．互联网金融支付［M］．北京：中国金融出版社，2016.

[34] 汪红萍．财产保险公司产品创新研究［J］．时代金融，2016（8）．

[35] 王刚，贺章狄．我国商业银行发展绿色金融的现状、挑战与对策［J］．环境保护，2016（19）．

[36] 王修华，刘娜．我国绿色金融可持续发展的长效机制探索［J］．理论探索，2016（4）．

[37] 温红梅．银行会计（第五版）［M］．大连：东北财经大学出版社，2016.

[38] 吴胜，董瑞丽，金晓燕．商业银行会计（第二版）［M］．北京：高等教育出版社，2014.

[39] 谢刚．温州市同城票据交换系统设计［D］．成都：电子科技大学，2010.

[40] 徐春草．我国绿色保险的现状问题与未来发展［J］．中国商论，2016（7）．

[41] 闫冉冉．新常态下我国货币政策工具的优化研究［D］．合肥：安徽大

学，2015.

[42] 杨树林等．个人理财一本通——股指期货投资［M］．北京：科学出版社，2008.

[43] 李扬，王国刚，殷剑峰．金融蓝皮书：中国金融发展报告（2016）［M］．北京：社会科学文献出版社，2016.

[44] 于国庆．科技金融——理论与实践［M］．北京：经济管理出版社，2015.

[45] 张健华．中国金融体系（英汉对照）［M］．北京：中国金融出版社，2010.

[46] 张杰．中国金融改革的制度逻辑［M］．北京：中国人民大学出版社，2015.

[47] 张杰．中国金融制度的结构与变迁［M］．北京：中国人民大学出版社，2011.

[48] 张晓慧．中国货币政策（英汉对照）［M］．北京：中国金融出版社，2012.

[49] 证券从业资格考试命题研究组编．金融市场基础知识［M］．北京：中国金融出版社，2016.

[50] 中国期货业协会编．期货及衍生品基础［M］．北京：中国财政经济出版社，2017.

[51] 中国证券投资基金业协会编．股权投资基金基础知识要点与法律法规汇编［M］．北京：中国金融出版社，2016.

[52] 中国证券投资基金业协会编．证券投资基金（上、下）［M］．北京：高等教育出版社，2015.

[53] 周建松，郭福春．货币金融学基础（第二版）［M］．北京：高等教育出版社，2014.

[54] 周建松．金融学基础（第二版）［M］．北京：中国人民大学出版社，2017.

[55] 周小川．建立符合国情的金融宏观调控体系［J］．中国金融，2011（8）.

[56] 卓志，周宇梅．改革开放三十年中国保险制度的变迁与创新——基于制度经济学的视角和分析［J］．保险研究，2008（7）.

图书在版编目（CIP）数据

中国金融制度与体系/周建松主编．—北京：中国人民大学出版社，2018.1
21 世纪高职高专规划教材．财经类专业基础课系列
ISBN 978-7-300-25210-0

Ⅰ.①中…　Ⅱ.①周…　Ⅲ.①金融体制-中国-高等职业教育-教材　Ⅳ.①F832.1

中国版本图书馆 CIP 数据核字（2017）第 300911 号

高等职业教育“十三五”规划精品系列教材
21 世纪高职高专规划教材·财经类专业基础课系列
中国金融制度与体系
主　编　周建松
副主编　姚星垣
Zhongguo Jinrong Zhidu yu Tixi

出版发行	中国人民大学出版社		
社　　址	北京中关村大街 31 号	**邮政编码**	100080
电　　话	010－62511242（总编室）		010－62511770（质管部）
	010－82501766（邮购部）		010－62514148（门市部）
	010－62515195（发行公司）		010－62515275（盗版举报）
网　　址	http://www.crup.com.cn		
	http://www.ttrnet.com(人大教研网)		
经　　销	新华书店		
印　　刷	北京玺诚印务有限公司		
规　　格	185mm×260 mm　16 开本	**版　　次**	2018 年 1 月第 1 版
印　　张	17.75 插页 1	**印　　次**	2018 年 1 月第 1 次印刷
字　　数	382 000	**定　　价**	42.00 元

信息反馈表

尊敬的老师:

您好！为了更好地为您的教学、科研服务，我们希望通过这张反馈表来获取您更多的建议和意见，以进一步完善我们的工作。

请您填好下表后以电子邮件、信件或传真的形式反馈给我们，十分感谢！

一、您使用的我社教材情况

您使用的我社教材名称			
您所讲授的课程		学生人数	
您希望获得哪些相关教学资源			
您对本书有哪些建议			

二、您目前使用的教材及计划编写的教材

	书名	作者	出版社
您目前使用的教材			
	书名	预计交稿时间	本校开课学生数量
您计划编写的教材			

三、请留下您的联系方式，以便我们为您赠送样书（限1本）

您的通信地址			
您的姓名		联系电话	
电子邮箱（必填）			

我们的联系方式:

地　址：苏州工业园区仁爱路158号中国人民大学苏州校区修远楼

电　话：0512-68839319　　传　真：0512-68839316

E-mail：huadong@crup.com.cn　　邮　编：215123

网　址：www.crup.com.cn/hdfs